푸코의 미학

컨템포러리 총서

푸코의 미학

삶과 예술 사이에서

다케다 히로나리 지음 | 김상운 옮김

현실문화

일러두기

- 이 책은 武田宙也, 『フーコーの美学: 生と芸術のあいだで』, 人文書院, 2014를 옮긴 것이다.

- 이 책에서 사용하는 푸코 저작의 약호에 관해서는 「문헌 목록」을 참조. 또한 『말과 글(Dits et Écrits)』에 수록된 논문·강연·대담의 경우 약호를 사용하지 않고 제목 뒤에 논문번호와 발표년도를 붙였다. 해당 문헌을 가리킬 때는 약호 등 뒤에 원고의 쪽수를 적었다.

- 글쓴이는 인용 문헌을 일본어 번역본을 참조하여 자신이 모두 직접 번역했으나, 옮긴이는 이를 원문과 대조하여 필요한 경우 수정을 가했다. 따라서 번역은 기본적으로 모두 옮긴이의 것이다.

- 인용 원문에서 이탤릭체로 강조된 대목은 번역문에서는 굵은 글씨로 강조했다.

- 인용 원문에서 대문자로 시작되는 말은 고유명사 등을 빼고 〈 〉로 묶었다.

- 인용 원문의 옆줄은 −로 표기하거나 '〜로서의' 등으로 바꿔 적거나 무시한 경우도 있다. 다만 처음 나왔을 때에는 원어를 표기했다.

- 인용 원문의 단어에 복수의 번역어가 들어맞을 경우에는 전후에 /를 달았고, 처음 나왔을 때는 원어를 표기했다.

- 인용 번역문 중의 [ ]는 인용자의 보충이나 원어 삽입이다. 또한 …는 생략 표시이다.

서론

이 책은 20세기의 프랑스 철학자 미셸 푸코(1926~1984)의 사상을 미학의 관점에서 논한다.

푸코는 최근 인간의 삶[생명]과 그것들에 얽힌 다양한 권력과의 관계를 문제로 삼는 이른바 '생명정치' 논의에서 참조되는 경우가 많고, 또 오늘날에는 이 문제계를 필두로 하여 본격적으로 논의가 전개된 철학자로 자주 알려져 있다.[1] 현재 푸코가 선수를 쳤던 '생명정치' 논의의 관련 도서는 국내외를 막론하고 일일이 열거할 수 없을 정도이다.[2]

다른 한편 그는 말년에 "자신의 삶을 하나의 예술작품으로 한다"

---

1   푸코는 『성의 역사 1: 지식의 의지』에서 "권력의 대상은 이제 법적 주체 … 뿐 아니라, 생물이기도 하며, 그것들에 대해 권력이 행사할 수 있는 지배=장악은 생명 자체의 수준에 위치된다"(VS, pp.187-188)고 말하고, 생명을 정치적 투쟁의 관건으로 제시했다.

2   푸코를 주된 참조점으로 한 '생명정치' 관련 저작으로는 다음을 참조. Giorgio Agamben, *Homo Sacer: il potere souvrano e la nuda vita* [1995], Torino, Einaudi, 2005; Michael Hardt and Antonio Negri, *Empire*, Harvard University Press, 2000; Roberto Esposito, *Bios. Biopolitica e filosofia*, Einaudi, 2004; Nikolas Rose, *The Politics of Life itself: Biomedicine, Power, and Subjectivity in the Twenty-Fist Century*, Princeton University Press, 2006; 金森修, 『〈生政治〉の哲学』, ミネルヴァ書房, 2010년; 中山元, 『フーコー——生権力と統治性』, 河出書房新社, 2010년; 檜垣立哉, 『ヴィータ・テクニカ——生命と技術の哲学』, 青土社, 2012년[히가키 타츠야, 『비타 테크니카: 생명과 기술의 철학』, 김상운 옮김, 난장, 2018년 출간 예정].

는 이념에서 출발해 '실존의 미학esthétique de l'existence'[3]이라는 매우 중요한 개념을 제출하기도 했다. '실존의 미학'이 의미하는 것은 우선 자기를 하나의 작품으로 만들어내는 삶의 방식이며, 자기에 대해 작동을 가함으로써 자기 자신의 변형으로 향해가는 삶이다. 이 개념은 '생명정치' 개념과 이른바 표리일체라고 생각할 수 있다. 왜냐하면 거기에는 '생명정치'에 있어서 주체에 작용하는 권력이 어떻게 대응하느냐에 관해 푸코 나름의 사유가 담겨 있으며, 이런 의미에서 이 개념은 '생명정치'에 있어서 어떤 주체의 양태가 가능한가에 관해 푸코가 제시하는 구상으로 파악할 수 있기 때문이다. 실제로 1976년에 출판된 『성의 역사 1: 지식의 의지』의 마지막 장에서 '생명정치'가 언급되고, 그후 8년이 지나 이에 대답하는 형태로 출판된 『성의 역사 2: 쾌락의 활

3   [옮긴이] 글쓴이를 비롯한 일본의 필자들은 푸코의 'esthétique de l'existence'를 '실존의 미학'이 아니라 '생존의 미학'으로 옮긴다. 이는 실제로 살아가는 방식이라는 뜻을 내포하므로, '살아남는 방식'이라는 의미의 '생존'보다는 국내 사정에 맞게 '실존'으로 모두 고쳤다. 기우이겠지만, 이때의 '실존'은 실존주의를 연상시키는 것이어서는 안 된다. 푸코는 1980년대 콜레주드프랑스 강의에서 프랑스어의 existence와 vie를 그리스어 비오스(bios)의 번역어로 제시한다. 그렇다면 이때의 '실존'은 '삶'이라는 의미와 같다. 또한 '미학'이라는 말도, 학문으로서의 미학이나, 그 대상인 미의 개념과 관련된 것도 아니며, 사물의 미적인 외관의 의미도 아니다. 이 표현은 사람의 삶에 모습을 부여하고, 기능을 정돈한다, 혹은 일정한 스타일을 부여한다는 의미이다. 푸코는 이 표현을 이렇게 해설한다. "제가 알고 싶었던 것은, 소크라테스적 파르레시아의 출현과 정초에 의해 그리스 사상 속에서 어떻게 실존existence(비오스)이 미적 대상으로서, 미적 정교화와 지각의 대상으로서 구성됐는가, 즉 비오스가 아름다운 작품으로서 구성됐는가입니다. … 실존의 기예와 참된 담론, 그리고 아름다운 실존과 참된 삶(vie)의 관계, 진리에 있어서의 삶, 진리를 위한 삶, 바로 이것을 저는 다시 붙잡고 싶었습니다. 진실을 말하기(dire-vrai)(타자들에게, 자기 자신에게, 자기 자신에 대해 진실을 말하기, 그리고 타자들에 대해 진실을 말하기)의 원리와 형태 속에서 참된 삶의 출현, 참된 삶과 진실 말하기의 놀이, 바로 이것이 제가 연구하고 싶었던 주제, 문제입니다." Michel Foucault, *Le Courage de la vérité, le gouvernement de soi et des autres II: Cours au Collège de France 1983-1984*, édition de François Ewald et Alessandro Fontana, par Frédéric Gros, Paris: Gallimard/Le Seuil, 2009, pp. 149-151.

용』(1984년) 및 『성의 역사 3: 자기에의 배려』(1984년)가 '실존의 미학'의 문제계와 얽혀 있었다는 사실은 두 개념의 관계성을 단적으로 나타낸다.[4]

이처럼 '실존의 미학'은 '생명정치'와 나란히 후기 푸코에게 중요한 개념이었지만, 그럼에도 불구하고 그것은 '생명정치'에 비하면 아직 충분하게 논의되고 있다고는 하기 어렵다. 왜 그런가? 그 이유로는 우선, (이 개념이 등장하는) 후기의 주체론을 다뤘던 푸코의 말년의 강의록 중에서 아직 출판된 지 얼마 되지 않았거나 혹은 미출판된 것이 있다는 것을 생각할 수 있다. 다른 한편, 철학, 사회학, 정치학 등을 중심으로 한 기존의 푸코 연구에서 미학이라는 테마의 중요성이 간과되기 쉬웠다는 사실도 한몫을 했다.

확실히 푸코가 그의 경력의 초반부에, 문학론이나 회화론의 상당수를 정력적으로 집필했다는 것은 비교적 잘 알려져 있다. 그러나 앞에서 말했던 '실존의 미학'과 '생명정치'의 관계를 감안하면, 푸코에게서 미학이라는 테마는 그저 예술의 문제로만 시종일관되는 것이 아니라, 인간의 삶까지도 포함하는, 넓게는 '사회적인 것'의 관건이 되고

---

4 푸코는 1983년 4월에 미국에서 한 인터뷰에서 당시 진행 중이던 작업의 개요를 언급하면서 "현대 세계에서의 자기의 기술과 실존의 미학의 역사를 쓸 필요가 있을 거예요"라고 말한다(《À propos de la généalogie de l'éthique: un aperçu du travail en cours》, n° 344(1984), p.1448). 그리고 이 인터뷰로부터 약 1년 후인 1984년 5월에 출판된 『성의 역사 2: 쾌락의 활용』에는 이 책 및 이것에 이은 『성의 역사 3: 자기에의 배려』, 그리고 미간행된 『성의 역사 4: 육체의 고백』이라는 세 권 전체를 위한 서문이 붙어 있는데, 거기서도 이와 비슷한 문구가 보인다(UP, p.18). 또한 같은 해 7월에 『르몽드』에 게재된 「실존의 미학」이라는 제목의 대담에서도 이 개념을 탐구할 필요성이 언급되고 있다(《Une esthétique de l'existence》, n° 357(1984), p.1551).

있음을 알 수 있다. 이 책은 이런 점에 주목하여 '실존의 미학'이라는 푸코 말년의 개념, 또 이것과 얽혀 있는 일종의 주체론에서 출발해, 그의 사상 전체를 재파악하려고 시도한다.

서론에서는 본론에 들어가기 전에 이 책 전체의 조감도를 확인해두고 싶다.

1. 이 책의 특징

먼저 '실존의 미학'에 관해서는 아직 충분히 논의되고 있지 않다고 말했다. 하지만 특히 2000년대 말 이후, 말년의 중요한 강의록이 잇따라 출판됨으로써, 이 시기의 주체론의 전모를 밝히기 위한 조건은 상당한 정도로 갖춰졌다고 할 수 있다. 이 책에서는 이런 상황을 감안해 이로부터 볼 수 있는 그의 후기 사상과 전기 사상의 관계성을 물으려 시도한다. 그리고 이때, 지금까지의 푸코 연구에서는 전경화되는 일이 그리 많지 않았던 테마, 즉 그의 예술론을 실마리로 삼는다. 왜 예술론인가? 그것은 개별 작품의 마주침에서 생겨난 이런 텍스트군에 주목함으로써 푸코의 전기 사상과 후기 사상을 꿰뚫는 어떤 이치가 드러난다고 생각하기 때문이다.

앞서 언급했듯이, 원래 푸코의 예술론은 활동의 전반기에 저술된 것이 많으며, 그동안 이것들은 기본적으로 후기의 주체론과 무관한 것으로 생각되는 일이 많았다. 뿐만 아니라 경우에 따라서는 이런 텍스트는 푸코의 작업 전체 속에서 '여기(余技, [심심풀이로 하는 기술])' 같은 위상을 부여받고, 그의 사유의 본질과는 무관하다고 여겨지는 경우조차 있었다. 하지만 푸코 후기의 주체론의 전모가 어렴풋하게나마 보이게 된 지금, 내가 보기에 오히려 전기의 예술론은 그의 작업 전체의 위상에서든, 그의 사유와의 관련에서든, 새로운 중요성을 갖는 것 같다. 왜냐하면 거기서는 다양한 예술에 대한 (때로는 에세이적인) 사색의 형태를 취하면서도 나중의 주체론으로 발전되는 아이디어의 싹이 있음을 분명히 인식할 수 있기 때문이다.

나아가 이런 전망 아래에서 그의 사유를 다시 조감할 때, 특히 주목할 만한 값어치가 있는 것이 '실존의 미학'이라는 개념이다. 왜냐하면 거기에는 '삶의 예술작품화'라는 구체적인 이념과 더불어, 주체와 예술의 결합을, 그 이미지를 인식할 수 있기 때문이며, 또한 이것은 예술론의 관점에서 푸코의 사유 전체를 재파악하려는 우리의 의도에서 보면, 매우 중요한 의미를 갖기 때문이다.

지금까지 푸코를 예술과 관련시켜 논한 선행 연구에서는, 주로 분석 대상이 되는 푸코의 텍스트가 초기의 논고에 한정되는 경향이 있었다.[5] 왜냐하면 일반적으로 푸코가 미 혹은 예술에 관심을 갖고 대한 것은 전기(1950년대~1960년대)의 활동에서 중심적으로 이뤄졌으

---

5   예를 들어 다음을 참조. Gary Shapiro, *Archaeologies of Visions: Foucault and Nietzsche on Seeing and Saying*, University of Chicago Press, 2003; Philippe Artières(dir.), *Michel Foucault, la littérature et les arts. Actes du colloque de Cerisy-juin* 2001, Paris, Éditions Kimé, 《Philosophie en cours》, 2004; Miriam Iacomini, *Le parole e le immagini Saggio su Michel Foucault*, Quodlibet, 《Quaderni di discipline filosofiche》, 2008; Joseph J. Tanke, *Foucault's Philosophy of Art: A Genealogy of Modernity*, Continuum, 2009.

며, 이후 권력이나 주체라는 테마로 관심이 옮아가게 되고 그리하여 예술이라는 테마에서 서서히 멀어졌다고 간주됐기 때문이다. 그에 반해 이 책의 특징은 말년의 '실존의 미학'을 둘러싼 주체론 안에 그의 미학적 테마가 지속되고 있음을 찾아내고, 그로부터 거꾸로 돌이켜, 푸코의 사유 전체를 삶과 미학이라는 관점에서 재파악하는 데 있다. 이것은 푸코의 사유의 새로운 해석일 뿐 아니라, '윤리적·정치적인 것'과의 결부를 점점 강하게 하고 있는 현대의 미학에 대한 공헌이라는 관점에서도 큰 의의를 지닌다고 생각된다.

실제로 『광기의 역사』(1961)에서 사드나 고흐를 언급할 때 상징적으로 드러나듯이, 푸코가 전기의 예술론에서 다양한 문학이나 예술을 언급했을 때에도 거기서 제시됐던 것은 경직된 삶의 방식에 대한 대항적인 의도이며, 혹은 삶의 또 다른 가능성 같은 것이었다. 이런 의미에서 푸코의 미학적 관심은 항상 삶과 더불어 있는 것이라 할 수 있다.

이처럼 푸코에게 미학적 사유는 결코 일시적인 것도 주변적인 것도 아니고, 오히려 지속적이고 중심적인 테마라고도 말할 수 있다. 따라서 푸코에게 '미학적인 것'에 대해 주목한 연구는 상대적으로 적게 축적되었음에도 불구하고, 기존 학문 영역의 푸코 연구에 대해 적잖은 중요성을 갖는 것 같다. 또 앞서 확인했듯이, 푸코에게 '미학적 사유'는 항상 '윤리적·정치적 사유'와 밀접하게 관련되는 형태로 존재한다. 이런 점을 감안해 우리 논의에서는 푸코의 사유를 이른바 미학을 중심으로 한 인접 영역들의 교차점으로 재파악하는 것을 목표로 한다.

푸코는 철학 분야에서도, 예술 분야에서도 계속해서 커다란 참조점인데도, 지금까지 푸코에 대한 철학적 연구는 그의 미학적 사유에 주변적인 지위만을 주었을 뿐이고, 다른 한편으로 예술학적 연구에서는 그의 철학 자체를 전혀 고려하지 않았다. 이에 반해 이 책은 양자의 통합 위에서 그 사상적 의의를 묻는다는 점이 특징이라고 할 수 있다.

2. '바깥'이라는 경첩

이에 따라 이 책의 내용은 크게 다음의 두 범주로 분류해볼 수 있다.

우선 첫째, 푸코 사유의 체계적인 재구축이다. 앞 절에서 말한 목적을 달성하려면, 지금까지 그 전체상을 다뤘던 연구에서는 각 시기별 단절이라는 측면이 강조되는 경우가 많았던 푸코의 사유를, 일관성을 가진 것으로 재구축할 필요가 있다.[6] 이를 위해 우리는 푸코의 저작에서 특징적인 하나의 형상을 거론하고, 그것을 축으로 그의 사유 전체를 재구성하는 방법을 사용한다. 그것이 '바깥'이라는 형상

---

6   '단절'의 지적으로 유명한 것은 '고고학'과 '계보학'이라는 방법론과 관련된 것이리라. 가령 다음을 참조. Hubert Dreyfus and Paul Rabinow, *Michel Foucault: Beyond Structuralism and Hermeneutics*, Second Edition, University of Chicago Press, 1983; Béatrice Han, *L'ontologie manquée de Michel Foucault*, Grenoble, Jerôme Millon, 《Kirsis》, 1998.

이다. 그 이름도 「바깥의 사유」라고 붙여진 1966년의 모리스 블랑쇼론에서 제시된 이 개념은 다분히 전기의 예술론과 관련된 개념으로, 일반적으로 [이때] 이후의 푸코는 이를 뒤돌아보지 않았다고 간주된다.[7] 그렇지만 다른 한편으로는, 이 개념은 가령 질 들뢰즈가 그의 탁월한 푸코론에서도 지적했듯이, 푸코 사유의 핵심을 나타내는 것으로 간주되기도 한다.[8] 이 책은 어떤 의미에서 '문제를 포함하고 있는' 이 개념을 거론하면서, 정설과는 반대로 그의 후기 사유(1970년대~1980년대)에서 [이 개념이] 지속되고 있음을 밝힌다. 이렇게 함으로써 푸코의 사유를 통일적인 것으로 파악하는 관점을 확보하는 동시에, 거꾸로 이 개념 자체 속에서도 푸코에 입각한 형태로 새로운 함의를 발견할 수 있을 것이다.

이상과 같은 모습으로 푸코의 사유를 미학의 관점에서 체계적으로 재구축하는 한편, 우리는 이 작업의 핵심이 되는 '실존의 미학'이라는 개념에 관해서도 탐구한다. 푸코의 말년의 중요 용어로 매우 주목을 받고 있으면서도 실체가 아직 충분히 밝혀지지 않은 이 말에 대해서 말이다. 이를 위해 이 책에서는 특히 '미학'이라는 단어의 함의에 주목하고, '실존의 미학'이라는 개념의 기본적인 양태에 관해 주로 말년의 강의록을 바탕으로 검토한다. 그렇게 해서 밝혀지는 것은 '윤리

---

7   「바깥의 사유」에서 푸코는 "언젠가는 이 '바깥의 사유'의 형태들이나 근본적 범주들을 정의하려 시도해야만 할 것이다. 또한 … 그것이 어디서 왔고 어디로 가는지도 탐구해야만 할 것이다"라고 말한다(《La pensée du dehors》, n° 38(1966), p.549).

8   Cf. Gilles Deleuze, *Foucault* (1986), Paris, Éditions de Minuit, 《Reprise》, 2004, pp.77-130.

적인 것'과 '감성적인 것' 사이에 자리매김되는 이 개념의 특이한 양태이다. 나아가 이렇게 이해된 '실존의 미학'의 구체적인 이미지를 동시기의 예술론 속에서 살필 것이다.

위와 같은 과정을 통해 '삶'과 '예술' 사이의 관계라는 관점에서 푸코에 대한 기존의 상을 쇄신하는 것이 이 책의 최종 목표이다. '실존의 미학'이라는 개념에서 출발해 푸코의 사유 자체를 '윤리적인 것(삶)'과 '감성적인 것(예술)' 사이에 위치하는 하나의 '미학'으로 제시할 것이다. 이때 우리는 '바깥' 개념을 이 두 가지 영역과 관련된 것으로 파악하고, 각각의 영역에서 바깥의 양태를 탐구한다. 달리 말하면, 이 책의 목적은 두 개의 영역이 푸코의 사유에서 '바깥'이라는 개념을 축으로 서로 겹친다는 것을, 또 이 겹침에서 푸코 사유의 본질이 나타난다는 점을 드러내는 것이다.[9]

지금까지 우리의 논의가 목표로 하는 바, 심지어 이 목표의 — 이렇게 말해도 좋다면 — '내재적' 동기에 관해 말했다. 다음으로는 논의에 추진 동기를 부여하는 보다 '외재적'인 요소, 이른바 배경이 되는 상황을 확인해두고 싶다.

---

9   푸코의 사유를 '바깥의 미학'으로 논한 것으로는 다음이 있다. Ludger Schwarte, 《Foucault, l'esthétique du dehors》, *Chimères*, n° 54/55, L'association Chimères, 2004, pp.19-32. 다만 해당 논문에서는 이 책과는 달리, '미학'의 대상을 어디까지나 좁은 의미의 예술로만 상정하고 있다. 따라서 슈바르테가 푸코의 사유에 대해 '바깥의 미학'이라는 말을 사용하는 것은 시기적으로는 중기까지이며, 심지어 예술론만을 다룰 뿐이다. 그에 반해 우리가 상정하는 푸코의 '미학'은 넓게는 삶의 영역까지도 대상으로 삼고 있다. 우리는 그의 사유를 후기의 삶에 관한 논의까지도 포함해 '바깥'이라는 관점에서 재파악하는 것을 목표로 하며, 이런 점에서 슈바르테와는 근본적으로 입장을 달리한다.

3. '미적인 것'과 '우리의 삶'

삶의 미학

앞 절에서 말했듯이, 이 책은 푸코의 사유를 통해 이른바 '미적인 것'에 대한 사유와 '우리의 삶'에 관한 사유의 교차점을 탐구한다. 그렇다면 이 두 개의 사유가 교차하는 지점에 주목하는 이유는 무엇일까? 여기에는 다음과 같은 배경이 있다.

우선 그것은 현대 미학에서의 '삶'이라는 토포스의 중요성과 관련된다. 미학자 마리오 페르니올라는 『현대의 미학』이라는 제목의 책에서 현대를 "더할 나위 없이 미학적인 시대"라고 형언한다.[10] 페르니올라에 따르면, 특히 20세기 이래 미학으로 분류된 텍스트는 전례가 없을 정도의 기초에서 산출되며, 그때까지 다른 철학 분야에 비해 상대적으로 소수자적이었던 이 영역이 역사적 활황을 맛보게 됐다고 한다. 현대가 '미학적 시대'라는 것은 이런 상황을 가리킨다. 더욱이 페르니올라는 이 활황에는 미학이라는 분야의 내실적인 변화가 관련되어 있다고 시사한다. 즉, 20세기 이후의 미학은 단순히 미의 본질이나 예술에 관한 사유에 머물지 않고, 다른 철학 분야는 물론이고 그밖의 학문 분야와도 결부된 형태로 문화 일반, 심지어 인간의 삶 자체로까지 고찰 대상을 넓혀갔다는 것이다. 이런 페르니올라의 시각은, 현대

---

10   Mario Perniola, *L'estetica contemporanea. Un panorama globale*, Bologna, Il Mulino, 《Le vie della civiltà》, 2011, p.9.

라는 시대의 진단에 관해서는 찬반이 갈리지만, 20세기 이후의 미학의 흐름으로는 일정한 타당성을 가질 것이다.

그런데 이런 전제에 입각해서 페르니올라는 여기서 현대의 미학을 몇 개의 핵심어(모양, 인식, 활동, 감각 등)와 더불어 독해하고 있는데, 주목할 것은 그중 1개의 장이 「삶의 미학estetica della vita」이라는 제목으로, 미학에서의 삶이라는 토포스의 의미에 초점을 맞추고 있다는 것이다. 이 대목에서 빌헬름 딜타이부터 푸코에 이르는 다양한 사상 속에서 삶과 미학의 관계를 추적한 페르니올라는 "삶의 의미를 긍정하든 부정하든, 이 물음이 자리매김되는 지평이 현대에서는 미학과 긴밀한 관계에 있는 일이 매우 종종 있었다"고 말하고, "미학이 존재에 있어서 근본적인 문제를 제기했음"을 강조한다.[11] 달리 말하면, 그것은 앞서 지적된 미학의 문제계의 확장 속에서, 현대에서는 삶이라는 문제가 특히 존재감을 증대시켜 왔다는 것이다. 페르니올라의 논의가 시사하는 것은 현대의 미학을 생각할 때 '삶의 미학'이라는 테마를 더 이상 제외할 수 없다는 사실이다. 그리고 그의 언급에서도 엿볼 수 있듯이, 이 '삶의 미학'에 있어서 푸코 말년의 문제계, 특히 '실존의 미학'이 중요한 의미를 갖고 있다는 인식도 최근에는 미학의 영역에서 합의를 얻고 있는 것 같다.

11   Ibid., p.14.

생명정치의 관건으로서의 미학

또한 거꾸로, '우리의 삶'을 둘러싼 사유에서도 미학은 결정적인 존재가 되고 있다. 예를 들어 미학자 피에트로 몬타니는 미학이라는 범주를 이른바 '생명정치'의 관건이라고 제시한다. 그에 따르면, 두 영역을 매개하는 것은 '현대 기술의 문제'다.[12] 무슨 말인가?

몬타니는 우선 한나 아렌트의 사유에서 출발해 생명정치 개념의 윤곽을 확정하려 한다. 아렌트의 사유의 기반에는 폴리스(공적 공간)와 오이코스(사적 공간)라는 두 개념 사이의 '양립 불가능한 적대관계antagonism'가 있으며, 더욱이 전자는 인간의 인간성을 특징짓는 '활동적 삶'에, 후자는 인간의 동물성을 특징짓는 '생물학적 생명'에 각각 대응한다.[13] 아렌트의 이 구분을 바탕으로 몬타니는 생명정치의 특징을 '활동적 삶'의 후퇴 및 '생물학적 생명'의 전경화로 이해한다.[14]

통치의 활동 및 권력의 행사가 오이코스 영역의 부당한 확대로서, 또 폴리스의 공간에서의 '노동하는 동물animal laborans'로만 이해된 인간의 능력의 부당한 확대로서 초래될 때, '정치적인 것' 자체는

---

12   Pietro Montani, 《Estetica tecnica e biopolitica》, *Fata morgana: quadrimestrale di cinema e visioni*, Anno 1, n°. 0, sctr./dic. 2006, p.27. 또한 다음도 참조. Pietro Montani, *Bioestetica. Senso comune, tecnica e arte nell'eta della globalizzazione*, Roma, Carocci, 《Studi superiori》, 2007.

13   Cf. Hannah Arendt, *The Human Condition* (1958), Second Edition, University of Chicago Press, 1998.

14   아렌트에게 '정치'와 관련되는 것은 '활동적 삶'뿐이다. 따라서 '생물학적 생명'의 통치로서의 생명정치는 그녀에게 '순수한 반정치'를 의미한다(Pietro Montani, 《Estetica tecnica e biopolitica》, op. cit., p.28).

후퇴하며 그 자리를 어떤 관리 형태에 내주게 된다. 그것은 원래 삶을 '보증하는' 것이었음에도 불구하고, 최종적으로는 많든 적든 직접적으로 공포나 죽음과 관계를 맺게 되는 그런 관리 형태이다. 이리하여 삶-정치는 죽음-정치로 반전된다.[15]

여기에는 생명정치가 '생물학적 생명'의 통치로 정의될 수 있다는 것, 그리고 생명정치가 죽음정치로 필연적으로 반전된다는 인식이 나타나 있다.[16]

나아가 몬타니는 이런 생명정치가 전지구적 기술 〈장치〉와 결부되는 형태로 미학이라는 범주를 철저하게 도구화한다고 생각한다. 여기서 그가 참조하는 것은 발터 벤야민이 1930년대 중반에 발견한 '정치의 미학화Die Ästhetisierung der Politik'라는 현상이다.[17] 벤야민은 그것을 기술(더 정확하게는 이미지의 기술적 생산 가능성이라는 발상)과 전체주의의 문제와 연계시키고, 이것에 '예술의 정치화'라는 대안을 대립시켰다. 몬타니는 이런 벤야민의 '정치의 미학화'에 관한 진단이 모던뿐 아니라 포스트모던에서도 — 혹은 포스트모던에서 더욱더 — 유효하다고 생각한다. 그는 "미학화에 적합한 정치적인 것의 차원"을 전체주의

---

15   Pietro Montani, 《Estetica tecnica e biopolitica》, op. cit., p.28.

16   몬타니에 따르면, 이 반전은 아렌트뿐 아니라 푸코, 조르조 아감벤, 로베르토 에스포지토라는 다른 생명정치론자들의 논의에도 예외 없이 나타나는 것이다.

17   Cf. Walter Benjamin, *Das Kunstwerk im Zeitalter seiner technischen Reproduzierbarkeit*, deutsche Fassung 1939; in derselbe, *Gesammelte Schriften*, Band I, Suhrkamp, Frankfurt am Main 1972, S.471-508.

뿐 아니라 오히려 생명정치의 차원에서, 즉 "생명공학과 인간기술과학의 시대에서의 생명의 정치" 속에서 보려고 하는 것이다. 전체주의 국가가 적절한 형태의 자기 재현, 즉 이른바 체제예술(가령 레니 리펜슈탈의 그것과 같은)을 필요로 한 반면, 몬타니에 따르면, "생명정치의 〈장치〉는 미학이라는 범주를 보다 내적으로, 구조적으로, 이렇게 말해도 좋다면, '생리학적으로' 사용한다"고 한다.

> 이 〈장치〉는 미학으로부터 자신의 공식 이미지뿐 아니라 자신에게 특유한 감각의 지평orizzonte di senso까지도 끌어낸다. 요컨대 생명정치의 〈장치〉는 우선 무엇보다도 '감각'될 필요가, 그리고 '우리가 공유하는 감각'의 경계를 획정하고 그것을 산출할 필요가 있다. 더 나아가 … 그것은 우리의 감성을 철저하게 유도하고 한정하고 감축시킬 필요가, 즉 본질적으로 비-미학화·비연성화inelaborare할 필요가 있다.[18]

이리하여 현대에서 미학은 기술의 문제를 통해 생명정치의 관건이 된다. 즉, 감성은 "생명권력이나 그 기술적 하부구조의 가능성"으로 간주되고, "어떤 기획이라 하더라도 많든 적든 의도적인 기술적 조작의 대상"이 되는 것이다.[19] 거기서 감성을 감축하는 기술은, 한편으로

---

18   Pietro Montani, 《Estetica tecnica e biopolitica》, op. cit., p.50.

19   Ibid.

'미적 판단의 정치적 판단으로의 전환'('이미지'에 의한 합의 형성·감정에 기초한 정치적 결정)으로서, 다른 한편으로 '감성의 기술적 조작·관리'(현실의 시뮬레이션화·우연성의 프로그램화)로서 나타난다.

그런데 지금까지 봤듯이, '미적인 것'에 관한 사유와 '우리의 삶'에 관한 사유의 교차는, 미학의 관점에서도, 다른 분야의 관점에서도 점점 더 중요해지고 있다. 페르니올라는 미학에서의 '삶'에 관한 사유의 존재감을, 더 구체적으로는 윤리적·정치적 사유의 존재감을 역설하는 반면, 거꾸로 몬타니는 윤리적·정치적 사유에서 미학의 존재감을 역설한다. 상이한 방향에서 비춰본 동일한 상황을 바탕으로 하여, 이 책의 목표는 푸코를 중심으로 두 개의 사유에 다리를 놓는 동시에, 이것들에 새로운 전망을 여는 데 있을 것이다.

4. 신체와 실천

신체미학

"자신의 삶을 하나의 예술작품으로 한다"는 이념에서도 분명해지듯이, 푸코의 '실존의 미학'은 '신체'와 '실천'을 주요한 구성요소로 삼고 있다. 한편으로 '실존의 미학'이 자리매김되는 더 넓은 맥락, 즉 페르니올라가 총칭하는 '삶의 미학'에서도 양자[신체와 실천]는 자기 형성에 있어서 중요한 요소이다.

예를 들어 오늘날 '삶의 미학'을 둘러싼 논의에서 중요한 참조점 중 하나이기도 한 미국의 철학자 리처드 슈스터만은 자신이 제창하는 개념인 '신체미학somaesthetics'의 관점에서 푸코의 '실존의 미학'에 주목한다. 슈스터만은 프래그머티스트 선배인 존 듀이를 좇아, 예술을 하나의 '경험'으로 파악하려 한다. 거기서는 아리스토텔레스 이래, 예술이 포이에시스(제작)와만 결부됐던 상황이 비판되고, 그 프락시스(실천적 행위)와의 연결이 요구된다.

슈스터만에 따르면, 포이에시스란 제작의 행위나 행위 주체로부터 분리된 외적인 대상의 제작을 목적으로 하는 것이며, 거기서 행위 주체는 자신의 제작물로부터 영향을 기본적으로는 받지 않는다. 그에 반해 프락시스는 "행위 주체의 내적 속성에서 유래하며, 또한 거꾸로 그 형성을 돕는" 것이다.[20] 이런 의미에서 프락시스로서의 예술이란 행위 주체와 그가 산출하는 것이 불가분한 생산과정이다. 이리하여 '신체미학'은 듀이가 말하는 "경험으로서의 예술"[21]이라는 발상의 연장선상에 자리매김된다.

그런데 푸코는 1984년의 콜레주드프랑스 강의에서 퀴니코스파에 의한 '올바른 삶'의 원리에 관해 논하는 가운데 이렇게 말했다.

올바른 삶으로서의 철학적 삶bios philosophikos이란 인간 존재의 동물성입니다. 이 동물성은 도전으로서 제기되고, 행사로서 실천되고,

20   Richard Shusterman, *Pragmatist Aesthetics: Living Beauty, Rethinking Art*, Second Edition, Rowman and Littlefield, 2000, p.53. 포이에시스와 프락시스의 구별에 관해서는 다음도 참조. Giorgio Agamben, 《Poiesis e praxis》, in *L'uomo senza contenuto*, Macerala, Quodlibet, 2000, p.114.

21   Cf. John Dewey, *Art as Experience* (1934), Perigee Trade, 2005.

스캔들로서 타자의 면전에 던져지는 것입니다.[22]

　여기서 푸코는 '철학적 삶'의 본질을 '인간 존재의 동물성'에서, 이른바 인간의 '생물학적 측면'에서 찾아내고 있다.

　슈스터만은 푸코의 이 말에 주목하고, 거기서 "깊은 사려를 수반해 단련되고, 신체에 중심을 둔 삶의 양식으로서의 철학의 비전", 즉 그가 제창하는 '신체미학'과 공통되는 것을 읽어내고 있다.[23] '신체미학'이 다루는 것은 "그것을 통해 우리가 자기 인식이나 자기 창조를 … 추구할 수 있는 다양한 신체적 실천"이다.[24] 또한 신체적 실천을 이렇게 이해한다면, "경험은 철학의 실천에 속할 것이다"라고도 슈스터만은 말한다. 이리하여 그는 자신이 제창하는 '신체미학'을 푸코가 논하는 에로스적인 신체 속에서 찾아내는 것이다.

일상성의 미학

　다만 페르니올라나 슈스터만처럼 푸코의 '실존의 미학'에 주목한 선행 연구는 모두, 특히 『성의 역사』 3부작을 중심으로, 푸코가 섹슈얼리티에 관심을 둔 것에 초점을 맞췄다. 즉, 푸코에게서의 '삶의 미학'의 의미를 특히 성적인 관계성을 기반으로 한 과잉과 일탈이라는 관

22　CV, p.245.

23　Richard Shusterman, *Practicing Philosophy: Pragmatism and the Philosophical Life*, Routledge, 1997, p.176.

24　Ibid., p.177.

점에서 독해하려는 경향이 강했던 것이다.

확실히 섹슈얼리티는 후기 푸코에게 주요 테마 중 하나이지만, 그의 '실존의 미학'의 의미가 이것으로 다 소진되는 것은 아니다. 오히려 여기서 주목하고 싶은 것은, 푸코가 '실존의 미학'에 관련된 실천들을 성적인 것에 한정하지 않고 더 일반적인 일상적 행위 속에서도 찾아냈다는 점이다. 실제로 푸코에게 '실존의 미학'이란 그런 일상적 행위의 축적을 통해 자신의 삶을 소재로 작품으로서의 자기를 만들어나가는 삶의 방식이기도 했다.[25]

이런 점에서 주목되는 것은 '일상성의 미학'이라고도 총칭되는 현대 미학의 동향이다. 가령 프랑스의 미학자 바르바라 포르미스는 퍼포먼스 아트 등에 관한 고찰에서, 삶의 본질을 신체적 실천으로서의 '몸짓geste'에서 확정함으로써 '일상적인 삶의 미학esthétique de la vie ordinaire'을 구축하려 시도한다.[26] 이런 '일상적인 삶의 미학'도 듀이의 '경험으로서의 예술'의 사유를 이어받는 것으로, 이와 관련된 연구도 많이 있는데, 이것들은 모두 일상적 행위나 경험이라는 관점에서 '삶'과 '예술'의

---

25 푸코에게서 '일상적인 삶'이라는 주제를 권력과 섹슈얼리티의 결합이라는 관점에서 고찰한 것으로는 다음을 참조. Guillaume Le Blanc, *La pensée Foucault*, Paris, Ellipses Marketing, 《Philo》, 2006, pp.47-64. 또한 마찬가지의 논의를 푸코를 포함한 더 넓은 맥락에서 전개한 것으로는 다음을 참조. Guillaume Le Blanc, 《L'action, le style et la vie ordinaire》, in *L'ordinaire et la politique*, Claude Gautier et Sandra Laugier(dir.), Paris, PUF, 《PUBL DE L'UNIV》, 2006, pp.137-145.

26 Barbara Formis, *Esthétique de la vie ordinaire*, Paris, PUF, 《Lignes d'art》, 2010. 또한 포르미스는 '신체미학'에 관한 논의의 편집자도 맡고, 여기에 슈스터만도 기고했다. 다음을 참조. *Penser en corps. Soma-esthétique, art et philosophie*, Barbara Formis(dir.), Paris, L'Harmattan, 《L'Art en bref》, 2009.

문제에 접근한다는 점이 특징적이다.[27] 이 책에서는 이런 현대 미학에서의 '프락시스'의 지위도 응시하면서, '실존의 미학'에 있어서 '신체'와 '실천'의 의미를 재차 검토한다.

그런데 몬타니는 감성이 점점 더 정치의 관건이 되고 있는 현대의 상황을 지적했는데, 이런 상황을 겪은 미술비평가 보리스 그로이스는 푸코와 조르조 아감벤을 참조하면서 삶 자체가 권력의 개입 대상이 되는 현대에 어떤 예술이 가능한가라는 근본적인 물음을 제기한다.[28]

몬타니는 위에서 적은 상황에 현대의 기술의 문제가 관련되어 있다고 시사한다. 우리의 고찰에서도 예술을 단순한 미적인 대상으로 파악하는 게 아니라, 그 어원(테크네)으로 돌아가 하나의 '테크놀로지'로 파악한 후, 그것이 어떻게 인간의 삶과 관계되는가에 주목하고 싶다. 왜냐하면 삶을 둘러싼 사유 속에서 푸코가 씨름하는 논의는, 현대의 예술이 하나의 '기술'로서, 넓은 의미의 '정치적인 것'과의 관계를 더욱 강화시키고 있는 상황과도 무관치 않기 때문이다.

확실히 예술과 정치라는 테마는 나름의 역사를 갖고 있으며, 특히 19세기 이후에는 급속한 근대화를 배경으로 한 다양한 사회운동

---

27   예를 들어 다음을 참조. David Novitz, *The Boundaries of Art: A Philosophical Inquiry into the Place of Art in Everyday Life* (1992), Revised and Enlarged Edition, Cybereditions, 2001; Andrew Light and Jonathan M. Smith(ed.), *The Aesthetics of Everyday Life*, Columbia University Press, 2005.

28   Boris Groys, "Art in the Age of Biopolitics: From Artwork to Art Documentation," in *Art Power*, Cambridge, MA, MIT Press, 2008.

과의 관계 속에서 예술의 의의가 문제였다. 그렇지만 거기서 문제였던 것은, 앞의 아렌트의 구별을 빌린다면, 어디까지나 '활동적 삶'(인간적 삶)과 관련된 정치이며, 우리의 고찰의 전제가 되는 '생물학적 생명'(동물적 생명)과 관련된 정치, 즉 '생명정치'가 아니었다. 이런 의미에서는 현대에서 '정치적인 것'과 예술의 관계를 둘러싼 논의는 이제야 겨우 시작됐을 뿐이라고 말할 수 있다.

5. 이 책의 구성

각 장의 개괄

이 책은 지금까지 소묘했던 조감도에 따라 총 3부 7장으로 구성되어 있다. 우선 1부에서는 푸코의 1960년대 저작을 중심으로 전반기의 예술론을 '바깥' 개념을 갖고 추적한다. 특히 1장에서는 1960년대의 문학론과 회화론을 검토함으로써 '바깥' 개념의 윤곽을 부각시키고, 2장에서는 '바깥' 개념과 같은 시기에 이루어진 더 원리적인 고찰과 이것들이 어떻게 연결되어 있는지를 탐구한다. 이렇게 함으로써 푸코에게서 '바깥'의 형상의 함의, 의미론적인 넓이가 밝혀지는 동시에, 이 시기의 예술에 관한 고찰 전체를 '바깥의 예술론'으로 자리매김한다.

이어서 2부에서는 1970년대 이후의 권력론을 검토함으로써 후기의 주체론으로의 연결이 탐색된다. 서두에서 언급했듯이, '실존의 미학'으로 결실을 맺은 후기의 주체론은 1970년대 이후의 권력론, 특히 삶 자체에 대해 행사되는 권력의 고찰과 표리일체의 관계에 있다. 따라서 전자를 이해하기 위해서는 후자의 해명이 불가결하다. 그래서 3장에서는 1970년대의 저작을 중심으로 푸코의 권력 이해를 명확히 하고, 4장에서는 이 권력의 저항 지점으로서의 삶의 양태를 검토한다. 이로부터 명확해지는 푸코의 권력론은 그 주체론의 특이성을 부각시킬 것이다.

마지막으로 3부에서는 '실존의 미학'을 중심으로 한 후기의 주체론을 역시 '바깥'의 관점에서 논한다. 이 중 5장에서는 '실존의 미학'의 내용을 밝히고, 이어서 6장에서는 '실존의 미학'을 하나의 '바깥의 미학'으로 자리매김한다. 마지막인 7장에서는 이렇게 자리매김된 '바깥의 미학'에서 출발해, 동시기의 예술론을 다시 한번 검토한다.

위와 같은 고찰을 통해, 그 특이한 권력론을 배경으로, 전기 예술론과 후기 주체론을, '바깥'을 경첩으로 삼아 묶을 수 있을 것이다. 이렇게 푸코의 사유를 '바깥'이라는 관점에서 하나의 미학으로서 독해하는 것이 이 책의 목적이다.

문헌 취급에 관해

마지막으로 서론을 마무리하면서 1차 문헌을 어떻게 취급하는지에 관해 부언하고 싶다. 들뢰즈는 푸코의 '장치' 개념을 논한 소론에서 하나의 장치에 포함된 다양한 선분을 '역사(혹은 문서고)'와 '현실적인 것le actuel'이라는 두 개의 그룹으로 나눈다. 들뢰즈에 따르면, 여기서 '역사나 문서고'란 "우리가 현재[당시에] 그러한 것(우리가 이미 더 이상 그렇지 않은 것)"을, 또한 '현실적인[현행적인] 것'이란 "우리가 지금 바로 그러한 것"을 각각 가리킨다고 한다.[29] 그런 다음 들뢰즈는 푸코의 작업 중에서 저서의 형태로 발표된 것은 주로 전자와 관련됐다고 지적한다. 즉, 거기서 문제가 되는 것은 '역사나 문서고'가 중요하다는 것이다. 이에 반해 들뢰즈가 푸코에게서 '현실적인 것'의 문제계를 찾아내는 것은, 저서의 집필과는 별개로 그때그때마다 행해진 인터뷰나 대담 속에서이다. 즉, 거기서 "오늘날, 주체화의 어떤 새로운 양태가 나타나고 있는가"라는, 바로 '현실적인[현행적인]' 물음이 논의되고 있다고 한다.[30]

이로부터 들뢰즈는 푸코의 저작들과 이런 구두口頭의 '퍼포먼스'의 관계를 니체의 저작들과 이것들과 동시대에 쓰인 『유고』와의 관계에 비교하고 있다: 그리하여 시사되는 것은 (푸코와 니체 둘 다에게서) 두 종류의 텍스트의 상호보완성이며, 심지어 (자칫하면 전자에 비해 경시되기 쉬운) 후자가 연구에 중요하다는 것이다.

이런 들뢰즈의 혜안을 존중하면서 이 책에서는 푸코의 『말과 글Dit et Écrits』[31]에 수록된 숱한 인터뷰나 대담이, 경우에 따라서는 저서나 논문과 맞먹을 정도로 중요하다는 점을 인정한다. 확실히 그것들은 구두로 진행되었다는 성질 때문에, (나중에 저자의 교정 등을 거쳤다

---

29   Gilles Deleuze, 《Qu'est-ce qu'un dispositif?》, in *Deux régimes des fous. Textes et entretiens 1975-1995*, Paris, Éditions de Minuit, 《Paradoxe》, 2003, p.322.

30   Ibid., p.324.

31   [옮긴이] 일본어 번역서 제목은 『ミシェル ·フーコー思考集成』

고 하더라도) 저서만큼의 치밀한 준비나 가다듬기를 거쳐 공표된 것은 아니며, 이런 의미에서는 저서와 동등하게 다루는 것은 부당하다는 의견도 있을 것이다. 그렇지만 이 책에서 중심적 문제가 되는 것이 푸코에게서 '주체'라는 토포스이며, 특히 그 현실성[현행성]이라는 점에서 보면 이런 접근법이 타당한 것 같다.

제1부 '바깥'의 예술론

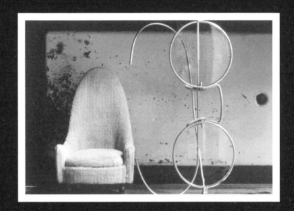

1장 재현과 그 잔여: 전기의 예술론에서

　　푸코는 1960년대를 통틀어 다양한 예술론을 썼는데, 거기에는 하나의 중심적인 테마가 있음을 인식할 수 있다. 바로 '바깥dehors'이다. '바깥'이란 푸코가 1966년에 발표한 블랑쇼론인 「바깥의 사유」에서 제시한 개념이다. 이 글에서 푸코는 현대의 문학이 이제 '내면화의 차원'에 속하기를 그만두고 '바깥'으로 이행하고 있음을 지적한다.

> 거기서 언어는 담론의 존재 양식을 — 즉 표상의 전제[재현의 왕국]를 — 벗어나며, 문학의 말은 자기 자신에서 출발해 전개된다.[1]

'바깥'이란 언어가 더 이상 담론도 의미의 의사소통도 아니고 "날 것 상태의 언어의 늘어놓기étalement, 전개된 순수한 외면성"[2]이 되는 공간을 가리킨다. 거기서 주체는 담론의 책임자라기보다는 하나의 '비존재inexistence'가, 그로부터 언어가 무제한으로 분출하는 '공백vide'이 될 것이다. 이 언어의 벌거벗음[날것 상태]의 경험은 주체의 존재를 위험에

---

[1]　《La pensée du dehors》, n° 38(1966), p.548. [ ] 안은 옮긴이의 수정.

[2]　Ibid., p.547. [옮긴이] 필자는 intériorité을 '내면성'이라고 옮기면서도 extériorité는 외재성이라고 옮긴 탓에 대구가 맞지 않는다. 따라서 이를 '외면성'으로 수정하기도 했으나, 맥락에 따라서는 '외재성'으로 그대로 두기도 했다.

빠뜨린다. 언어 자체에 관해서도 말하는 유형의 현대 문학, 그것은 '말하는 주체'가 소멸되는 '바깥'으로 우리를 데려가는 것이다.[3]

이로부터 푸코는 모든 주체성의 바깥에 머물고, 그로부터 주체의 한계를 드러내는 사유를 '바깥의 사유'라고 부르게 된다. 그것은 근대에 있어서는 우선 사드와 횔덜린에서 발견되며, 그 후 19세기 후반이 되면 니체와 말라르메에서, 나아가 현대에서는 아르토, 바타유, 클로소프스키, 그리고 블랑쇼에서 발견될 것이다.

푸코에 따르면, '바깥'이란 실정적인positive 형태로 — 실례를 동반한, 이른바 또 하나의 '내면성'으로서 — 나타나는 것이 아니라, 늘 부재로서, 하나의 공백으로서 드러날 뿐이다.[4] 푸코는 그것을 내면성에서의 "거리를 둔 분신"이나 "정면으로 맞서는[마주 보는] 닮은 꼴" 등으로 표현한다.

> 내면성이 자기의 외부hors로 끌어당겨지는 바로 그 순간, 바깥dehors 은 내면성이 자신의 습곡repli과 그 습곡의 가능성을 찾아내곤 하는 바로 그 장소에 구멍을 뚫는다.[5]

이처럼 바깥이란 내면성의 습곡[주름]으로서 발견된다. 어떤 '형태 이하의 것', '부정형의 익명인 같은 것'이라고 한다. 그것은 주체에게

---

3   Ibid., p.548.
4   Ibid., p.554.
5   Ibid., p.562.

서 동일성을 빼앗고, 주체를 텅 비게 하며, 두 개의 형상 ― 쌍둥이지만 합쳐놓을 수 없는 두 개의 형상 ― 으로 분할하고, 주체가 〈나〉라고 말할 권리를 빼앗고, 주체의 담론에, 그것의 메아리인 동시에 부인할 수 있는 말을 대립시킨다. '바깥의 경험'이란 자기 속에서 하나의 '사막'이 커가는 것을 느끼는 경험이며, 사막의 맞은편에는 "주체[주어]를 부여할 수 없는 언어가, 신 없는 법이, 인격 없는 인칭대명사가, 표정도 눈도 없는 얼굴이, 결국 같은même 다름autre이 반짝거리고 있는" 것이다.[6]

한편으로 푸코는 이 '바깥'을 〈나〉라는 1인칭에 대한 〈그〉라는 3인칭 같은 것이라고 논한다.

> 그것은 얼굴도 시선도 없는 〈그〉이며, 그는 타자의 언어에 의해서만 [사물을] 볼 수 있다. … 이리하여 그는 1인칭으로 말하는 〈나〉에게 가능한 한 가까이 접근하고, 그 말이나 문구를 무제한적 공백 속에서 되풀이하는 것이다.[7]

여기서 푸코가 지칠 줄 모르고 거듭 말하는 것은 분리되어 있으면서도 연결되어 있는 인칭의 기묘한 관계성이다.

---

6   Ibid., p.562.

7   Ibid., p.564. 푸코는 블랑쇼의 '제자'라고도 일컬어지는 로제 라포르트에 관한 서평에서도, 라포르트에게서의 그의 양태를 언급한다. 다음을 참조. 《Guetter le jour qui vient》, n° 15(1963), p.292 et suiv.

위와 같은 「바깥의 사유」의 서술을 통해 우리는 '바깥'이 다양한 방식으로 주체를 한계로 데려가고 마침내 소멸시켜버리는 비인칭적인 힘 같은 것으로 상정됨을 알 수 있다. 이 논고에서는 그런 힘이나 운동이 블랑쇼를 필두로 하는 특정한 문학 속에서 탐색되고 있다.

그러므로 이번 1장에서는 우선 이 흥미로운 시론에서 드러난 '바깥'이라는 개념이 1960년대에 저술된 푸코의 문학론, 나아가 회화론을 상징하게 됐음을 명백하게 하고 싶다.

1. 재현의 문턱

푸코가 『말과 사물』에서 제시했듯이, 고전주의 시대를 특징짓는 것은 재현[표상]의 일원적인 지배였다. 거기서 재현은 언어, 개인, 자연, 욕구 등등의 존재 양태를 다루는 것으로서 군림했다. 이 시대에 재현 분석이 모든 경험의 영역에서 결정적 가치를 가졌던 것은 이 때문이다. 푸코는 말한다.

> 고전주의 시대의 질서 시스템 전체, 사물들을 그 동일성의 시스템에 의해 인식할 수 있게 해주는 거대한 탁시노미아(분류법)의 전체는 재현이 자기를 재현할 때 자기의 내부에 여는 공간 속에서 전개되는 것이다.

거기서 언어는 다양한 단어의 재현에 지나지 않고, 자연은 존재

들의 재현에 지나지 않으며, 욕구는 욕구의 재현에 지나지 않는다.[8]

한편 푸코에 따르면, 이 고전주의 시대의 사유의 종언은 재현의 후퇴와, 혹은 언어의, 생물의, 욕구의 재현으로부터의 해방과 일치한다. 거기서는 '의지'나 '힘' 같은 것이 근대적인 경험으로서 출현하고, 고전주의 시대의 종언을, 그리고 또한 '재현의 왕국', '재현적 담론의 지배'의 종언을 알리는 것이다. 여기서 푸코가 "재현의 종언을 고하는 것"이라고 부르고 있는 언어, 생물, 욕구를 '바깥'의 요소로 파악한다면, 그가 '바깥의 사유'라고 부른 일련의 형상이 등장하는 것도 대략적으로 말해서 이 시기 이후라고 생각해도 좋을 것이다.

이 점에서 보면, 푸코가 '바깥의 사유'의 선구자로 간주한 사드는 바로 고전주의 시대와 근대 사이의 전환기에 걸맞은 문학적 양태를 그에게서 인식할 수 있다는 의미에서, 특히 주목할 값어치가 있는 존재다. 즉, 사드의 문학은 "욕망의 법률 없는 법률과 담론적 재현의 면밀한 질서 사이의 불안정한 균형"[9]을 표현한다. 푸코에 따르면, 사드적인 '방탕libertinage'의 원리를 체현한 자, 즉 '방탕자libertin'란 "욕망의 모든 판타지와 모든 격발을 따르는 동시에, 의도적으로 이용된 명석한 재현에 의해, 그 가장 미세한 움직임까지도 비춰주는" 자이다.[10] 거기서 모든 재현은 욕망의 산 신체 속에서 곧바로 활기차야 하고, 다른 한편으로 모든 욕망은 재현적인 담론의 순수한 빛 속에서 나오는 것

---

8   MC, pp.221-222.

9   Ibid., p.222.

10   Ibid., p.222.

이어야 한다.

세르반테스가 17세기 초반에 그려냈던 돈 키호테는 16세기 사람들이 했던 것처럼 세계와 언어의 관계를 읽음으로써, 유사의 작용에 의해서만, 여관 속에서 성을, 시골 처녀 속에서 귀부인을 읽어내고, 모르는 사이에 순수 재현의 양태 속에 갇혀버리는 셈이다. 하지만 어떤 의미에서 사드의 등장인물들은 이 돈 키호테와 대응 관계에 있다고 말할 수 있다. 그것은 어떤 의미에서인가? 즉, 르네상스의 막바지에 나타난 『돈 키호테』에서 문제가 되는 것이 "유사에 대한 재현의 아이러니한 승리"라면, 고전주의 시대의 막바지에 나타난 『쥐스틴느』와 『줄리엣』에서 문제가 되는 것은 이번에는 "재현의 한계를 거꾸러 뜨리는, 욕망의 어두운 반복적 폭력"인 셈이다.[11]

실제로, 예를 들어 쥐스틴느 자신은 욕망을 재현이라는 형태로만 아는 반면, 이 이야기에서 그녀는 타자의 욕망의 대상으로서, 재현과 욕망을 교류시키는 기능을 맡는다. 다른 한편, 줄리엣은 가능한 모든 욕망의 주체이지만, 그런 욕망들은 남김없이 재현으로 받아들여진다. 이리하여 줄리엣의 생애라는 커다란 이야기는 욕망, 폭력, 잔혹함, 죽음 같은 것을 따라, "재현의 번쩍이는 일람표tableau를 전개하는 것이다.[12]

사드는 욕망의 모든 가능성을 헐뜯지도[빠뜨리지도] 숨기지도 않

---

11   Ibid., p.223.
12   Ibid., p.223.

고 노출시킴으로써, '재현하는 것'을, 즉 '거명하는 것nommer'을 목표로 하는 담론에 아직 속해 있다. 그러나 거기서는 이미 재현 아래에 폭력, 삶, 죽음, 욕망, 섹슈얼리티가, 이런 재현들로 환원될 수 없는 다양한 것이 확실하게 소용돌이치고 있다는 의미에서, 그것은 고전주의 시대의 담론과 사유의 결실, 그 한계가 되고 있다.

더욱이 사드는 푸코가 1960년대의 문학론에서 추구한 '주체의 소멸'이라는 테마의 가장 좋은 예이다. 이것을 푸코는 『말과 사물』 출판 이듬해에 한 인터뷰에서 이렇게 말한다.

그것은 에로티시즘에 있어서 주체의 부인reniement, 혹은 가장 산술적인 실증성에 있어서 구조들의 절대적인 전개입니다. 왜냐하면 결국 사드는 에로스의 가장 논리적 조합의 전체가 가장 극단적인 귀결에 이르게 되는 그런 전개에 다름 아닌 것입니다. 그리고 그것은 (적어도 줄리엣의 경우는) 주체 자체의 고양 같은 것 속에서, 주체의 완전한 파열에 이르는 고양 속에서 일어나는 것입니다.[13]

즉, 사드의 에로티시즘은 욕망의 모든 가능성을 산술적인 전개에, 혹은 논리적 조합에 맡김으로써, 거기에서의 주체의 존립을 불가능하게 하는 운동이라는 것이다.

이리하여 사드는 근대의 입구에 있으며, '바깥'의 도래를 알리는

---

13   《Qui êtes-vous, professeur Foucault?》, n° 50(1967), p.643.

표지_{merkmal}로 자리매김된다. 거기서 '바깥'은 욕망을 중심으로 한 초재현적인 힘으로서 나타나며, 주체를 한계에 이르게 하는 것이다. 사드에게서 그 싹을 인식할 수 있는 이런 사유는 특히 20세기 문학에서 완전한 전개를 보여주게 될 것이다.

2. 언어의 무한증식

시뮬라크르의 공간

이미 말했듯이 「바깥의 사유」는 원래 블랑쇼론으로 저술됐으며, 거기서 '바깥'은 "말하는 〈나〉"의 부재에 의해, 근원적인 3인칭에 의해 표시된다. 푸코에 따르면, 블랑쇼는 다양한 작품이 "언어의 바깥 측면에 의해 서로 연결되어 있다는 것"[14]을, 그리고 또한 작품이 저자의 존재로 환원될 수 없는 "영원한 바깥의 흐름"에 다름없다는 것을 보여준 최초의 저자이다. 다른 한편, 앞 절에서 언급한 사드처럼, 그 밖에도 다양한 저자가 '바깥의 사유자'로서 거론되고 있다. 그중에서도 중요한 것은 동시기의 푸코가 개별적으로 논고를 바친 클로소프스키와 바타유일 것이다.

가령 푸코는 「바깥의 사유」에서 클로소프스키에게 '바깥'의 경험이란 "분신, 시뮬라크르의 외면성, 〈자아〉의 연극적이고 엄청난 증가"

---

14   《Sur les façon d'écrire l'histoire》, n° 48(1967), p.621.

같은 것이라고 말했다.[15] 클로소프스키론인 「악테옹의 산문」에 따르면, 클로소프스키가 그의 언어를 통해 묘사하는, 움직이는 모든 형상은 시뮬라크르이다.[16] 즉 그것은 "공허한 이미지"이며, "무엇인가의 재현"이며, "어떤 기호를 다른 기호와 혼동하게 하는 거짓말"이며, "〈같음〉과 〈다름〉의 동시적 도래"이다.

시뮬라크르의 특징은 '기호signe'와 달리, 하나의 의미를 정하지 않는다는 점에 있다. 클로소프스키에게 그것은 우선 등장인물의 존재 양태로서 발견된다. 거기서는 개별 동일성이 극한까지 감축된 〈인간=시뮬라크르〉가 제한 없이 증식을 계속하는 것이다. 푸코에 따르면, 클로소프스키 작품의 등장인물에서는 모든 것이 단편화되고 부서지고 한순간에 나타났다가 사라진다.

그들은 살아 있을 수도 죽을 수도 있겠지만 그런 것은 그다지 중요하지 않다. 그들에게서는 망각이 〈동일적인 것Identique〉을 주의 깊게 지켜보고 있는 것이다. 그들은 아무것도 의미하지 않고 자기 자신을 모방한다simuler.[17]

이리하여 모든 형상-시뮬라크르figure-simulacre는 그때그때의 장마다 모습을 바꾸고, 이런 순간적인 **뒤틀림**[일그러짐]은 경험의 '변질장치

15   《La pensée du dehors》, n° 38(1966), p.550.

16   《La prose d'Actéon》, n° 21(1964), p.357.

17   Ibid., p.360.

alternateur'의 작용에 의해 산출된다.

클로소프스키의 「로베르트 3부작」에서, 이야기의 화자는 점점 동일화 불가능해지며, 이윽고 "서로 도란거리는 목소리의 겹침"으로만 말할 수 있는 것이 되어간다. 푸코는 거기서 일어나는 것을 다음과 같이 표현한다.

> 말하는 주체는 서로 두런거리고, 암시를 주고받고, 지워버리고, 교체되는 목소리들 속으로 산산이 흩어진다. 그것은 또한 글쓰기라는 행위와 필자가 시뮬라크르의 거리두기 속으로 산산이 흩어지고, 그 안에서 호흡하고 살아간다는 것이다.[18]

클로소프스키가 어떤 내면성과도 무관한 고유한 언어에 의해 열어젖힌 것이 바로 이 시뮬라크르의 공간이며, 이리하여 문학이 관련되는 것은 인간도 기호도 아니고 분신의 공간, "시뮬라크르라는 텅 빔[공허]"이다.[19] 이로부터 주체의 동일성이 한없이 희박해지고, 무수한 익명의 목소리 속으로 흩어져가는 시뮬라크르의 공간은 '바깥의 공간'이라고 일컬어지게 된다.

---

18   Ibid., p.365.

19   Ibid.

한계와 위반

다른 한편, 바타유에게 '바깥'은 섹슈얼리티를 둘러싼 '위반transgression'[20]에 의해 드러난다. 푸코에 따르면, 섹슈얼리티란 더 이상 모독해야 할 것이 아니게 된 세계(즉, 신이 없는 세계)에서 "대상 없는 저속화"[21]를 가능케 하는 것이며, 푸코는 이런 "더 이상 성스러운 것에 긍정적인 의미가 인정되지 않는 세계에서의 저속화"를 가리켜 '위반'이라고 부른다. 달리 말하면, 위반이란 성스러운 것을 하나의 '공허한 형식'으로서 재구성하는 것이다.

이런 의미에서 위반과 한계는 서로 자신의 존재를 상대방에게 짊어지게 하는 것이라고 할 수 있다. 즉, 위반이란 한계 없는 의미를 갖지 않는 것이며, 반대로 한계도 위반이라는 몸짓이 없으면 실재할 수 없다. 그리고 푸코에 따르면, 바타유적인 '에로티시즘'의 근저에서는 이 한계와 위반 사이의 상호작용을 인식할 수 있다. 그것은 위반을 통해 주체를 한계에까지 이르게 하는 경험, 일종의 신적인 경험이다.

중요한 것은 바타유에게 주체의 한계를 위반하는 '에로티시즘'의 경험이 이루어지는 것이 첫째로 언어 속에서라는 점이다.[22] 거기서 주체는 "스스로 말하고, 주인을 갖지 않은 언어", 이른바 "바깥의 언어"

---

20   [옮긴이] 일본에서는 흔히 '침범'으로 번역한다.

21   《Préface á la transgression》, n° 13(1963), p.262.

22   푸코는 경험이 언어의 내부에서 이뤄지는 것이 되고 있다는 점에 관해 바타유와 이른바 '텔켈' 그룹의 공통성을 지적하고 있다. 다음을 참조. 《Débat sur le roman》, n° 22(1961), p 367.

의 존재를 깨닫고, 그리고 특히 무엇인가를 말하는 바로 그 순간, 자신이 자신의 언어 속에서 늘 똑같이 위치해 있지 않다는 것을 깨닫는다. 말하는 주체의 장소에는 어떤 공허가 가로지르며, 거기서는 다수의 말하는 주체가 서로 연결되고 분리되며, 서로 결합되고 배제하는 것이다.[23]

"철학적 주체성"의 붕괴, 언어의 내부로의 산산이 흩어짐, 그리고 증식. 푸코가 바타유의 작품에서 간파하는 것은 이런 "현대의 사유의 기본 구조"이다. 이 철학의 주체의 산산이 흩어짐 속으로 철학의 언어는 **주체를 다시 발견하기 위해서가 아니라 한계에 이르기까지 그 상실을 체험하기 위해** 나아간다.[24] 거기서 언어가 체험하는 것은 "자기의 바깥으로 완전히 흩어지며 완전한 공허에 이르기까지 자기를 텅 비게 하는" 주체이며, 또한 언어가 스스로 말하는 것은, 주체가 남긴 엄청난 공허 속, 즉 '바깥'에서인 것이다.

두 사람에 관한 위와 같은 논의에서 무엇을 알 수 있을까? 그것은 푸코가 '이미지'(클로소프스키)나 '언어'(바타유)가, 그것을 통솔하는 주체를 갖지 못한 채 증식하는 꼴에서 '바깥'의 존재 양식을 찾아냈다는 사실이다. 그것은 한편으로 시뮬라크르의 변전으로서, 다른 한편으로 한계와 위반의 상호작용으로서 각각 경험된다.

---

23   《Préface à la transgression》, n° 13(1963), op. cit., p. 270.

24   Ibid., p.271.

3. 회화 공간의 바깥

고전주의 시대의 재현

지금까지 살펴본 대로, 푸코의 '바깥'은 우선 블랑쇼론을 필두로 하는 문학론을 중심으로 전개된 것이다. 그렇지만 다른 한편으로, 동시기에 발표된 몇 개의 회화론에는 이것과 평행적인 모티프, 즉 '바깥'이라고 표현할 수밖에 없는 형상이 나타나는 것도 사실이다.

푸코는 1960년대 후반부터 1970년대 전반기에 걸쳐, 상징적인 회화론을 세 편 발표했다(다만, 첫 출간은 모두 1960년대 후반이다). 즉, 우선 벨라스케스의 《시녀들》에 관한 논고,[25] 이어서 마네의 작품들을 둘러싼 강연,[26] 마지막으로 《이미지의 배반》《이것은 파이프가 아니다》을 중심으로 한 마그리트론이다.[27] 여기서 푸코가 세 개의 회화론을 통해 다양한 각도에서 부각시키려 한 것은 '재현'의 체제로부터의 회화의 해방이라는 사태이다. 푸코는 「바깥의 사유」에서 "언어가 재현의 왕국을

---

25   초판은 1965년의 『메르퀴르 드 프랑스』 잡지. 이후 같은 텍스트에 수정을 가한 것이 1966년 발표된 『말과 사물』 1장에 수록됐다.

26   본 강연은 몇 가지 변경을 가하면서, 밀라노에서 1967년에, 도쿄와 피렌체에서 1970년에, 튀니지에서 1971년에 열렸다. 또 푸코는 1967년에 출판사 미뉘와 『검은색과 색채』라는 제목의 마네론을 집필한다는 계약을 맺었으나 결국 실현되지 못했다. 2004년에 『마네의 회화』라는 제목의 단행본으로 나온 것은 1971년의 강연을 녹취한 것이다. 또 2011년에는 「검은 색과 표면」이라는 제목의 다른 강연 원고를 수록한 문집이 간행됐다(《Le noir et la surface》, in *Cahier Foucault*, Frédéric Gros, Philippe Artières, Jean-François Bert et Judith Revel(dir.), Paris, Herne, 《Les Cahiers de l'Herne》, 2011, pp.378-395).

27   첫 발표는 1968년의 『카이예 뒤 시네마』지. 그 후 같은 텍스트를 수정 증보한 것이 마그리트의 2통의 편지와 4개의 데생을 덧붙이는 형태로 1973년에 단행본으로 출판됐다.

벗어나고, 그것 자체로부터 출발해서 전개하는" 사태를 '바깥'이라고 부르는데, 이런 회화론들에서도 문제가 되는 것은 회화가 만들어내는 재현 공간에 침입하고 이것에 균열을 가져오는 '바깥'의 요소이다. 이번 절에서는 이 관점에서 세 편을 출간의 순서대로 검토하고 싶다.

우선 『말과 사물』의 1장으로 알려진 《시녀들》(그림 1)의 분석에서 푸코는, 이 벨라스케스의 대표작 속에 "고전주의 시대의 재현의 재현"[28]을 간파하고 있다. 즉, 푸코에 따르면, 이 타블로 안에는 "고전주의 시대의 재현이 여는 공간의 정의"가 있다는 것이다. 무슨 말인가?

벨라스케스의 《시녀들》은 타블로의 전방에 있는 하나의 영역을 중심으로 구성되어 있다. 그것은 "타블로의 외부에 있기 때문에 절대로 접근 불가능하지만, 그러나 타블로를 구성하는 모든 선에 의해 규정되어 있는 장소"이다.[29] 푸코는 그것을 타블로의 외부에 있고 본질적인 비가시성 속에 틀어박혀 있는 한에서, 주위의 모든 재현을 질서짓는 "구성의 진정한 중심"이라고 말한다.[30] 이 중심이 상징적으로 "지고의 것souverain"인 까닭은 그것이 타블로에 대해 차지하고 있는 세 종류의 기능 때문이다. 즉, 그것은 모델과 관람자와 화가라는 세 개의 시선이 서로 포개지는 지점, 세 개의 '시선'의 기능이 서로 섞이는 지점이다.

---

28   MC, p.31.

29   Ibid., p.29.

30   Ibid., p.30.

[그림 1] 벨라스케스, 《시녀들》, 1656년, 318×276cm, 유화·캔버스, 프라도미술관

다른 한편, 관념적이고 실재적인 이 비가시의 중심은 세 개의 기능에 대응하는 세 개의 형상으로서, 타블로의 내부에 투영되어 있다. 세 개의 형상이란 곧, 우선 화면 왼쪽에 위치하는 화가이며, 다음으로 회화 오른쪽 문 옆의 방문객(관람자)이며, 마지막으로 중앙의 거울에 보이는 국왕 부부(모델)이다. 여기서 푸코는 중앙의 거울, '모델'의 형상인 국왕 부부를 비추고 있는 거울에 대해, 그것이 "무엇인가를 명시하는 것만큼, 그 이상으로 숨기는" 효과를 갖는다고 지적한다.[31] 왜냐하면 국왕 부부라는 '모델'이 자리 잡고 있는 장소는 또한 화가와 관람자의 장소이기 때문이다. 거울의 반사는 본래, 타블로에 내재적으로는 무관한 것, 즉 화가와 관람자의 시선을 내부에 가져오는 것이지만, 여기서 그들은 타블로의 공간 내부에 이미 현전해버렸기 때문에, 거울 속에는 깃들 수 없는 것이다. 또한 거꾸로 거울 속에 깃든 모델은 타블로의 공간 내부에 현전할 수는 없다.

그렇다면 이런 방식으로 타블로가 보여주는 것은 무엇인가? 푸코에 따르면, 그것은 "볼 수 있는 것의 깊은 비가시성이 보는 자의 비가시성과 관련되어 있다"[32]고 하는, 일종의 양립 불가능성에 다름 아니다. 즉, 여기서는 재현하는 자와 재현되는 것의 관계, 이 '재현의 이중적 관계'는 필연적으로 단절되어 있으며, 그것이 완전한 형태로 현전하는 일은 결코 있을 수 없다. 벨라스케스의 타블로는 모델, 관람자,

---

31   Ibid.
32   Ibid., p.31.

화가라는 세 개의 존재를 재현하려는 것인데, 한편으로 거기에는 이 양립 불가능성에서 오는 "본질적인 공허"가 명시되어 있기도 하다.

『말과 사물』에서 푸코는 고전주의 시대 이후 — 그리고 아마 현대까지 — 기호가, 스스로가 표시하는 것과, '유사_ressemblance'라는 유대, 이 르네상스적 질서에 의해 연결되기를 그치고,[33] 재현의 내부에서, "그것 자체와 놀아나는"[34] 존재가 됐음을 지적하고 있는데, 그가 벨라스케스의 타블로에서 찾아낸 것도 '순수한 재현'으로서 나타나는 사태에 다름없다.[35] 거기서도 또한 르네상스에서 '유사의 론도_rondo'를 담당했던 거울이 어떤 '본질적인 공허'를 보여주기 위해 사용되고 있다.

회화의 물질성

다른 한편, 여기서 제시된 '순수한 재현', 이 17세기 후반에 나타나 현대에 이르기까지 지배적인 체제에 대해 일종의 '틈새'라고도 해야 할 것을 — 각각 상이한 각도에서 — 논한 것이 나중에 쓴, 마네와 마그리트를 둘러싼 고찰이다.

푸코는 1967년부터 1971년에 걸쳐 세계 각지에서 행한 네 번의 강연에서 마네에 관해 논한다. 여기서 푸코는 마네를 "타블로의 내부에서, 타블로가 재현하는 것의 내부에서, 스스로가 그 위에서 그리

---

33   Ibid., p.72.

34   Ibid., p.81.

35   Ibid., p.31.

고 있는 공간의 물질적인 특성을 굳이 사용한 최초의 화가"로 소개한다.[36] 푸코에 따르면 15세기 이래 서양 회화에서는 회화가 어떤 공간의 단편 위 — 예를 들어 벽, 나무판자, 캔버스, 종이 쪼가리 같은 — 에 놓인, 혹은 새겨진 것이었다는 사실을 잊게 하고, 은폐하고 교묘하게 피하려고 하는 것이 전통이었다고 한다. 즉, 회화가 2차원의 표면에 기초한 것임을 잊게 하고, 물질적인 공간을 재현된 공간으로 치환하는 것이 늘 있었다. 이리하여 15세기 이래 회화는 2차원의 표면에 기초하면서도 3차원을 재현하려고 했다.

　　푸코에 의하면 이런 회화의 기획은 구체적으로는 주로 세 가지 사실의 부정으로서 나타났다. 즉, 우선 회화는 사선과 나선을 가능한 한 특권화함으로써, 스스로가 직선에 의해 구획된 공간 내부에 새겨져 있다는 사실을 부정했다. 또 그림의 내부에서 다양한 조명 효과를 재현함으로써, 스스로가 타블로가 놓인 위치나 햇빛의 상태에 따라 변화하는 현실의 조명에 노출된다는 사실을 부정했다. 마지막으로 감상자에게서의 '이상적인 장소'를 설정함으로써, 타블로는 감상자가 앞으로 이동할 수 있고, 주위를 돌아다닐 수 있는 공간의 한 단편이라는 사실을 부정했다. 이리하여 15세기 이후의 서양 회화에서 타블로의 물질성, 즉 타블로가 "현실의 빛에 의해 비춰지고, 주위를 자유롭게 이동할 수 있는 직사각형의 표면"이라는 사실은, 거기에 재현되는 것에 의해 교묘하게 감춰지고, 대신 타블로는 이상적인 장소로부터

36　PM, p.22.

응시되고, 깊이 있는 공간을 재현해왔다.[37]

그런데 푸코는 서양 회화의 전통을 위와 같이 개괄한 후, 마네의 혁신성은 타블로로 재현되고 있는 것의 내부에서 캔버스의 물질성 자체를 출현시킨 점에 있다고 인정한다. 즉, 마네의 타블로 안에는 가로와 세로의 직선으로 이루어진 직사각형의 표면, 캔버스에 해당되는 현실의 조명, 감상자가 캔버스를 보는 방향성의 자유 같은 것이 나타난다는 것이다. 마네는 이런 물질성을 재현 속에 재도입함으로써 하나의 '타블로-오브제tableau-objet'라고도 해야 할 것, 혹은 "물질성으로서의 타블로"[38]를 발명했다는 것이 이 강연에서 푸코 주장의 핵심이다.

여기서 푸코는 캔버스의 물질성을 안정된 재현 공간에 대한 이른바 '외부'라고 규정한 다음, 이 '바깥'의 요소를 재현의 내부에 출현시킨 점이 마네의 혁신성이라고 인정한다. 또 이런 마네의 수법은 재현의 임계점에 있어서, 그것으로 환원 불가능한 '현실'을 엿보게 하는 듯한 사드의 수법과 닮은꼴을 하고 있다고 말할 수도 있다.

시뮬라크르로서의 회화

다른 한편 푸코는 「이것은 파이프가 아니다」라는 제목의 마그리트론에서 마그리트의 작품들을 '시뮬라크르'의 관점에서 논한다.

---

37   Ibid., p.23.

38   Ibid., p.24.

"언어적 기호와 조형적 요소의 분리", 그리고 또한 "유사와 확언의 등가성." 여기서는 마네에 관한 논의와는 다른 관점에서 이 두 가지가 15세기부터 20세기까지 서양 회화를 지배했던 원리로 간주된다.[39]

그에 반해 마그리트의 혁신성은 유사와 확언[단정]의 연결을 분리하고, 회화에 속하는 것을 유지하면서 담론에 가까운 것을 배제한 점에 있다고 한다. 그것은 마그리트의 회화에서 "닮은 것이 한없이 계속되는 것을 가능한 한 추구하는 것, 다만 그것이 무엇을 닮았는지 말하려고 하는 모든 단정을 없애버리는 것"[40]이라는 방법으로 나타난다. 이리하여 마그리트의 회화는 "'~와 같은'에서 해방된 〈같음〉의 회화"가 될 것이다.

푸코는 여기서 '유사ressemblance'와 '상사similitude'라는 두 개념을 구별하여 대립시킨 다음, 마그리트의 회화를 '상사'로 특화된 회화라고 특징짓는다.[41] 유사란 '파롤'을, 즉 그로부터 발생하는 모든 모사copy를 질서짓고, 위계화하는 바의, 원본의 요소를 갖고 있는 것이다. 그에 반해 상사는 시작도 끝도 없는 계열 속에서 발전하는 것이다. 이 계열은

---

39   CP, pp.27-30.

40   Ibid., p.41.

41   『말과 사물』에서는 둘을 구별하지 않았던 푸코에게 이 구별의 발상을 줬던 것은 이 책을 읽은 마그리트가 1966년에 보낸 편지이다. 편지에 동봉된 화가의 작품의 복제품 속에 《이미지의 배반》(《이것은 파이프가 아니다》)이 있었으며, 그 뒷면에는 "제목은 데생을 반박하는 것이 아니라 그것을 다른 방식으로 단정하는 것이다"라고 적혀 있었다. 다음을 참조. Dominique Chateau, 《De la ressemblance: un dialogue Foucault-Magritte》, in L'Image: Deleuze, Foucault, Lyotard. Thierry Lenain(dir), Paris. J. Vrin, 《Annales de l'Institut de philosophie et de science morales》, 1997, pp.95-108.

어떤 방향성도 위계도 갖고 있지 않으나, 조금씩 차이를 증폭시키게 될 것이다. 요컨대 유사가 '재현'에 도움이 된다면, 상사는 '반복'에 도움이 되는 것이며, 유사가 모델을 따라 질서짓는 것이라면, 상사는 '시뮬라크르'를, 즉 "닮은 것'의 '닮은 것'에 대한, 제한 없는 가역적인 관계"[42]를 순환시키는 것이라고 말할 수 있다.

이리하여 마그리트의 회화는 "그것 자체로 돌려보내지는[그것 자체를 지시하는]" 상사라고 규정된다. 그것은 이제 "캔버스의 표면을 수직으로 가로지르고, 다른 것으로 돌려보내는 인덱스"가 아니라, "스스로에게서 출발하여 넓어지고, 자신 위로 주름이 접혀지는" 시뮬라크르가 된다.[43] 여기서 이미지는 타블로의 평면을 돌아다니면서 그 속에서 증식하고 넓어지고 서로 대답하는 것인데, 그러나 다른 한편으로 그것은 무엇을 판정하는 것도, 재현하는 것도 아니다. 마그리트는 클로소프스키가 문학에서 했던 것을 회화의 영역에서 했다고도 말할 수 있을 것이다. 즉, 그는 회화 재현이 여는 내적인 공간 속에서, 시뮬라크르의 공간이라는 '바깥의 공간'을 전개해 보여준 것이다.[44]

---

42   CP, p.42.

43   Ibid., p.48.

44   시뮬라크르라는 개념은 푸코의 친구였던 들뢰즈에게도 중요한 의미를 갖는다는 점은 잘 알려져 있는데, 두 사람에게 이 개념의 외연이나 또한 상호관계에 관해 명석한 조망을 제공하는 논문으로는 다음이 있다. Philippe Sabot, 《Foucault, Deleuze et les simulacres》, Concepts, n° 8, 《Gilles Deleuze-Michel Foucault: continuité et desparité》, Sils Maria éditions/Vrin, mars 2004, pp.3-21. 또한 푸코에게 이 시뮬라크르로 결실을 맺는 싹은 '이미지의 자율성'이라고도 말해야 할 발상과 더불어, 1954년 발표된 「빈스방거의 『꿈과 실존』에 부친 서문」에서 이미 제시됐다는 것은 주목할 만하다(《Introduction, in Binswanger (L.), Le Rêve et l'Existence》, n° 1,(1954), p.138; p.146).

이처럼 마네에게서의 '캔버스의 물질성'과 마그리트에게서의 '시뮬라크르로서의 이미지'는 각각의 방식으로, 회화가 자아내는 재현 공간에 '바깥'의 요소를 도입했다고 간주할 수 있다.

4. 문서고로서의 바깥

도서관이라는 문서고

지금까지는 1960년대의 푸코에게 표지가 되는 몇 가지 문학론이나 회화론을 검토함으로써 푸코의 예술론에서 '바깥' 개념이 지닌 중요성과 그 윤곽을 부각시켰다.[45] 이로부터 명확해진 것은 재현의 작용을 벗어나는 '바깥'의 양태이며, 또 재현을 관장하는 통일적 주체의 해체라고도 말할 수 있는 사태이다. 이런 논점들은 말할 것도 없이, 1966년에 발표된 『말과 사물』 마지막의 유명한 구절, 특히 "바닷가 모

---

45   전반기의 푸코는 '가시적인 것'과 '언표 가능한 것', 각각의 '바깥'에 관해 논했으나, 다른 한 편으로 그의 사유에서는 이 '가시적인 것'과 '언표 가능한 것' 사이에 뚜렷한 구별이 있었다는 것도 사실이다. 그는 『말과 사물』에서 다음과 같이 말했다. "회화에 대한 언어의 관계는 무한한 관계이다. … 이것들은 서로 환원할 수 없다. 우리가 보는 것을 말한다 해도 소용없으며, 보는 것은 결코 말하는 것 속에는 깃들어 있지 않으며, 우리가 이미지, 은유, 직유를 통해 말하려고 한 것을 보더라도 소용없으며, 이것들을[이미지, 은유, 직유]이 반짝이며 빛나는 장소는 우리의 눈앞에 펼쳐지는 장소가 아니라, 통사론의 계기(繼起)가 정의하는 장소이다"(MC, p.25). 그에 반해 들뢰즈에 따르면, 이 양자가 (역설적인 방식으로) 마주치는 것이 '바깥'의 차원이다. "만일 보는 것과 말하는 것이 외부성의 형식이라면, 사유하는 것은 형식 없는 바깥으로 향하고 있다" Gilles Deleuze, *Foucault* (1986), Paris, Éditions de Minuit, 《Reprise》, 2004, p.93. 거기서는 각각, 보는 것이 사유하는 것으로, 말하는 것이 사유하는 것으로 된다. 이리하여 사유한다는 것은 보는 것과 이야기하는 것 사이에, 즉 '바깥'에서 성립하는 것으로 간주되고, 이런 의미에서 바로 '바깥의 사유'야말로 '가시적인 것'과 '언표 가능한 것' 사이의 경첩의 역할을 맡는다고 간주된다.

래사장에 그려진 얼굴처럼 사라져버릴 인간"[46]이라는 형상과 서로 메아리칠 것이다. 그렇다면 이 '재현의 외부'와 주체 사이의 관계는 푸코 속에서 어떻게 이해할 수 있을까? 아래에서는 이런 점을 '문서고로서의 바깥'이라는 관점에서 살펴보고 싶다.

푸코는 1960년대의 문학론에서 오늘날의 언어 공간이 보르헤스의 「바벨의 도서관」에 의해 특징지어진다고 말한다. 거기서는 말할 수 있는 모든 것은 이미 말해지고, 지금까지 생각되고 상상된 모든 언어, 나아가 생각할 수 있고 상상할 수 있는 모든 언어가 발견된다. 모든 것은, 아무 의미도 갖지 못한 것조차도, 이미 [말로] 내뱉어지며, 그 결과 "아주 약간의 정합성을 지닌 형태la plus mince cohérence formelle"를 새롭게 발견하는 것은 거의 불가능해져버렸다고 하는 셈이다. 거기서 분명해진 것은 이제 언어는 그 자체가 무한히 증식하고 〈같음〉의 이중화된 형상 속에 끝도 없이 반복된다는 것이다.[47]

> 언어는 이중화될, 반복될 가능성을, 거울의 수직적 체계를, 자기 자신의 이미지를, 유비를 탄생시킬 가능성을 자신 속에서 찾아낸다.[48]

이리하여 문학이 시작되는 것은 책이 더 이상, 말이 어떤 형태를

---

46   MC, p.398.

47   《Le langage à l'infini》, n° 14(1963), p.288.

48   Ibid., p.289.

취하게 되는 공간이 아니라 "모든 책이 모조리 정리돼서 담겨지고 불태워지는 장소"가 될 때라고 간주된다.

> 그것은 장소 없는 장소이다. 왜냐하면 거기서는 과거의 모든 책이 이 불가능한 '한 권'에 수록되고, 이 한 권은 자신의 속삭임을 다른 많은 책들 사이에 — 다른 모든 책들 후에, 다른 모든 책들 앞에 — 정렬시키기 때문이다.[49]

이 한 권에는 "이미 쓰인 책"에서 발생한 언어의 요소들, 즉 "이미 말해진 적이 있는 반복"이 수록되어 있다. 이리하여 도서관은 새로운 공간으로 열리고 분류·정리되고 잘리고 반복되고 조합되는 것이다.[50]

거기서 상징적인 것은 이미 말해진 말, 자질구레한 정보나 기념물의 집적, 복제의 복제 같은 것 속에 깃들게 될 것이다.

그것은 다양한 기호 사이에서, 책에서 책으로 반복되는 이야기와 주석의 문제 속에서 확대된다. 그것은 다양한 텍스트 사이에서 생겨나고 성장한다. 그것은 도서관의 현상이다.[51]

49   Ibid.

50   《Postface à Flaubert》, n° 20(1964), p.337.

51   Ibid., pp.325-326.

문서고와 작품

푸코에 따르면 블랑쇼가 말하는 '문학 공간'이란 바로 이 도서관에 다름없다. 푸코가 블랑쇼 안에서 '도서관'의 현상의 이상을 발견하는 것은 우선 명백히 과거의 모든 세계문학의 반향 위에 성립되어 있다고 하는, 작품의 양태적 특징 때문이다.

> 블랑쇼는 〈서양〉의 모든 중요한 작품에서 어떤 것을, 그것이 오늘날 우리에게 호소할 뿐 아니라, 우리가 오늘날 말하는 언어의 일부를 이루는 것도 허용하는 어떤 것을 추출했습니다. 만일 우리가 말하는 언어 속에 횔덜린, 말라르메, 카프카가 전적으로 실존한다면 그것은 바로 블랑쇼 덕분입니다.[52]

그렇다면 블랑쇼가 세계문학의 모든 대작에 호소하고, 그것을 우리의 언어로 직조하는 것은, 그 작품들을 자신 속에 집어넣고, 이른바 '내재화'하기 위해서일까? 그렇지 않다. 그것은 오히려 그런 작품들이 철저하게 우리의 '바깥'에 있다는 것을, 즉 우리와 작품 사이의 '외면성'을 나타내기 위해 행해진다.

> 그는 이미 써져 있는 작품들을 자기 자신 속에서, 자신의 주관성 속에서 회복시키려고 하지 않습니다. 그는 스스로를 망각함으로

---

52 《Folie, littérature, société》, n° 82 (1970), p.992.

써, 이 망각에서 출발해 과거의 작품들을 표면에 다시 드러내려고 하는 그런 존재인 것입니다.[53]

여기서 푸코는 블랑쇼를 '문학의 바깥'으로 정의하게 된다. 또한 달리 말한다면, 도서관이라는 형상은 '바깥의 문학'의 은유에 다름 아닌 것이다.

회화 분야에서 이 도서관의 형상에 대응하는 것이 '미술관'의 형상이다. 예를 들어 푸코는 마네와 미술관의 관계가 플로베르와 도서관의 관계와 상동적이라고 간주한다. 양자의 상동성은 이 두 사람이 모두 과거에 그려진, 혹은 써진 것에 대해 각각 근원적인 관계를 유지하면서 창작을 한다는 점에서 찾아낼 수 있다. 그들의 예술은 "문서고가 형성되는 곳"에 마련될 것이다.[54] 푸코에 따르면 그들이 명확히 한 것은 "우리 문화에서 본질적인 사항", 즉 "향후 각각의 타블로는 회화라는 거대한 바둑판무늬의 표면에 속하고, 각각의 문학작품은 써진 것이라는 무한한 속삭임에 속한다"는 것이다.[55]

그물망으로서의 문학

다른 한편 푸코는 이 '도서관'으로서의 문학이 오늘날 소멸되고

---

53   Ibid., p.993.

54   《Postface à Flaubert》, n° 20(1964), p.327.

55   Ibid. 푸코는 다른 대목에서 클레의 회화에 관해서도 똑같이 지적했다. 다음을 참조.
《L'homme est-il mort?》, n° 39(1966), p.572.

있다는 것도 지적한다. 아직은 '역사의 단선적 발전'을 존재형식으로 삼고 있는 이 문학을 대신해, 이제 나타나고 있는 것은 "나중에 온다는 (새롭다는) 사실이 계기繼起라는 직선적 법칙으로 전혀 환원되지 않는" 문학이다.[56] 푸코가 "그물망réseau으로서의 문학"이라고 부른 이 문학은 작품 사이의 "동시 발생적 관계"를 특징으로 한다. 즉, 그것은 '유사'(혹은 '영향'이나 '모방')라는 질서에도, '교대'(혹은 '계기', '발전', '학파')라는 질서에도 속하지 않는 관계이며, "작품들이 가까이서 그리고 떨어져서 서로 마주 보면서 서로를 정의할 수 있는 관계, 작품들의 차이와 동시성에 기대고 있는 동시에, 특권도 정점도 없이 어떤 그물망의 확대를 정의하는 관계"이다.[57]

푸코는 이 "말의 잎사귀nervure verbale"라고도 해야 할 그물망을 가리켜 '픽션'이라고 부른다.[58] 그 근원에 있는 것은 어떤 시원적인 언표도 존재하지 않는 철저한 '단편화'이며 '산란된 외면성extériorité éparse'이다.

픽션의 언어는 **이미 말해진 언어 속에, 결코 시작된 적이 없었던 속삭임[중얼거림] 속에 기입된다.**[59]

그것은 산란 전의 순간을 결코 복원할 수 없는 언어이다.

---

56   《Distance, aspect, origine》, n° 17(1963), p.306.

57   Ibid.

58   Ibid., p.308.

59   Ibid., p.309. 강조는 인용자.

이리하여 말하는 주체는 텍스트의 외부 가장자리로 밀려나고, 텍스트에는 그저 항적航跡의 교차(〈나〉 또는 〈그〉, 〈나〉인 동시에 〈그〉)가, 언어의 다른 주름 사이의 문법상의 굴절이 남겨질 뿐이다.[60]

이로부터 푸코가 상정하는 '바깥'은 하나의 문서고로서, 그것도 단선적인 크로놀로지를 전제하지 않는, 혹은 "이미 써져 있는 것"이라는 형태로 저자의 외부에 늘 이미 존재하고, 시간적인 전후관계를 문제로 삼지 않는 어떤 '그물망'을 형성한다. 그때 저자의 창작활동은 이 문서고에서 탈출해야 비로소 성립하게 되며, 또한 끊임없이 문서고로 돌려보내지게 될 것이다. 달리 말하면, 예술에서의 '바깥의 사유'란 문서고의 절대적인 선행성을 전제한다는 얘기다.[61]

---

60 Ibid., p.312.

61 푸코는 말년에 발표한 피에르 불레즈론에서 '역사'에 대한 불레즈의 태도에 관해 말하는데, 거기서 논의되는 불레즈에게서의 '역사'도 이런 '문서고로서의 바깥'을 상기시킨다. 불레즈가 자신의 예술 실천 속에서 말라르메, 클레, 샤르, 미쇼, 커밍스 같은 '역사'를 참조할 때, 거기서는 과거를 고정적인 것으로 다루는 '고전주의적' 태도도, 현재를 고정적인 것으로 다루는 '회고주의적' 태도도 모두 배척되고 있다. 그에 반해 푸코에 따르면, 불레즈가 역사에 주의를 기울일 때의 목적은, "현재도 과거도, 둘 다 역사 속에서 고정된 상태에 머물지 않도록 하는 것"이며, "양자가 영속적인 상호작용의 상태에 있는 것"이라고 한다(《Pierre Boulez, l'écran traversé》, n° 305(1982), p.1040). 거기서는 진보든 퇴화든 시간에서의 무엇인가의 '극성'이 규정되는 것이 아니며, 있는 것은 다양한 '강도의 점'뿐이라는 것이다. 이런 의미에서 이번 절에서 제시한 '아나클로닉한 문서고'로서의 '바깥'은, 불레즈의 예술 실천에서의 '역사'에 상당하는 것이라고 할 수 있다. 실제로 푸코는 그의 역사에 대한 관계를 "누적에 주의를 기울이지 않고, 전체성을 무시하는"(Ibid., p.1041) 것이라고 평가하고, 거기서 보이는 것은 "과거와 현재에 대해 동시에 일어나는 이중적 변화"(Ibid.)에 다름없다고 한다.

5. 저자의 분신

푸코는 이 문서고의 선행성을 전제한 경우, 진리와 미라는 개념의 지위도 변화할 수밖에 없다고 지적한다. 그에 따르면, "우리는 더는 진리 속에 있는 것이 아니라 담론들의 일관성 속에 있으며, 더는 미 속에 있는 것이 아니라 형태들의 복합적인 관계 속에 있다."[62] 여기서 유의하고 싶은 것은, 푸코가 진리를 대신해 "담론들의 일관성"이라는 말을, 미를 대신해 "형태들의 복합적인 관계"라는 말을 각각 사용하고 있는 점이다. 이리하여 푸코는 이제 문제가 되는 것은 어떻게 어떤 개인이 다양한 요소로 분해되고 담론들의 일관성이나 형태들의 무한한 그물망으로 통합될 수 있느냐에 있다고 주장한다. 과거 뭔가를 쓰는 자에게 문제는 어떻게 익명성에서 벗어날 것인가였지만, 오늘날의 그것은 "자신의 고유명을 지우며, 서로 연결된 담론들의 이 거대한 익명적 속삭임 속에 자신의 목소리를 깃들게 하는 것"이다.[63]

"누가 말하든 상관없다, 누군가가 말했다, 누가 말하든 상관없다고 말이다."[64] 「저자란 무엇인가」라는 제목의 강연에서 푸코는 이 베케

62   《Sur les façons d'écrire l'histoire》, n° 48(1967), p.624.

63   Ibid, p.624.

64   [옮긴이] 원문은 "Qu'importe qui parle?"이다. 김현 편, 『미셸 푸코의 문학비평』, 장진영 옮김, 「저자란 무엇인가?」에서는 "누가 말을 하건 무슨 상관인가?"라고 번역되어 있다(문학과지성사, 1989, 238쪽). 그러나 직역하면 "누가 말하느냐가 중요할까?"이다.

트의 말에서, 그 '무관심indifférence'에서 "현대적 에크리튀르의 가장 근본적인 윤리 원칙 중 하나"를 인식하고 있다.[65] 즉 거기에는 '표현'이라는 테마로부터 해방되고, "그것 자신밖에는 참조하는 것이 없는" 오늘날의 에크리튀르의 양태가 보인다고 하는 셈이다. 거기서 에크리튀르는 이제 내면성의 형식에 얽매이지 않고, 반대로 외면성의 전개와 일치하게 된다.

그렇다면 이런 현대의 에크리튀르의 양태를 배경으로 했을 때, 그것을 산출하는 존재, 즉 '저자'란 어떤 것이라고 정의할 수 있을까? 푸코에 따르면, 저자란 이제 담론의 외부에 있으며, 그것을 산출한 현실의 개인을 지시하는 것이 아니다. 오히려 그것은 "텍스트의 경계를 향해 내달리고, 그 윤곽들을 뚜렷하게 드러내고, 그 능선을 따라 걸으며, 존재 양태를 현시하는, 혹은 적어도 그것을 특징짓는" 것이다.[66] 푸코는 현대의 저자가 어떤 담론 집단과 그 특이한 존재 양태를 현시하는 '양태'로서 작동한다고 말한다. 그리하여 그는 "한 사회의 내부에서의 몇몇 담론들의 실존 양식, 순환 양식, 기능 양식에 특정적인 것"을 "기능으로서의 저자fonction-auteur"[67]라고 부르고, 그 특징을 다음과 같이 정리한다.

기능으로서의 저자는 담론의 세계를 옥죄고 결정하고 분절하는

---

65   《Qu'est-ce qu'un auteur?》 n° 69 (1969), p.820.

66   Ibid., p.826.

67   Ibid.

법적·제도적 체계에 연결된다. 또한 그것은 모든 담론에 대해, 모든 시대에 있어서, 모든 문명 형태에 있어서 한결같이 그리고 똑같은 방식으로 행사되는 것이 아니다. 게다가 그것은 어떤 담론이 그 산출자에게 자연발생적으로 귀속됨으로써가 아니라 특정하고 복합적인 조작의 연속série에 의해 정의된다. 마지막으로 그것은 실제적[현실적] 개인을 순수하고 단순하게 가리키는 것[만]이 아니며, 이와 동시에 복수의 자아ego를, 복수의 위치-주체position-sujet들 ─ 상이한 계급들의 개인들이 차지하게 될 수 있는 ─ 을 발생시킬 수 있다.[68]

이리하여 저자는 현실의 개인과는 다른 존재로, 픽션을 모종의 방식으로 경계 획정하고 배제하고 선별하는 기능 원리로 재파악된다. 그것은 의미작용의 무한한 원천이 아니라, 반대로 의미의 증식을 제한하는 것이다. 푸코는 18세기 이래 픽션의 조절자 역할을 맡아왔던 '기능으로서의 저자'가 픽션을 둘러싼 새로운 상황을 겪고, 이제 변질되고 있다고 시사하면서 이 강연을 마무리한다.[69]

그런데 지금까지 봤던 언표의 문서고성이나 언표 주체의 익명성 같은 테마는 1969년에 발표된 『지식의 고고학』에서 상세하게 논해지게 된다. 다른 한편, 이런 테마는 푸코가 1963년에 발표한 『레이몽 루

68   Ibid., pp.831-832.

69   Ibid., p.839.

셀』이나 다른 루셀론에서 이미 선제적으로 전개되기도 했다. 따라서 다음 3장에서는 두 논의의 대응 관계를 염두에 두면서, 푸코에게 평생 동안 특권적인 저자인 루셀을 둘러싼 논의를 검토함으로써, 그의 '바깥의 예술론'을 더 깊이 이해하고자 한다.

2장 '바깥'을 건드리기: 루셀과 '광기'의 언어

『광기의 역사』 말미에 푸코는 하나의 수수께끼 같은 말을 남겼다. 그것은 광기란 '작품의 부재absence d'oeuvre'에 다름없다는 단언이다.[1] 여기서 푸코는 니체, 고흐, 아르토 등의 광기와 그들이 남긴 작품 사이의 관계에 관해 말하면서 이렇게 결론짓는다.

> 광기는 작품의 최종 순간으로서만 존재한다. 작품은 광기를 무한정하게 그 경계confin로 밀어낸다. **작품이 존재하는 곳에 광기는 존재하지 않는다.**[2]

푸코가 제시하는 작품과 광기의 양립 불가능성이라는 이 테제는 무엇을 의미할까?

1960년대에 푸코는 광기를 "위반인 동시에 이의제기인 경험"이라고 말했다.[3] 사람들의 행동에 한계를 부과하고, 경우에 따라서는 모종의 행동을 배제하는 것이 '문화'의 기본 구조라고 하며, 그런 한계의 위반이나 '분할partage'에 대한 이의제기가 특히 격렬하게, 분명하게 나

---

1   HF, p.662.

2   Ibid., p.663.

3   《Débat sur la poésie》, n° 23(1964), p.423.

타나는 분야나 영역이 있다. 푸코에 따르면 고전주의 시대에서의 이성/광기의 문제란 그런 것이며, 거기서 광기는 앞서 언급한 경험으로서 자리매김된다. 또 푸코는 현대에서 이 이성/광기의 문제가 그 한계, 이의제기, 위반의 작용이 가장 뚜렷하게 나타나는 것은 언어의 영역이라고도 지적한다.[4]

푸코는 이 광기의 경험의 등장을 "자기의 내부에서 이중화되는 [둘로 쪼개지는, 두 배가 되는] 언어"에서 인식한다. 그것은 "승인된 코드에 겉보기에는 부합하는 어떤 말을, 그 열쇠가 이 말 자체 속에 주어져 있는 다른 코드에 따르게 하는" 언어이다.[5] 이런 언어에서는 무엇이 말해지고 있는가는, 즉 의미는 거의 중요하지 않으며, 오히려 언어 langage의 내부에서의 말parole의 해방이 목표가 된다. 그리고 또한 이 "말의 관리 불가능한 도주"야말로 어떤 문화도 받아들일 수 없는 것이다. 이런 말을 '위반적'이라고 말할 때, 그것은 의미나 말의 소재가 아니라 그 **작용**을 가리킨다.[6]

'이중적 언어'로서의 광기의 경험은, 그것이 의미를 '유보'하고 중지시키고 한없는 의미가 거기서 나와서 머무르는 공허를 형성한다는 점에서, 엄밀한 의미에서는 "아무것도 말하지 않는 언어", 즉 '비-언어'라고 할 수 있다. 그래서 푸코는 광기란 하나의 "작품의 부재"[7]에 다름

---

4   Ibid., p.426.

5   《La folie, l'absence d'oeuvre》, n° 25(1964), p.444.

6   Ibid.

7   Ibid., p.446.

없다고 말하는 것이다. 앞에서 인용한 푸코의 말도 이런 의미로 풀이돼야 할 것이다.

또 푸코에 따르면, 현대에서는 언어의 '자기-포함', '분신', '공허' 같은 존재 양태를 둘러싸고, 광기와 문학이 "기묘한 인접관계"를 맺게 될 것이다. 푸코는 그것을 "말라르메부터 현재에 이르기까지 산출된 것으로서의 문학의 존재는 프로이트 이후 광기의 경험이 성립되는 지대에도 번지고 있다"고 표현한다.[8] 이로부터 앞 장에서 논한 '바깥'의 예술이, 많든 적든 광기의 영역에 속한다는 것을 알게 된다.

위의 논의를 바탕으로 이번 2장에서는 푸코의 루셀론을 중심적으로 검토하고 싶다. 왜냐하면 푸코가 단행본 형태로 모노그래피를 바친 유일한 작가인 루셀은 바로 그의 '광기'를 통해 언어의 이중화를 극한까지 밀어붙인 저자에 다름 아니기 때문이다. 또한 그뿐 아니라, 푸코는 루셀 안에서, 앞의 1장에서 논한 '문서고로서의 바깥'이나 그것에 대응한 '언표 주체의 근원적 익명성' ―『지식의 고고학』에서 엄밀한 형태로 이론화되는 것 ― 을 읽어냈다. 이런 의미에서 푸코의 루셀론은 1장에서 논한 '바깥의 예술론'의 한 가지 집약으로 파악할 수 있을 것이다.

---

8   Ibid., p.447. 푸코에게서 광기와 문학의 관계에 관해서는 다음 책의 3장을 참조. Frédéric Gros, *Foucault et la folie*, Paris, PUF, 《Philosophies》, 1997.

1. 루셀의 '방법'

루셀은 1877년에 파리에서 태어나 1933년 56세에 시칠리아 섬의 팔레르모에서 사망했다. 자살했다고 한다. 살아 있는 동안에는 초현실주의자를 비롯한 일부 사람들의 열광적인 지지를 받았으나, 결국에는 일반적인 이해를 얻지 못하고, 실의에 빠진 가운데 삶을 마감한 이 불우한 저자는 사후 출판을 명한, '유서'라고도 할 수 있는 저작인 『나는 어떻게 어떤 종류의 책을 썼는가』에서, 자신의 작품 중 몇 가지가 어떤 '수법procédé'을 사용해 쓴 것임을 분명히 하고, 더욱이 방법의 내실을 소상히 밝히는 데 이르렀다.

이 책에서 루셀이 분명히 하는 수법이란 우선 '거의 동일한 두 개의 단어를 고르고 … 그로부터 그것에 철자는 같으나 의미가 다른 몇 개의 단어를 덧붙이는" 것에서 시작된다.[9] 가령 그가 들고 있는 예(『흑인들 속에서』라는 단편의 예)로 말하면 우선 billard당구와 pillard강도라는 두 개의 단어를 고른 다음, 각각 《Les lettres du blanc sur les bandes du vieux billard》와 《Les lettres du blanc sur les bandes du vieux pillard》라는 글로 만드는 것이다.

두 문장은 billard와 pillard라는 단어 외에는, 좀 더 말하면, 두 단어의 b와 p라는 첫 글자 이외에는 표면상으로는 차이가 없는 듯

---

9   Raymond Roussel, *Comment j'ai écrit certains de mes livres* [1935], Paris, Jean-Jacques Pauvert, 1963, p.11.

이 보이지만, 실제로는 문장 안의 겨우 한 단어(중의 한 글자)가 다를 뿐인데 의미적으로는 완전히 다른 것이 되어버린다. 즉, 이 경우 전자는 "낡은 당구대의 쿠션에 적힌 초크의 문자"라는 의미가 되며, 후자는 "늙은 강도 일당에게 보내는 백인의 편지"라는 의미가 된다. 그리고 이 방법에 따르면 두 개의 문장이 발견된 후에는 한쪽 글에서 시작되고 다른 쪽 글에서 끝나는 작품을 실현하는 것이 목표가 된다.

여기서 주목할 것은, 두 개의 문장에 이런 의미상의 차이가 나타나는 게 단순히 billard와 pillard라는 단어의 차이 때문만이 아니라, 그것 이외의 동일한 단어도 두 개의 글에서 각각 다른 의미로 해석되기 때문이라는 것이다. 실제로 같은 철자로 된 말을 다른 의미로 취하는 것에서 영감을 얻는 방법은 루셀의 창작의 핵심이 된다. 이윽고 그는 그것을 더욱 밀어붙여, 전치사 à로 묶인 두 개의 단어를 각각 다른 의미로 취하는 것으로부터 창작의 실마리를 얻게 된다.

다른 한편, 루셀의 방법에는 또 다른 유형, 그가 "발견적 방법"이라고 자리매김한 것이 있다. 그것은 임의의 문장, 가사, 시를 거론하며 "그것을 찢어발겨서 그로부터 수수께끼 그림을 끄집어내듯이, 다양한 이미지를 끌어낸다"는 것이다.[10] 가령 그가 들고 있는 예에 따르면, "나는 맛있는 담배를 갖고 있다"는 속어의 첫 머리의 1행인《J'ai du bon tabac dans ma tabatière》("나는 담배 상자에 맛있는 담배를 갖고 있다"라는 뜻)을《Jade tube onde aubade en mat à basse tierce》라고 바꿔 읽

10   Ibid., p.20.

음으로써, 이 문장에서부터 jade비취라는 명사나, en mat불투명한처럼 상태를 나타내는 말 등으로 이루어진 일련의 이미지를 끌어내는 경우이다. 이 밖에도 동사와 어떤 문장이라는 형태를 취하는 경우도 있지만, 아무튼 이렇게 끌어낸 이미지는 모두 동일한 단어를 다른 의미로 취하는 것에서부터 비롯되는 방법의 경우와 마찬가지로, 창작의 착상이 된다.

이처럼 루셀의 방법이란 말의 작은 차이에 의해 언어 속에 열리는 공간을 어떤 말이나 글 속에 숨어 있는 다양한 차이, 그로부터 산출되는 풍부한 이미지를 통해 메우려고 하는 것이다. 더욱이 그런 이미지는 가령 『아프리카의 인상』에 나오는 "송아지의 폐로 만들어진 레일"[11]처럼, 자주 본 적도 들은 적도 없는 기상천외한 양상을 보이게 된다. 거기서는 상상력이 현실의 세계를 참조하는 것이 아니라, 그것을 능가하고 그것 자체로 하나의 세계를 만들어내는 데 이른다. 실제로 루셀은 피에르 자네 — 그는 신경증에 시달린 루셀의 진찰을 담당했다 — 가 증언하듯이, "작품은 현실적인 것은 아무것도, 즉 세계나 정신에 관한 어떤 관찰도 포함하고 있어서는 안 되며, 그저 완전히 상상적인 조합만을 포함해야 한다"라는 문학적 신념을 품고 있었다.[12]

---

11   Raymond Roussel, *Impressions d'Afrique* [1910], Paris, Jean-Jacques Pauvert, 1963, p.11.

12   Pierre Janet, *De l'angoisse à l'extase: études sur les croyances et les sentiments* [1926], Paris, Société Pierre Janet / Laboratoire de psychologie pathologique de la Sorbonne. 1975, p.119.

2. 방법과 언어

희소성

푸코는 평생 동안 루셀에게 관심을 기울였고, 또 몇몇 장면에서 루셀을 논하는데, 그 루셀론은 어떤 특이성 때문에, 얼핏 보면, 그의 사유의 흐름과는 분리되어 있다는 인상을 준다. 실제로 푸코가 1963년에 발표한 『레이몽 루셀』은 루셀을 본격적으로 논한 선구적인 시도인 동시에, 이후 루셀에 관한 담론에도 큰 영향을 준 기념비적인 작업이라고 할 수 있는데, 푸코 자신은 훗날 이 책을 돌이켜보면서 이 책에 대한 애착을 이야기하면서도, 결국은 그것을 '개인적인 것', '자신의 작업 중에서도 예외적인à part 한 권'[13]이라고 말하며, 이 저작이 그의 경력에서 어디까지나 일화적인 존재에 머문다는 것을 강조한다.

그렇지만 푸코의 몇 가지 루셀론에서의 '방법'에 대한 주목을 자세하게 보면, 그것은 말에 대한 시선이라는 점에서, 가령 그가 『지식의 고고학』에서 전개했던 언어론과도 명확하게 연결된 것처럼 보인다. 실제로 들뢰즈는 어떤 인터뷰에서 푸코의 루셀론이 『지식의 고고학』의 언표 이론의 선구가 된다고 지적하고 있다.[14] 따라서 이번 절에서는 이런 연결을 의식하면서, 루셀에 관한 논의를 다시 한번 쫓아가고 싶다.

13　《Archéologie d'une passion》, n° 343(1984), p.1426.

14　Gilles Deleuze, *Pourparlers* [1990], Paris, Éditions de Minuit, 《Reprise》, 2003, p.145.

우선 『레이몽 루셀』에서 푸코는 루셀의 언어 공간에 관해 다음과 같이 말한다.

언어는 사물의 미궁 속으로 무한하게 전진하지만, 그 본질적이고 놀라운 가난함이 언어에 변신의 힘을 부여함으로써 언어를 자기 자신으로 다시 데려간다.[15]

여기서 얘기되는 '변신의 힘'은 루셀의 방법의 원리, "같은 말로 다른 것을 말하고, 같은 말로 다른 의미를 부여하는 것"[16]을 가리키는데, 중요한 것은 푸코가 "같은 말로 다른 것을 말하고, 같은 말로 다른 의미를 부여하는 것"을 가능케 하는 것을 "언어의 본질적이고 놀라운 가난함"이라고 표현하고, 이것에 주목한다는 점이다. 이 점에 관해 푸코는 다음과 같이 말하기도 한다.

단어들의 동일성 ― 지시되는 사물보다도 지시하는 말이 적다고 하는, 언어에 있어서 근본적인, 단순한 사실 ― 은 … 단어 속에서, 세계의 형태들 속에서, 가장 동떨어진 것들끼리의 예기치 못한 마주침의 장소를 드러내며, … 또한 하나의 단순한 핵에서 출발해 스스로와 거리를 두면서, 끊임없이 다른 형상을 산출하는 언어의

---

15   RR, p.124.
16   Ibid.

이중화를 나타낸다.[17]

이 대목의 요점은 똑같은 단어로 다양한 사물을 지시할 수밖에 없는 언어의 근원적인 '가난함'이 사물과 사물 사이에 풍부한 관계성을 산출하게 된다는 역설적 사실에 그가 주목한다는 점이다.

그런데 여기서 루셀의 방법의 요체로 간주되는 언어의 '가난함'은 푸코가 『지식의 고고학』에서 '언표énoncé'의 세 가지 특징 중 하나로 들고 있는 '희소성rareté'[18]이라는 요소와 유비적이다. 『지식의 고고학』에서 그는 '언표'를 "담론의 최소 단위unité élémentaire"[19]라고 규정한 다음, 이 '언표'로부터 출발하는 담론 분석의 가능성을 살피고 있다. 기존의 담론 분석이 어떤 전체성을 전제하여 "유일하게 의미되는 것[유일한 기의]"에 대한 "의미하는[기표작용적] 요소들의 과잉"에 의해 특징지어지는 반면, 언표에서 출발하는 담론 분석은 "하나의 자연 언어 속에 언표될 수도 있을 것에 비해서, 또 언어학적 요소들의 무제한적인 조합에 비해서, 언표는 … 늘 [수적으로] 부족하다"[20]라는 언표의 특징을 전제한다. 푸코는 이처럼 있을 수도 있는 가능적인 언표보다 실제로 출현한 언표가 적다는 것을 가리켜 언표의 '희소성'이라고 부른다.

그리고 그에 따르면, 이 언표에 입각한 담론 분석은 "담론[언표들]

---

17   Ibid., pp.22–23.

18   AS, p.163.

19   Ibid., p.111.

20   Ibid., p.164.

을, 다른 모든 것을 배제하고 그것들을 생겨나게 하는 심급 속에서, 그것들을 말해지지 않은 것으로부터 분리하는 경계에 있어서 연구하는"[21] 것이다. 실제로 나타난, 즉 '실정적인' 것이 된 언표의 배후에는 아직 가능성에 머물러 있는 무수한 언표가, 이른바 "가능한 출현 émergence possible 을 밑도는 다른 언표들"[22]이 존재하는데, 여기서 담론 분석의 목적은 이 희소한 "실정성positivité"[23]으로 향하고, 어떤 언표가 차지하는 장의 특이성을 분명히 하고, 어떤 작용이 그런 배치를 가능케 했는가를 묻는 데 있다.

이 실정성으로 향하는 담론 분석은 역설적으로, 그 밖의 다른 언표들을 지시하게 될 것이다. 이른바 그것은 하나의 실정적인 것을 통해 그 이면으로, "가능한 출현을 밑도는 다른 언표들"로 접근하게 되는 것이다. 여기서는 실제로 눈에 보이게 된 희소한 언표와 그 밖의 다른 무수한 가능적인 언표들 사이의 상호작용의 양태를 인식할 수 있을 것이다.

누적

또 푸코는 말년에 루셀을 둘러싸고 벌어졌던 대담에서 "말해진 것chose dite이 존재했던 세계에 우리가 살고 있다는 사실"의 흥미로움에 관해 말한다. 그는 이렇게 지적한다.

---

21   Ibid.
22   Ibid., p.165.
23   Ibid., p.172.

우리가 살아가는 세계는 담론들에 의해, 즉 실제로 발화된 언표들, 말해진 것들에 의해 모두 직조되고 교착된[서로 뒤얽힌] 세계입니다.[24]

이 "말해진 것"은 일단 내뱉어지면, 이후에는 완전히 사라지지는 않으며, "말해진 것으로서의 현실성"을 갖고서 세계 속에서 흔적으로서 계속 존재하며, 그 후에 말해질 수 있는 것의 결정에 관계할 것이다. 그리고 푸코는 루셀의 작품도 임의의 글자로부터 이미지를 끌어내는 방법에서 잘 나타나 있듯이, "말해진 것"에서 출발하는 경우가 많다고 지적한다.

루셀의 게임은 그의 작품 몇 가지에 대해서 말하면, 이미 말해진 것déja dit과 마주칠 가능성만을 자신에게 주며, 거기에서 발견된 언어langage trouvé와 더불어서, 그에게 특유한 규칙을 따라 수많은 것을 구성하는 것이지만, 그러나 항상 이렇게 이미 말해진 것을 참조한다는 조건에서 구성하는 것이었습니다.[25]

여기에서 서술된 "말해진 것"의 흔적성은 역시 『지식의 고고학』에서 지적되는 언표의 특징 중 하나에, 푸코가 '누적cumul'이라는 이름

24　《Archéologie d'une passion》, n° 343(1984), p.1421.

25　Ibid.

으로 부르는 것에 부합할 것이다. 언표의 누계는, 그것이 다양한 지지체 덕분에 다양한 유형의 제도에 따라서 다양한 규약적인 양태와 더불어 잔존한다는 사실에서 유래한다. 그리고 이 잔존이 구성하는 기초 위에서 기억이나 추억 같은 것의 작동도 전개된다.

중요한 것은 여기서 푸코가 "다양한 사물들은 이것들이 말해진 후에는, 더 이상 똑같은 존재 양식, 그것들을 에워싼 것과의 관계들의 똑같은 시스템, 똑같은 사용 도식, 똑같은 변형 가능성들을 갖지 않는다"고 말한다는 점이다.[26] 이런 의미에서 누적되는 언표들은 서로 늘 변화의 가능성에 열려 있는 관계를 맺게 될 것이다. 이 점에 관해 푸코는 다음과 같이 말한다.

> 모든 언표는 선행하는 요소들의 하나의 장을 포함하고 이런 요소들과의 관계에 의해 자신을 위치시키지만, 그러나 언표는 새로운 관계들을 따라서 그것을 재조직할 수도 있고 재분배할 수도 있다.[27]

분명히 루셀은 이 누적되는 언표, 그 흔적성에 의식적이었다고 할 수 있을 것이다. 왜냐하면 항상 이미 존재하는 언표로부터 임의의 하나를 골라내고, 그것을 다른 식으로 파악하는 것, 혹은 그 안에서

---

26   AS, p.170.

27   Ibid., p.171.

새로운 구성을 찾아냄으로써 그로부터 다양한 형상을 자아내는 그의 방법은 미리 서로 관련된 언표의 배치 및 그 가변성을 전제하기 때문이다.

외재성

마지막으로 푸코는 이 루셀에게서의 언표의 누적에 관해, 다른 논고에서 "루셀에게는 … 우연하게 발견되는, 혹은 익명적으로 반복되는 담론의 선행성이 있다"[28]고 얘기하는데, 여기서 언급되는 담론의 익명성은 푸코가 제시하는 언표의 세 가지 특징 중 남은 하나인 언표의 '외재성exériorité'과 겹친다고 생각할 수 있다. 『지식의 고고학』에서 푸코는 언표가 어떤 주체로 환원되는 것이 아니라 어떤 '익명의 영역'을 전제하며, 그 분석은 "코기토와 관계없이" 이루어지며, "실제로는 '우리는 말한다on dit' 수준에 위치된다"고 말한다.[29] 이처럼 외재적인 것으로서 존재하는 언표는 특정한 주체에 결정적으로 귀속된다기보다는 귀속의 장소를 다양한 것이 교대로 차지할 수 있는, 즉 "익명적으로 반복될 수 있는" 것이다. 그리고 이런 의미에서 루셀의 방법은 자신도 그런 익명성의 주체 중 하나라는 의식 위에 성립되는 것이라고 할 수 있다.[30]

---

28   《Sept propos sur le septième ange》, n° 73(1970), p.888.

29   AS, p.168.

30   그런데 루셀은 쥘 베른을 평생 동안 숭배했는데, 푸코는 베른의 작품에 관해서도 그런 이야기의 근원적 익명성을 논한다. 다음을 참조, 《L'arrière fable》, n° 36(1966), p.535.

언표의 외재성은 언표가 어떤 주체의 내면으로 환원되는 것을 거부하는데, 루셀의 방법에 입각해서 볼 경우 이것은 작품 제작에 있어서의 저자 — 그 '내발성'이라고도 할 수 있는 것 — 에 대한 의존의 감축이라는 형태로 나타날 것이다. 즉, 스스로 어떤 규칙을 정하고 그것에 철저히 복종함으로써 작품의 실현 과정에서의 자의적인 개입을 어느 정도까지 제한하고, 그것을 어떤 '논리'에 따르게 할 것이다.

그런데 푸코는 루셀의 작품에 등장하는 다양한 장치, 예를 들어 『아프리카의 인상』에 나오는 "강의 흐름에 의해 가동되는 직물기계"나 혹은 『로쿠스 솔루스Locus Solus』에 나오는 "탄약 장전기를 닮은 경비행기"처럼 규칙적으로 운동하는 기계가, "수법procédé 자체의 이미지"[31]임을 지적하는데, 나아가 다음과 같이 말하기도 한다.

루셀은 이런 반복용 기계machine à répétition의, 늘 깨어 있는 엔지니어이다. 하지만 그는 또한 이런 기계들 자체이기도 하다.[32]

이 점에 관해서는 루셀이 17세 때 쓴 시 「나의 혼」에서 자신의 혼을 "기묘한 공장"[33]이라고 표현하는 것이나, 또한 실제로 그의 생활이 방법을 체현하는 것처럼 규칙적으로 이루어졌음을 증언하는 자네

---

31   RR. p.75. 다음도 참조. 《Dire et voir chez Raymond Roussel》, n° 10 (1962), p.238.

32   RR. p.89.

33   Raymond Roussel, *OEuvres*, Pauvert-Fayard, 1994. t. I, p.41.

의 기록 등이 시사적일 것이다. 즉, 그는 방법을 작품 제작의 수단으로서 채용했을 뿐 아니라, 자신의 삶 자체의 방법으로 바꾸었다고 생각할 수 있는 것이다.

그런데 이제까지 살펴본 것처럼 푸코는 『지식의 고고학』에서 이론화한 언표의 세 가지 특징인 '희소성', '누적', '외재성'을 ─ 적어도 그 이론화의 소재가 되는 것을 ─ 루셀의 언어 표현, 방법 속에서 인식했다고 할 수 있다. 이 언표 이론에 따르면, 담론이란 가시적인 것과 비가시적인 것의 총체로 이루어져 있고, 또한 내뱉어짐으로써 잔존하는 담론은 익명적인 장소에서 서로 관계함으로써 늘 다른 것이 될 수 있다고 여겨진다.

3. 방법의 수수께끼

비가시의 가시성

앞 절에서는, 루셀 작품의 근저에서 푸코가 이론화한 '언표'의 구조를 인지할 수 있다는 점을 봤다. 이에 관해 이 절에서 먼저 확인하고 싶은 것은 이 언표의 특징들이 루셀에게 그저 작품에 내재적인 것으로만 볼 수 있는 게 아니라는 점이다. 즉, 그것은 작품에 기입된 구조로서 인지될 수 있을 뿐만 아니라 이른바 그 수용의 양태로서도 인지되는 것이다. 무슨 말인지를 이어서 살펴보자.

루셀의 방법은 그의 작품을 읽는 것만으로는 알아채기 어려운 데다가, 그는 그것을 생전에는 결정적인 형태로 밝히지 않았다. 이 점에 대해 푸코는 루셀의 『나는 어떻게 어떤 종류의 책을 썼는가Comment j'ai écrit certains de mes livres』가 루셀의 사후에 출판된 것의 의미에 주목한다. 왜냐하면 이 책은 그의 방법을 공개하는 것인 한편, 이 방법이 루셀 자신에 의해 밝혀질 때까지는 일반적으로 알아채지 못했다는 사실에 의해, 그의 작품군에서 '비밀'의 존재를 부각시키기도 하기 때문이다. 푸코에 따르면 "마지막 순간에, 그리고 처음부터 기획된 이 내막은 … 우리에게 작품을 읽는 데 있어서 어떤 불안한 의식을 심어주었다."[34] 즉, 루셀은 독자들에게 자신들이 알아채지 못한 비밀을 알게끔 강요하는 것이며, 말하자면 그 포로가 되게끔 강요하는 것이다. 그것이 보다 강하게 의식시키는 것은 "비밀에 의해 기만당하기보다는 비밀이 있다는 의식에 의해 기만당한다"는 위험이다.[35]

그렇지만 루셀은 결코 자신의 방법을 비밀에 부치려고 의도하지는 않았다고 한다. 실제로 이 '유서'의 서두에 있는 다음과 같은 루셀의 말, 즉 "나는 늘, 내가 어떻게 어떤 종류의 책을 썼는가를 설명하는 것을 목표로 삼았다"[36]는 말은, 그가 자신의 방법을 — 작품에 등장하는 다양한 장치를 통해 — 항상 완전한 가시성에 있어서 독자에게 제공하려 했다는 의지를 증명한다고 읽을 수도 있다. 이 점에 주목한 푸코는 루셀의 작품에서의 방법의 양태를, "비가시적으로 가시

---

34   RR. p.9.

35   Ibid., p.10. 다음도 참조. 《Dire et voir chez Raymond Roussel》, n° 10(1962), pp.231-235; pp.236-237; p.238.

36   Raymond Roussel, *Comment j'ai écrit certains de mes livres*, op. cit., p.11.

적인, 지각 가능하지만 독해 불가능한 이미지"[37]라고 부르고, 거기서 "비가시적인 가시성invisible visibilité"[38]이라고도 할 것을 발견한다. 푸코는 「바깥의 사유」에서, "그러므로 픽션[의 역할]은 비가시적인 것을 보이게 하는 데 있는 것이 아니라 가시적인 것의 비가시성이 얼마나 비가시적인가를 보이게 하는 데 있다"[39]고 말하는데, 루셀의 작품은 바로 이런 의미에서의 '픽션'이라고 할 수 있다.[40]

다른 한편, 독자가 루셀의 방법을 알았다고 해도 — "거의 똑같은 두 개의 문장을 작품의 서두와 말미에 놓아둔다"는 것 외에는 — 그의 작품을 읽고 어디에서 그것이 적용되고 있는가를 지적하기는 어려울 것이다. 또 그는 이 마지막 책에서 방법의 적용의 예를 무수히 들고 있지만 물론 거기에서 언급되는 것이 적용의 전부는 아니다(더욱이 그의 발언을 통해, 루셀 본인도 모든 것을 기억하고 있는 것은 아님을 엿볼 수 있다).[41] 따라서 이 책을 읽고서 알게 되는 것은 그의 작품이 방법의 적용에 의해 메워진다는 사실뿐이다. 그러나 다른 한편, 이 책의 존재

---

37   RR. p.75.

38   Ibid., p.85.

39   《La pensée du dehors》, n° 38(1966), p.552.

40   한편 그는 '철학자의 역할'에 관해, 그것은 "숨겨진 것을 찾아내는 것이 아니라 분명하게 보이는 것을 볼 수 있도록 하는 것이다"라고 말한다(《La philosophie analytique de la politique》, n° 232(1978), p.540). 즉, 그것은 "너무 근접해 있고 우리 자신과 너무 친밀한 형태로 연결되어 있기 때문에 우리가 지각하지 못하는 그런 것을 드러나게 하는 것"이다(Ibid., pp.540-541). 이제 푸코의 철학에서 '픽션'이라는 개념에 주어진 특별한 의미를 추측할 수 있을 것이다. 푸코 자신도 어떤 인터뷰에서 "나는 지금까지 픽션 이외의 것을 쓴 것이 아닙니다"라고 말하기도 했다.

41   Raymond Roussel, *Comment j'ai écrit certains de mes livres*, op. cit., p.21.

는 '자명한 것'이라고 제시된 방법이 간과되어왔다는 사실과 더불어 "비밀을 알게끔 강제된다." 그 결과 독자는 이런 작품들과 대결할 때에 도처에서 비밀이 가동되고 있다는 '불안한 의식'이 머릿속에서 떠나지 않게 된다. 바로 푸코가 적절하게 표현하듯이 "이 가시적인 우발성éventualité에 있어서 비밀은 정점에 도달하는" 것이다.[42]

여기서 중요한 것은 이 '불안한 의식'이 루셀이 방법이라는 "형태발생의 열쇠clef de la genèse formelle"를 주지 않았다는 것보다는 오히려 읽을 수 있는 문장 하나하나가 거의 무한한 문구를 숨기고 있다는 데서 유래한다는 점이다. 요컨대 출발점이 되는 말의 수에 비해 그로부터 도달하는 말이 훨씬 많다는 것이다.

> 우리는 최종 순간에 이루어진 계시에 의해 각각의 문구들 아래에서 형태학적morphologique 사건들의 우발적 장이 넓어지고 있다고 느낄 수밖에 없다. 이런 형태학적 사건들은 모두 일어날 수 있지만 어떤 것이 일어날 것인지를 지정할 수는 없다.[43]

루셀의 수수께끼는 그의 언어의 요소의 하나하나가 무수한 불확정적 배치에 의해 포착되고 있다는 것에서, 이 형태론적 불확정성에서 유래한다. 달리 말하면, 루셀의 언어 전체는 아무것도 숨기고 있지

---

42   《Dire et voir chez Raymond Roussel》, n° 10(1962), p.239.

43   Ibid.

않음에도 불구하고 "그 모든 가능성의, 그 모든 형태의 숨겨진 총체"[44]
가 되는 것이다.

브리세에 의한 '언어의 기원'의 탐구

그런데 푸코의 문학론에서는 루셀에게 특권적인 지위가 부여된
다는 것은 의심할 수 없으나, 그렇다고 해서 푸코가 이 "언표의 익명
의 웅성거림"에 기초한 문학을 오로지 루셀 한 명에게만 국한해서 찾
아낸다고 할 수는 없다. 가령 푸코는 루셀의 선구자라고도 해야 할 존
재로, 루셀과 마찬가지로 프랑스의 작가인 ― 그리고 또한 루셀과 마
찬가지로, 동시대인들에게는 '광기의 인간'이라고만 그 이름이 알려진
― 장피에르 브리세를 인식한다.

브리세는 "언어들의 기원에 관한 탐구"라며 제시한 무수한 저작
에서 말장난의 무제한적 연쇄와 이로부터 발생하는 관념 연합을 통해
서 '언어의 기원'을 개시하려 한다. 브리세에게서 언어들의 기원은 전
통적으로 그렇게 여겨졌듯이 "세계의 모든 언어들에 다양한 흔적들이
라는 형태로 머물러 있는, 사물 자체에 연결된 소수의 단순한 요소"[45]
따위가 아니다.

브리세에게는 현행 언어들의 다양한 요소에 대응하는 '시원적인
언어'나 현행 언어들이 그로부터 파생되는 '언어의 고대적 형태' 따위

---

44   Ibid., p.242.
45   《Sept propos sur le septième ange》, n° 73(1970), p.882.

는 존재하지 않는다. 그에게 언어의 원시성primitivité은 오히려 "언어의 유동적이고 가동적이고 무한하게 침투 가능한 상태이며, 언어 안을 모든 방향에서 순환할 수 있는 가능성이며, 모든 변형, 반전, 마름질 découpage을 자유롭게 할 수 있는 장"이다.[46] 이렇게 기원에 있어서 브리세가 발견하는 것은 오늘날 얘기되고 있는 것 그대로의 프랑스어, 다만 일련의 말장난과 관념 연합에 의해 '유동화'된 프랑스어이다.

시원적인 언어가 전통적으로 하나의 가난한 코드라고 여겨졌던 것과 대조적으로, 브리세에게 그것은 제한이 없는 담론이라고 상정된다. 그의 '분석'은 말을 무제한적 요소의 조합으로 분해하는 것이며, 그는 이런 조합들 하나하나를 말의 '고대적 상태'라고 생각한다. 거기서 문제되는 것은 "현행적인 어떤 단위une unité actuelle에 대해서, 그것으로 결정화되기에 이른 선행적 상태들이 증식하는 것을 보는 것"이다.[47] 브리세에 따르면 언어의 기원의 탐구란 언어를 압축하는 것이 아니라 그것을 그 자체에 의해 분해하고 다수화하는 것이나 다름없다. 게다가 브리세에게 언어의 시원적 상태는 말이라는 형태가 아니라 항상 언표 — 즉, 하나의 글 혹은 글의 연쇄 — 라는 형태로 발견된다. 브리세에게 언어의 기원에서 발견되는 것은 다양한 언표로 이루어진 '무제한의 덩어리'이며, 다양한 '언급된 것'으로 이루어진 '흐름'이다.[48] 따라서 그에게 언어의 기원의 탐구란 필경, 이런 '언표의

---

46   Ibid., p.882.

47   Ibid., p.884.

48   Ibid., p.885.

제한이 없는 다수성'의, "'언급된 것'의 외재성"의 탐구에 다름없다는 것이다.

　이상으로 루셀을 중심으로 한 '광기'의 언어에 대해『지식의 고고학』의 언표 이론을 실마리로 삼아 살펴봤다. 물론『지식의 고고학』자체는 담론에 대한 논의로서 구상된 것이지만, 거기에서 제시된 언표라는 개념과 그 특징으로 앞 장에서 추적했던 푸코에 의한 예술론, 이른바 '바깥의 예술론'의 본질적인 부분을 간파할 수 있다고 생각한다. 왜냐하면 거기서 푸코가 중시했던 것은 재현이라는 긍정적인 것을 통해 재현의 외부에 호소하는 것이며, 또한 하나의 익명적인 문서고로부터 출발하는 것이었기 때문이다.

　이렇게 생각한다면, 푸코가 1960년대에 저술한 수많은 예술론은 동시대의 그의 사고에서 분리된 단순한 '비평'이 아니라 그것과 비밀스럽게 연결된 것에 다름 아닐 것이다. 그리고 거기에 머물지 않고, 이 시대의 푸코는 이들 예술 속에 하나의 변혁의 힘을 인정했다. 즉, 그것은 사회의 바깥에서부터 우리의 진리를 밝혀냄으로써, 혹은 사회에 대한 '위반'을 행함으로써 거기에 어떤 변화를 초래하는 것으로서 파악됐던 것이다. 그런데 1970년대에 들어서면 이런 푸코의 예술관에 미묘한 변화가 찾아오게 된다. 그것은 어떤 것일까?

4. 언어에서 실천으로

광기의 언어

푸코는 16세기 및 17세기 초반의 연극에서 광인이 "진리를 말한다"는 역할을 담지하는 경우가 종종 있었음을 언급한다. 거기서 광인은 "진리의 보유자"로서 나타나는 것인데, 유대·기독교의 전통에서의 예언자가 자신이 진리를 말하고 있음을 알고서 진리를 말하는 자인 반면에, 광인은 그것을 알지 못하고 진리를 말하는 소박한 예언자로서 재현된다.

> 진리는 광인을 통해 비쳐 보입니다만, 광인은 그로서는 진리를 소유하고 있지 않습니다. 진리의 말들은 광인 속에서 전개됩니다만, 광인은 그 말에 대해 책임지지 않고서 그렇게 합니다.[49]

자신이 진리를 말하고 있음을 모른 채 진리를 얘기하는 광인의 말은 진리에 대한 의지를 갖지 못하고 자신 속에서 진리를 소유하고 있지 않은 진리의 담론이다. 푸코에 따르면 이 진리와 광기의 상호 귀속성, 17세기 초까지는 인정받은 광기와 진리의 친밀성은 그 후 1세기 전반기부터 2세기에 걸쳐 부정되고 은폐됐다고 한다. 그리고 이 연결이 재차 문제로 간주되는 것이 19세기다. 이 시대에 한편으로 문학

---

49   《Folie, littérature, société》, n° 82(1970), p.979.

에 의해, 다른 한편으로 정신분석에 의해 광기에 대한 물음이 제기된 것은 일종의 진리라는 것, 광인의 몸짓과 행동을 통해 나타나는 것은 진리에 다름없는 무엇인가라는 것이 분명해졌던 것이다.[50] 즉, 프로이트가 환자에게 요구한 것은 환자를 통해 진리 — 환자가 스스로 지배하지 않은 진리 — 를 나타나게 하는 것이나 다름없었고, 말라르메 이후의 문학도 '이중 언어'를 통해 광기의 진리를 드러내는 것이기도 하다는 것이다.

　19세기 이후 에크리튀르는 그때까지와 마찬가지로, 어떤 사회 내부에서의 유통을 목적으로 하는 것이 아니라 그 자체를 위해 존재하는 것이 되며 일체의 소비 및 유용성에서 독립된 형태로 존재하게 된다. 푸코는 이런 "에크리튀르의 수직적이고 거의 전달 불가능한 활동"과 광기 사이의 상동성을 지적한다. 왜냐하면, 광기도 결국에는 "수직으로 세워져 있는 언어, 더 이상 전달 가능한 말parole이 아닌 언어, 교환화폐의 가치를 모조리 잃어버린 언어"이기 때문이다.[51]

　이런 비유통적인 에크리튀르, 수직으로 우뚝 솟은 에크리튀르를 광기의 등가물로 삼은 푸코는 "필자écrivain가 쓰는 순간에 그가 이야기하는 것은, 그가 글쓰기라는 행위 자체에 의해 산출하는 것은, 틀림없이 광기 이외의 다른 그 무엇도 아닙니다"고 말한다.[52] 푸코에 따르면 이런 "글을 쓰는 주체가 광기에 의해 사로잡히게 될 위험"이야말로 에

50　Ibid., p.980.

51　Ibid., p.982.

52　Ibid.

크리튀르라는 행위에 특징적인 것이며, 또한 여기에서 우리는 "에크리튀르의 [체제] 전복성"이라는 테마와 마주치게 된다고 한다.

다만 한편으로 푸코는 정신분석이 다루는 듯한 "현실의 광기"와 문학을 구별할 필요성도 역설한다. 현실의 광기란 사회의 외부로의 배제에 의해 정의되는 것이다. 광인이란 "존재 자체에 의해 항상적으로 위반적인 것"이며, "항상 '바깥'에 위치지어지는 것"이다.[53] 그에 반해 푸코는 문학의 지위에 관해서는 미묘한 입장을 취한다. 그에 따르면 문학이란 항상 '바깥'에 있는 것이 아니라, 경우에 따라서는 사회 시스템의 내부에 있을 수도 있다고 한다. 가령 그것은 17세기에는 규범적인 것으로서 사회적 기능에 속했지만, 19세기 이후에는 그 외부로 이행하게 됐다. 이런 '바깥'으로 이행한 문학이야말로, 1960년대의 푸코가 크게 주목하고 이것의 위반적 힘을 지치지 않고 이야기했던 "수직적이며 비유통적인 에크리튀르"이다.

감옥을 둘러싼 실천으로

그런데 푸코는 1970년에 한 어떤 대담에서 이 "문학의 위반적 힘"의 쇠퇴라고도 불러야 할 사태를 언급한다. 그는 "오늘날 문학은 일종의 타락에 의해, 혹은 부르주아지가 소유한 동화라는 강력한 힘에 의해 그 규범적인 사회적 기능을 회복한 것 같습니다"라고 말했다.[54] 쓴

---

53   Ibid., p.987.

54   Ibid.

다는 행위, 이런 유통이나 가치형성 같은 사회 경제 시스템의 바깥에 놓인 행위는, 지금까지 그 존재 자체에 의해 사회에 대한 이의제기의 힘으로서 기능했다. 반면, 푸코는 여기서, "에크리튀르의 [체제] 전복적 기능은 아직 존속하는가"라고 묻고 있다.[55]

이 물음은 분명히 1960년대 후반의 세계적인 정치 상황, 즉 프랑스의 5월혁명으로 상징되는 이른바 "정치의 계절"을 배경으로 하고 있다. 왜냐하면 이 시대에 정치 활동은 지금까지보다도 훨씬 구체적인 '운동' 또는 '행동'으로서 전개됐기 때문이다. 이런 시대 상황을 겪으면서 푸코는 여기서, 그 자신도 또한, "사회에 대한 이의를 제기하기 위해 쓴다는 행위만으로 충분한 시대는 이미 지나갔고, 이제는 진정으로 '혁명적'인 행동으로 옮겨가야 할 때가 온 게 아닌가?"라는 질문에 시달리게 됐다고 고백했다. 이제는 부르주아지가, 자본주의 사회가, 쓴다는 행위가 한때 가졌던 혁명적인 힘을 완전히 빼앗아가고, 이것은 이제 부르주아지의 억압적인 시스템을 강화하는 것 말고는 도움이 되지 못하는 게 아닌가, 따라서 이제 쓴다는 것을 중단해야 하지 않는가라는 것이다.

이 대담을 한 1970년 이후, 1960년대에는 지속적으로 발표했던 문학론을 푸코가 거의 쓰지 않게 됐던 것은, 아마도 여기서 드러난 고뇌에서 원인을 찾을 수 있을 것이다. 사실 이미 1966년부터 1968년까지, 파견됐던 튀니지에서 학생운동의 고조를 보면서 그들에게 "구체적

---

55   Ibid., p.983.

인 원조"를 준 푸코지만, 1971년에 감옥 상황을 조사할 목적으로 "감옥정보그룹Group d'information sur les prisons"을 결성한 이후부터는, 감옥을 둘러싼 운동을 중심으로 각종 정치 활동에 더 적극적으로 참가하게 된다.[56] 또 동시기에 이루어진 감옥에 관한 일련의 연구는 1975년의 『감시와 처벌』로 결실을 맺는다(이 책의 초고는 1973년에 이미 완성됐다). 푸코는 감옥이라는 테마에 관해 1971년에 다음과 같이 상징적인 말을 남겼다.

> "이 새로운 몰입은 내게 문학적인 사항을 접했을 때 겪게 됐던 권태감에 대한 진정한 출구로서 제공됐다."[57]

5. '신체'라는 관건

그렇다면 푸코가 '감옥'이라는 '새로운 관심사'를 통해 발견하게 된 테마는 무엇인가? 핵심은 푸코 내부에서 새롭게 생겨나고 있던 권력 개념과, 그것이 행사되는 대상으로 이루어진 짝이다.

잘 알려진 대로, 푸코는 『감시와 처벌』에서 신체에 직접 작용하는 미시권력으로서 '규율' 개념을 제시한다. 푸코에 따르면 고전주의

---

56   '감옥정보그룹' 결성의 취지나 목적, 그 효과 등에 관해서는 다음을 참조. 《Manifeste du G.I.P》, n° 86, (1971).

57   《Je perçois l'intolérable》, n° 94(1971), p.1071.

시대를 통해 신체는 권력의 대상 및 표적으로서 발견됐다.[58] 거기서 신체는 조직과 가공 가능한 어떤 '소재' 같은 것으로서 발견된다.

'규율'은 신체에 대해 세부적으로, 즉 그 운동이나 행태나 태도 같은 역학적 수준에서 행사되는 권력이다. 말하자면 그것은 "활동적인 신체에 대한 무한소의 권력"[59]이다. 또 거기서 문제가 되는 것은 신체의 기호적 요소가 아니라 어디까지나 운동의 에코노미이며, 그 내적인 조직이다. 그것은 "기호보다는 오히려 힘을 대상으로 하는" 것이다.[60] 더 나아가 '규율'은 신체의 활동의 결과보다는 활동의 과정에 항상적으로 작동하는 권력이다. 이리하여 푸코는 '규율'을 다음과 같이 정의한다. 즉, 그것은 "신체의 작동에 대한 세세한 통제[관리]를 가능케 하고, 신체의 힘의 불변적인 예속화를 보증하고 신체에 유순함-유용성의 관계를 부과하는 방법"이다.[61]

한편으로, 푸코가 이 권력의 큰 특징으로 꼽는 것은, 그것이 단순한 억압으로서만 작용하는 것이 아니라 신체 능력의 확대를 ─ 그것이 '유용성'의 증대를 가능케 하는 한에서 ─ 목표로 한다는 점이다. 이런 의미에서 그것은 어떤 생산성을 지닌 '순종적인 신체'를 만들어내기 위해 신체를 검사하고 분해하고 재구성하는 "해부정치학"이라

---

58   SP, p.160.
59   Ibid., p.161.
60   Ibid.
61   Ibid.

고도 해야 하는 것이었다.[62] 그리고 푸코에 따르면 이 '규율'은 뭔가 대대적인 제도라기보다는 차라리 세세하고 종종 하찮아 보이는 기술의 세부로서 나타난다. 다시 말하면 이들 구체적인 개개의 기술이야말로 신체의 미세한 정치적 포위의 양상을, 즉 권력의 "미시물리학"을 규정하는 것이다. 이로부터 푸코는 "규율이란 세부에 대한 해부정치학이다"라고 말하게 된다.[63]

이리하여, 이후 '신체'와 '생물로서의 인간'이라는 테마가 푸코의 사고에서 큰 위치를 차지하게 될 것이다. 그리고 이로부터 돌이켜본다면, 앞서 언급한 1970년의 대담에 나타난 '문학'에 대한 거리감 및 구체적인 '행동'에 대한 공감에서는 이런 '신체성'에 대한 푸코의 관심이 고조됐다는 단서를 눈치챌 수 있게 해주지 않을까?

이제 3장에서는 일단 푸코의 예술론에서 벗어나 1970년대 후반부터 전개되는 그의 권력론을 약간 파고들어 검토한다. 그렇게 함으로써 이를 후기 푸코의 '미학' 개념의 의미와 '예술'의 위상을 이해하기 위한 밑바탕으로 삼고 싶다.

---

62   Ibid., p.162.
63   Ibid., p.163.

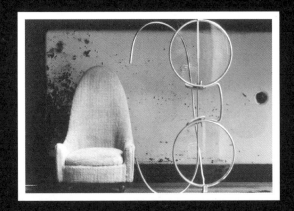

3장 주체와 권력: '통치'라는 테크네

2장의 끝부분에서는 1970년 이후의 푸코가 감옥을 중심으로 한 권력에 관한 탐구로부터 신체성에 대한 관심을 더욱 강하게 했던 모습을 확인했다. 권력과 신체(혹은 인간의 생물학적 측면)라는 이런 논점은 후기 푸코의 주요 관심사였던 '생명정치'에 있어서 가장 중요한 것이라고 말해도 과언이 아닐 것이다. 3장에서는 이 토포스가 동시기 푸코의 권력론 전체 속에서 어떻게 형성되고 자리매김되었는가, 그리고 이것이 만년의 푸코의 '자기에의 배려' 같은 테마와 어떻게 연결되는가 등을 검토하고 싶다.[1] 또한 '자기에의 배려', 그중에서도 특히 '실존의 미학'이라는 개념에 관해서는, 4장부터 자세하게 논할 것이므로, 3장의 논의는 이를 위한 예비적 고찰이라는 성격도 갖는다.

푸코는 만년의 어떤 논문에서 그때까지 자신의 연구 목적이 권력 현상들의 분석이 아니라 오히려 "우리 문화에서 인간 존재가 주체화할 때의 상이한 양태들의 역사를 산출하는 것"[2]에 있었다고 회고했다. 그리고 그는 "제 연구의 전체 테마는 권력이 아니라 주체입니다"라

---

[1]　특히 콜레주드프랑스 강의를 상세하게 검토하여 후기 푸코에게서의 '정치'라는 테마의 총체를 분명히 한 저작으로서 다음을 참조. Jean Terrel, *Politiques de Foucault*, Paris PUF,《Pratiques théoriques》, 2010.

[2]　《Le sujet et le pouvoir》, n° 306(1982), p.1042.

고도 말했다. 물론 이런 발언은 권력이라는 테마가 푸코에게 중요하지 않음을 보여주는 게 아니다. 오히려 그것은 권력과 주체의 깊은 연결에 주의하라고 촉구하는 것을 목적으로 한다. 실제로 푸코는 동시기에 한 어떤 강연에서, "이제부터 제가 하는 작업은 … '개체화하는 권력'이라는 문제와 관련된 정체성의 문제일 것입니다"[3]라고 말한다. 이런 의미에서 만년의 푸코는 주체의 대상화라는 관점에서 권력에 접근함으로써, 법과 제도 같은 모델에 기반하지 않고 권력을 생각하려 했다고 볼 수 있을 것이다.

이 미시적 관점에서 문제되는 것은 제도나 계급 같은 것보다는 권력의 기술과 형태이다. 한편으로 푸코는 현대의 중요한 현상 중 하나로, 그때까지 주변적으로 여겨졌던 '일상적인 것quotidien'이 권력에 있어서 본질적인 문제로 부상했다는 것을 꼽았다.[4] 그리하여 그는 다음과 같이 말한다.

"이 권력 형태는 일상적 삶에 대해 즉각적으로 행사된다. 이것은 개인들을 범주들로 분류하고, 개인들의 고유한 개체성에 의해 가리키고, 정체성에 묶어 매고, 진리의 법을 부과한다."[5]

이런 모습으로, 어떤 권력 기술에 의해 개인들이 주체로 변형되

3   《Omnes et singulatum》: vers une critique de la raison politique》, n° 291(1981), p.955.

4   《La philosophie analytique de la politique》, n° 232(1978), p.543.

5   《Le sujet et le pouvoir》, n° 306(1982), p.1046.

는 과정을 가리켜 푸코는 — 타자에의, 그리고 자기의 정체성에의 — '예속화assujetissement'라고 부른다.

논점을 미리 말하자면, 푸코가 말년에 씨름했던 '자기에의 배려', 즉 '자기에 대한 자기의 조작[작동걸기]'이라는 테마는 이처럼 우리의 일상적인 삶, 신체에 중심을 둔 삶에 직접 행사되는 권력에 대한 저항으로서 정교화된 것이다. 3장은 이러한 '자기에 의한 자기에의 작동[행사]'을 논하기 위한 전 단계로, 논의의 배경이 되는 푸코의 권력관, 즉 '푸코에게서의 권력'을 명확하게 하는 것을 목적으로 삼는다.

그런데 이미 요점을 확인한 푸코의 권력관, 이른바 "개체의 구체적인 존재 방식을 문제 삼는 권력"이라는 관념은 말년에 갑자기 나타난 것이 아니라, 특히 1970년대 후반부터 정교화된 권력관의 연장선상에 위치시킬 수 있는 것이다. 그리고 이 전개를 이해하려고 할 때 중요한 것은 '사목권력', '통치', '인도' 등 푸코가 이 시기부터 사용하게 된 특유한 어법termiologie이며, 또한 기독교 및 근대국가에서의 통치 기법에 관한 푸코의 일관된 시각이다. 따라서 이제부터는 주로 1970년대 후반의 저서, 논문, 대담, 강의록을 토대로, 이러한 점들을 약간 파고들어가 살펴봄으로써 이 시기의 권력론의 특징이나 전개를 밝히고 싶다.

1. 유대·기독교에서의 사목권력

앞 절에서 말한 목적을 달성하기 위해, 이번 절과 다음 절에서는 우선 푸코에 의한 '권력의 계보학'을 재추적하는 것에서 시작하고 싶다. 왜냐하면 푸코의 다른 모든 '역사학'의 예에서 벗어나지 않는 이 '권력의 계보학'은 그 자체가 결국 그의 권력관의 표명이기 때문이다.

그런데 앞 절에서 언급했던, 우리의 일상적인 삶에 즉각적으로 행사되고 개체화하는 권력 형태, 현대에도 지배적인 이 권력 형태의 원형으로 푸코가 상정하는 것은 '사목권력pouvoir pastoral'이라는 뜻밖의 것일 수도 있는 선조이다. 왜냐하면 양치기가 양의 무리에게 미치는 권력이라는, 종교적인 함의가 강한 이 권력은 주로 유대교의 역사와 더불어 발전되었기 때문이다. 그것은 인간이 태어나서 죽을 때까지 모든 상황에서 인간을 인도하고, 더욱이 내세에서의 혼의 구원을 위해 현세에서의 행동을 규제하는 권력이라고 규정된다.[6] 또한 그것은 집단 전체에 행사되는 권력이면서도, 그 집단의 개인들, 이른바 무리의 양 한 마리 한 마리에 책임을 가짐으로써 전체 집단의 구제를 배려하는 권력이기도 하다.[7]

푸코에 따르면 개별과 전체를 동시에 배려하는 권력이라는, 근대적인 국가이성으로 계승된 권력의 존재 방식은 초기 기독교에서 그 전형이 드러나는 이 사목권력에서 유래한다고 한다. 그 본질은 '구제'라는 명확한 목표를 갖고, 자신과 관련된 개인들에게 헌신적이고, 그들과 평생 동안 공존하고, 또한 그들의 진리의 생산과 결부된다는 점

---

6   《La philosophie analytique de la politique》, n° 232(1978), p.548.

7   Ibid., pp.548-549.

에 있다.[8] 그것은 "개인들에게 향하면서 개인들을 연속적이고 항구적인 방식으로 지도하도록 정해진 권력 기술들"[9]이다.

그런데 푸코에 따르면, 이러한 '신=양치기/인민=양의 무리'라는 은유와 결부된 사목권력의 테마는 우선 유대교의 고대 문화에서 볼 수 있지만, 그것이 커다란 중요성을 획득하는 것은 무엇보다도 이보다 나중의 기독교에서이다.[10]

즉, 기독교는 사목권력에 몇 가지 중요한 변화를 가하면서 이를 계승했다.[11] 우선 그것은 목자가 무리에게 지는 책임과 관련된다. 기독교에서 목자와 무리의 각 구성원을 연결하는 정신적 유대는 더 강해지고 더 복잡해진다. 그것은 단순히 개인들의 삶뿐만 아니라, 그들의 자질구레한 일상적 행동에도 관련되게 된다.

두 번째 변화는 종속의 문제와 관련된다. 기독교는 목자와 양 사이의 관계를 개별적이고 전면적인 의존관계로 파악한다. 기독교에서 종속은 덕으로 여겨지는데, 그것은 곧 거기서의 종속이 어떤 목적에 이르기 위한 잠정적인 수단이라기보다는 그 자체가 목적이 된다는 것이다.

나아가 기독교에서의 사목권력은 양심의 검사[점검examen][12]와 지

---

8   《Le sujet et le pouvoir》, n° 306(1982), p.1048.

9   《Omnes et singulatum》, n° 291(1981), p.955.

10   Ibid., p.958.

11   Ibid., p.963 et suiv.

12   [옮긴이] 필자는 여기서 examen을 '음미(吟味)'로 옮기고 있는데, 양심을 '점검'한다는 의미에서는 '음미'라는 의미가 있으나, 음미에는 자신의 양심에 대해 자신이 행한다는 의미가 강한 반

도direction라는 두 개의 도구와 묶일 것이다. 여기서 양심의 검사란 지도자에게 혼의 심층을 노출시키는 것을, 또 양심의 지도란 지도자와의 항상적인 연대를 각각 의미한다. 기독교의 사목권력은 이 두 개의 실천이 밀접하게 연결된 것이었다.

마지막으로, 이런 양심의 검사나 지도, 종속 같은 기독교의 기술은 모두 어떤 목적을 위해 행해진 것이다. 그것은 현세에서의 자기의 '억제mortification'라고 불리는 것이다. '억제'를 뜻하는 프랑스어 단어에서 짐작할 수 있듯이, 현세와 거기서 살아가는 자기 자신에 대한 하나의 체념을 나타낸다. 그것은 "일상에서의 죽음"으로서의 자기의 포기이며, 일종의 예속화이다.

이처럼 개인들의 개별적인 삶에 대해 항상적인 방식으로 작동하는 사목권력은, 기독교에서 목자와 무리 사이의 개별화된 복종관계를 확립하고, 더 미시적이고 지배적인 기능을 강화한 것이 됐다. 이리하여 푸코는 사목권력을 생명정치에서의 권력, 즉 우리의 삶에 대해 즉각적으로 행사되고, 그것을 종속화하려고 하는 미시적 권력의 원형으로서 정립하게 된다.

면, examen는 자신뿐 아니라 타인에 의해서도 이루어진다는 점에서는 '음미'라고 번역하기 어렵다. 따라서 위와 같이 수정했다. 이에 대해서는 이 책의 4장 171쪽 각주90을 참조.

2. 근대국가에서의 권력

비종교화된 사목권력

그런데 푸코에 따르면 18세기 이후의 자본주의적 공업화 사회와 그것에 수반되고 그것을 떠받친 국가라는 근대적인 권력 형태는, 기독교적 사목권력이 이용한 개인화의 절차나 메커니즘을 필요로 했다고 한다. 즉, 근대에 들어 종교 제도 그 자체의 영향력은 약해진 반면, 이 사목권력의 기술은 국가 장치라는 비종교적인 틀로 이식되고 번식되며 보급되었다는 것이다.[13]

일반적으로 근대의 국가나 사회는 개인을 알지 못하거나 무시하고 있다고 지적되곤 한다. 즉, 그것은 개별 인간의 본연의 모습을 경시하거나, 혹은 이것들을 소외시킴으로써 성립하는 것이라고 한다. 반면, 푸코는 잘 관찰하면 사태는 정반대임을 알 수 있을 것이라고 한다. 즉, 국가의 다양한 기술은 개인이 어떻게 해도 그 권력, 감시, 관리, 교정으로부터 벗어나지 못하도록 배치되고 발전되어 온 것이며, 바로 이것이야말로 국가가 개인들에게 크게 주목했다는 증거나 다름없다는 것이다.

가령, 개인을 포위하고, 행동을 파악하고, 배치를 생각하기 위해 막사, 학교, 작업장, 감옥 같은 기구가 생겨났다. 또한 개인을 알고 분류를 하기 위해 인문과학들이 생겨났다. 통계의 중요성은 개인들의

---

13   《La philosophie analytique de la politique》, n° 232(1978), p.550.

행동의 집합을 양적으로 측정 가능케 한다는 점에 있다. 나아가 다양한 사회적 원조나 보험 메커니즘에서도 이런 개체화의 효과를 찾아볼 수 있을 것이다.[14]

현대 사회에서는 개인들의 존재나 행동이, 즉 개개인의 삶이 권력 행사에 필요 불가결한 요소가 되고 있다. 요컨대 개인이 권력의 본질적인 관건이 된 것이다. 푸코는 권력이 국가와 관료제라는 형태를 취하게 될 정도로, 역설적이게도 점점 더 개인을 향하는 사태를 지적하고 있다.[15] 이리하여 종교적 형태에서 벗어난 사목권력은 국가를 새로운 지지체로 삼아 연명하게 될 것이다. 그것은 근대에 있어서는 국가이성raison d'État에 근거한 '내치police'로, 나아가 현대에서는 '국가-섭리État-providence', 이른바 복지국가로 계승되게 된다.[16]

'국가'라는 말로 문제를 제기할 때, 푸코가 우선 위험하게 여기는 것은 그것이 군주나 군주권, 혹은 법이라는 말에 너무도 바싹 다가서 버린다는 것이다. 왜냐하면 권력의 현상들을 국가 장치와 관련시켜 기술하는 것은, 자주 그것을 억압적인 기능과 관련시켜 설명하는 것으로 이어질 수 있기 때문이다. 반면 그는 권력관계의 분석이 국가라는 틀을 넘어선 곳까지 나아가야 한다고 주장한다. 여기에는 두가지

---

14   Ibid., pp.550-551.

15   Ibid., p.551.

16   현대의 신자유주의 비판의 맥락에서 후기 푸코를 재독해하는 사회학자 마우리치오 라차라토는 여기서 '혼의 통치'의 기술에서 "사람들의 정치적 통치"의 기술로의 변형을 보고 있다. 다음을 참조. Maurizio Lazzarato, *Expérimentations politiques*, Paris, Éditions Amsterdam, 2009, p.72.

이유가 있다.

우선, 국가는 분명히 다양한 장치로서 나타나는 편재하는 것이지만, 현실의 권력관계의 전체 영역을 포괄하기에는 너무 멀다는 것이 있다. 또한 국가는 그것에 선행하여 존재하는 '권력관계들'이라는 기반 위에서 비로소 기능하는 것이다. 달리 말하면, 국가란 "신체, 성, 가족, 태도, 지식, 기술" 같은 것을 통해 전해지는 일련의 권력 네트워크의 상부구조에 지나지 않는 것이다.[17] 이로부터 푸코는 국가를 제도적인 측면이라기보다 구체적인 권력 행사나 그 기술이라는 측면에서 파악하고자 한다.[18]

내치

그런데 근대에 사목권력의 특징을 계승했다고 간주되는 '국가 권력'에 관해 푸코가 특히 주목하는 것은 '내치'라는 개념이다. 왜냐하면 '내치'란 "[국가 통치의 원리인] 국가이성을 기능시키기 위해 배치된

---

17   《Entretien avec Michel Foucault》, n° 192 (1977), p.151.

18   그는 1979년 강의(『생명정치의 탄생』)에서 국가에 관해 다음과 같이 말한다. "국가는 [단수의] 부단한 국가화(étatisation) 혹은 [복수의] 부단한 국가화들의, [그리고] 부단한 타협(transaction)의 효과, 윤곽(profil), 유동적인 마름질(découpe)과 결코 다르지 않습니다. … 국가는 창자(entrailles)를 갖고 있지 않습니다. 선악의 감정이 없기 때문일 뿐만 아니라, 내부를 갖고 있지 않다는 의미에서도 창자를 갖고 있지 않습니다. 국가는 복수의 통치성들의 체제의 유동적 효과와 결코 다를 바가 없습니다"(NB, p.79). 때문에 푸코는 "문제는 국가로부터 그 비밀을 끌어내는 것이 아니라, 외부로 이동하고, 통치성의 실천에서 출발해 국가의 문제를 심문하는 것, 국가의 문제에 대한 탐구를 행하는 것입니다"라고 말한다(Ibid.).

장치"[19]이며, "테크놀로지의 총체"[20]이기 때문이다. 17세기 이래, "좋은 국가질서를 유지하면서 국가를 증대시킬 수 있는 수단들의 총체"[21]가 '내치'라고 불리게 된다. 이 "국가에 고유한 통치 기술"[22]은 국가를 이끄는 행정조직으로서 나타나며, 그 활동은 인간이 관련된 모든 상황, 인간이 행하는 모든 사항에까지 미치게 된다. 또한 거기서 인간은 항상 상호 관계성이라는 관점에서 파악되고, 그 삶의 방식에 대해 관심이 쏟아지게 된다.

이런 의미에서 내치의 개입 대상은 법적 인격이라기보다 생물로서의 인간의 생명 자체이다. 실제로 푸코는 내치가 "고유한 합리성을 지닌 원리들의 이름 아래서, 또한 그러한 원리들에 따라서 행사되고 작용하지만, 그러나 그것은 미리 주어져 있는 사법 규칙들을 본보기로 삼거나 모범으로 삼는 것이 아니다"라는 의미에서, 그것을 "항구적인 쿠데타"라고 말한다.[23] 내치란 국가이성에 기반하면서도, 사법 장치를 경유하기보다 개개의 직접적인 기술로서 개입하는 권력인 것이다.

내치는 이 개입을 통해 사람들의 생명을 배려하고 그것을 발전시키는 역할을 맡는다. 이와 같은 형태로, 인간의 생명과 그 상호 관계

19   STP, p.284.

20   Ibid., p.320.

21   Ibid., p.321.

22   《Omnes et singulatim》, n° 291(1981), p.972.

23   STP, p.347.

성에 대한 개입을 통해 내치가 목표로 하는 것은 국가의 힘의 증대이다. 그리고 이를 위해 정치는 이 말의 넓은 의미에서 인간들끼리의 '의사소통'을 보증해야 하는 것이다.[24]

푸코는 "인간에 대해 정치적 권력을 행사하는 합리적 개입의 형태"로서의 내치의 역할에 관해 다음과 같이 정리한다. 즉, 그것은 "사람들의 생명에 작은 플러스 알파를 부여하는 것이며, 그렇게 함으로써 국가의 힘을 약간 강하게 하는 것"이다. 또한 이것은 "'의사소통'을 관리함"으로써, 즉 "개인들이 공동으로 하는 활동(작업, 생산, 교환, 서비스)을 관리함"으로써 이뤄진다.[25] 요컨대 근대적인 통치 기법 혹은 국가적 합리성이 목표로 해야 할 것은 개인들의 생명을 구성하는 다양한 요소를 발전시키고 그렇게 함으로써 국가의 힘을 강하게 하는 것이다.[26]

내치의 대상으로서의 인구

국가를 그 안에서 살고 있는 인간 생명의 집합으로 파악하는 이런 발상은 18세기에 중요성을 더하게 된 어떤 개념에 대응한다. 그것은 '인구' 개념이다. '인구'란 "살아 있는 개인들로 이루어진 하나의 집단"이라고 정의된다. 어떤 '인구'의 특징은 동일한 종에 속하고 같은 지역에 거주하는 개인들의 특징이다. 18세기 내내, 그리고 특히 독일에

---

24   《Omnes et singulatim》, n° 291(1981), p.975. 이하도 참조. STP, p.333 et suiv.

25   Ibid.

26   Ibid., p.978.

서는 이 '인구' — 즉, 어떤 일정한 지역에 거주하는, 살아 있는 개인들로 이루어진 집단 — 를 내치의 대상으로 간주했다.[27] 이로부터 "내치에 관한 학Polizeiwissenschaft"이란 '통치의 기법'인 동시에 "어떤 영토에서 살고 있는 인구를 [예를 들어 통계 등을 사용해] 분석하기 위한 방법"으로도 여겨지게 됐다.[28]

내치의 배려 대상은 인간의 생명과 얽혀 있는 모든 사항에까지 이른다. 즉, "종교, 도덕, 건강, 물자의 공급, 도로, 토목, 공공건축, 치안, 자유학예, 상업, 제조업, 하인이나 육체노동자, 빈민" 등이 그것이다.[29] 과거 왕의 권력이 군대, 사법제도, 세제에 기초하여 확립되었던 반면, 내치는 이런 세 가지 분야 외에 정치권력이 개입할 수 있는 새로운 영역(모두 인간의 생명과 밀접하게 관련됨)을 제시하게 될 것이다.[30]

이렇게 사회의 모든 국면에서, 또한 복수의 단계에서 (즉, 생명의 '보호'나 실존의 '유지'라는 단계부터, 생명의 '쾌적함'이나 '즐거움' 같은 단계까지) 사람들을 행복으로 안내하는 것이, 요컨대 사람들이 그저 "살아남는" 것은 물론이고, 더 나아가 "보다 잘 살아가는" 것을 돕는 것이 내치의 역할이 된 것이다. 그리고 또 이런 정치권력의 역할은 나중의 복지국가로 계승될 것이다. 다만, 유의해야 할 것은 이런 개인들의 생명에 대한 배려가 최종적으로는 어디까지나 국가의 힘의 증대를 목적으로

---

27   Ibid.
28   Ibid.
29   Ibid., pp.975-976.
30   STP, pp.328-329.

했다는 점이다. 그런 의미에서 개인들의 생명에 대한 배려[주목]는, 그 것 자체가 목적이라기보다는 이 최종적인 목적을 위한 수단이라고 생각해야 할 것이다. 이것은 또한 사람들의 생명에 대한 극진한 배려가 불가피하게 주체의 예속화에 이르게 되는 까닭이기도 하다.

그런데 앞서 봤듯이, 사목권력의 본질은 어떤 집단의 개인들의 생명을 평생 동안 배려한다는 점에 있었다. 그것은 개인들로 향하면서, 그들을 지속적·항상적인 방식으로 구제로 인도하는 권력 기술이었다. 여기서 사목권력과 근대적 국가권력을 비교하면, 양자의 권력의 형태나 목적의 동형성이 부각될 것이다. 양자는 둘 다, 생물로서의 인간의 생명이나 활동을 배려하는 동시에, 그 관리와 최종적인 예속화를 꾀하는 권력이었다. 이로부터는 서양에서의 정치적 합리성이 우선 사목권력이라는 이념에, 이어서 국가이성이라는 이념에 뿌리를 내리게 됐던 경위를 엿볼 수 있다.[31]

사목권력에서 국가로 이행하는 가운데 일어난 것은 특정한 종교적 가치관과 결부됐던 권력이 사회 전체로 확산되고 다양한 국면에서 인간의 생명에, 행동에 개입하게 되는 사태이다. 그리고 이로부터는 가족, 의료, 정신의학, 교육, 고용 등의 형태로 다양한 권력이 전개될 것이다.[32] 이런 권력들은 뭔가의 제도로서보다는 일상적인 삶에 직접 행사되고 개체화하는 기술(가령 내치 같은)로서 나타난다.[33] 거기서

---

31   《Omnes et singulatim》, n° 291(1981), p.980.

32   《Le sujet et le pouvoir》, n° 306(1982), p.1050.

33   "따라서 권력의 어떤 형태에 대해 저항하거나 반역하려고 하는 사람들은 폭력을 고발하거

일어나는 것은 권력이 개인들의 신체, 몸짓, 태도, 일상 행동에 침투하고 있다는 의미에서 권력의 '육체화incorporation'[34]이다. 거기서 권력은 주체에 의한 재현이라는 중계를 거치지 않고, 신체의 두께 자체 속으로 물질적으로 침투하게 된다. 의식으로의 내면화를 거치지 않고 신체로 침투하는 권력, 그것을 가리켜 푸코는 '생명권력bio-pouvoir'이라고 부르는 것이다.[35]

지금까지는 푸코에 의한 "권력의 계보학"을 다시 추적함으로써, 그가 서양사에서의 권력의 전개를, 혹은 권력을 중심으로 한 서양사를 어떻게 파악했는가를 봤다. 이하에서는 푸코가 이런 역사적 이해에 근거하여 추출한 권력의 본질 및 작용에 관련된 논의를 하고 싶다. 그리하여 후기 푸코가 정교화한 얼핏 보기에 특이한 권력론이 그런 역사 인식에서 나오는 필연적인 귀결임이 밝혀지게 될 것이다.

3. 생명권력과 생명정치

권력의 새로운 정의

앞 절의 끝부분에서 언급한 '생명권력'은 푸코가 1975년의 『감시와 처벌』에서 논한 규율권력과 다름없는데, 푸코는 『감시와 처벌』의

나 어떤 제도를 비판하는 것으로는 만족할 수 없을 것입니다. 이성 일반에 비난을 가하는 것만으로는 충분하지 않습니다. 의문시되어야 할 것은 실제로 마주하고 있는 합리성의 형태입니다"(《Omnes et singulatim》, n° 291(1981), p.980).

34   《Entretien avec MIchel Foucault》, n° 192(1977), p.153.

35   《Les rapports de pouvoir assent à l'intérieur des corps》, n° 197(1977), p.231.

이듬해에 발표한 『성의 역사 1: 지식의 의지』에서 이 '규율'의 테크놀로지로서의 '해부-정치anatomo-politique'와 쌍을 이루는 것이자 더 나아가 '조절'의 테크놀로지로서의 '생명정치bio-politique'를 논한다.

푸코는 『지식의 의지』에서 권력에 대한 새로운 정의를 제시한다. 그것에 따르면 권력이란 기존에 생각되었듯이 단순한 제도도 구조도 아니며 무엇보다 우선 "힘 관계들의 다양성"이라고 한다.[36] 나아가 푸코는 이 힘 관계들로서의 권력에 관해 다양한 특징을 기술하고 있다. 가령 그것은 소유나 분할의 대상이 아니라 무수한 점들에서 출발해서 가동적인 관계의 작용 속에서 '행사되는' 것이다.[37] 그것은 (경제·지식·성 같은) 다른 유형의 관계들의 외부에 있는 것이 아니라 이것들과의 내재적인 관계를 갖는다. 그것은 하향식이 아니라 상향식으로 형성된다. 또 이 권력관계들은 '의도적'인 동시에 '비주체적'이다. 즉, 그것은 일련의 표적과 목적을 갖는데, 이런 표적과 목적은 개개의 주체의 선택이나 결정의 결과가 아니다. 권력이란 하나의 '주체 없는 전략'이라고도 해야 할 것에 의존한다. 그것은 명석한 논리와 표적을 가지면서도 이를 구상하고 정식화한 인물이 없으며 그런 유형의 전략, 이른바 "익명이고 거의 무언의 전략"이다.[38]

푸코는 근대 이후의 권력관계들의 특징으로서 이런 "총괄적이고

---

36   VS, p.121.

37   Ibid., p.123.

38   Ibid., p.125.

일관되며 합리적인 전략, 그러나 그것을 구상한 것이 누구인지를 말할 수 없는 전략"을 꼽고 있다.[39] 한편으로 그는 권력이 있는 곳에는 항상 저항이 있다고 말한다. 저항은 결코 권력의 외부에 있는 것이 아니다. 권력관계들은 무수한 저항점과의 관계에서만 존재할 수 있다. 달리 말하면, 저항점은 권력의 그물망의 도처에 존재한다.[40]

이리하여 푸코는 권력의 파악 방식을 근본적으로 변경해야 한다고 호소한다. 그것은 권력이 법과 금지로 이루어져 있다는 '부정적인negatif' 파악 방식으로부터, 그것이 일종의 생산성을 지닌 하나의 테크놀로지라는 '긍정적인positif' 파악 방식으로의 변경이다.[41] 이런 방법론적 원리에서 출발해 푸코는 서양에서의 권력 테크놀로지의 계보를 그려내고자 한다.

푸코에 따르면, 이 관점에 커다란 변화가 일어났던 것은 17세기부터 18세기에 걸쳐서이다. 이때는 그 이전의 군주제에서 기능했던 것과는 다른 새로운 권력 메커니즘이 등장했던 시기였다. 그것을 그는 다음과 같이 표현한다. 즉, "죽게 만드느냐 살게 내버려두느냐는 고대의 권리를 살게 만들 것이냐 죽음 속으로 폐기할 것이냐는 권력이 대신했다"[42]고 말이다. 오랫동안 군주의 권력을 특징짓는 권력이었

---

39 《Le jeu de Michel Foucault》, nº 206(1977), p.306. 푸코는 이 전략에서 서로 상호작용하는 기본 요소에 관해 '준-개인(sous-individus)'이라는 표현을 사용한다(Ibid., p.311).

40 VS, pp.125-126.

41 《Les mailles du pouvoir》, nº 297(1981), p.1002; p.1006; p.1008.

42 VS, p.181.

던 죽음에 대한 권리(생살여탈권)는 생명을 관리하는 권력으로 이행하고, 죽음에 대한 권력은 이제 그 이면裏面 혹은 보완물로서만 존재하게 된다. 또한 중요한 것은, 여기서 문제가 되는 것이 법적인 존재로서의 생명이 아니라 어디까지나 생물학적 차원에서의 생명이라는 것이다.

규율과 조절

푸코는 이 새로운 권력 테크놀로지가 두 개의 방향으로 전개됐다고 말한다. 그것들은 대립하는 것이 아니라 오히려 어떤 하나의 발전의 두 가지 극이라고도 해야 할 것이다. 그것이 '규율'의 테크놀로지로서의 해부-정치와 '조절'의 테크놀로지로서의 생명-정치이다.[43] 우선 규율이란 사회집단의 원자인 개인, 특히 그 '기계로서의 신체'를 관리하는 권력 메커니즘이며, 이른바 권력에 의한 개체화의 기술이다. 그것은 예를 들어 군대, 학교, 공장 등에서 개인들의 생산력을 높이기 위해 그 신체나 행동을 관리하게 된다.[44] 푸코는 이 기술을 개인들에게 신체와 그 운동 수준에서 작동되는 것이라는 의미에서 '해부-정치'라고 부른다.

다른 한편 조절은 개인이 아니라 '인구'라는 집단을 대상으로 하는 테크놀로지이다. 푸코에 따르면, '인구'란 단순히 다수의 인간으로

---

43   Ibid., p.183. '생명정치'에 관해서는 1976년 3월 17일 강의도 참조(IDLS, p.213 et suiv).

44   《Les mailles du pouvoir》, n° 297(1981), p.1010.

이루어진 집단일 뿐 아니라, "생물학적 과정이나 법칙에 의해 관통되고 조작되고 통제되는 생물들"을 가리킨다.[45] 즉, 인구를 구성하는 것은 (군주souverain의 대칭 개념으로서의) '신민sujet' 같은 추상적인 존재가 아니라 일종의 생물학적 실체로서의 개인이다. 이른바 "생물의 메커니즘에 관통되고 다양한 생물학적 과정의 지지체 역할을 맡는 신체"[46]를 지닌 개인이다. 인구에 있어서 출생률이나 사망률이, 연령 곡선이나 연령 계층이, 질병률이나 건강상태가 문제가 되는 것은 이 때문이다. 인구는 그 자체로서 발전하거나 멸망하는 실재이다. 그리고 푸코는 '조절'의 기술을, '인구'라는 생명을 조절한다는 의미에서 '생명-정치'라고 부른다. 여기서 문제가 되는 것은 주거, 도시에서의 생활조건, 공중위생, 출생률과 사망률의 비율 변화 같은 사항이며, 또 이런 문제들에 대응한 인구의 조절이다. 한편으로 이 인구의 조절이라는 과제 때문에 통계를 필두로 하는 일련의 관찰 기술이 생겨난다.[47]

---

45   Ibid., p.1012.

46   VS, p.183.

47   그런데 푸코를 계승하면서 현실적인 생명정치론을 전개하고 있는 안토니오 네그리와 마이클 하트는 '생명권력'과 '생명정치'에 관해 전자를 "생명에 대해 행사되는 권력", 후자를 "저항하고, 주체성의 대안적인 생산을 결정하는 생명의 권력"이라고 각각 정의하고, 이로부터 '생명정치'를 '생명권력'에 대한 저항력이라고 보는 독자적인 용어법을 제안하고 있다(안토니오 네그리·마이클 하트, 『공통체』, 정남영·윤영광 옮김, 사월의책, 2014). 하지만 지금까지 봤던 푸코의 논의를 감안한다면, 적어도 푸코가 사용하는 '생명-정치'라는 말에서 이런 의미를 읽어내는 것에는 약간 무리가 있다 — 물론 네그리와 하트의 용어법은 엄밀하게는 푸코의 저작의 '해석'이라기보다 거기서 '힌트를 얻은' 것에 불과하다고 잘라 말할 수 있지만 말이다. 이 점에 관해서 푸코의 사상에 입각하면, 네그리와 하트가 희망을 찾아내는 "주체성의 대안적 생산을 결정하는 생명의 권력"은 오히려 이 책의 후반에서 논하게 되는 '실존의 미학' 개념에 대응한다고 생각한다.

푸코가 "생명은 18세기 이후 권력의 대상이 됐다"[48]고 말할 때, 염두에 둔 것은 이런 과정 전체이다. 18세기 이후 권력의 대상은 법적 주체에서 신체와 생명(인구)으로 옮겨갔다.[49] 거기서 권력은 (신체나 생명 같은) "실재의 사물chose réelle"을 개별적이고 전체적으로 다루게 되며, '유물론적'이 됐다. 신체를 대상으로 하는 '규율' 테크놀로지와 생명을 대상으로 하는 '조절' 테크놀로지라는 새로운 권력의 두 측면은 개별적인 것과 전체적인 것에 동시에 관련된다고 하는, 사목권력 이후의 정치적 합리성의 특징을 이어받은 것이리라.[50]

푸코는 이 "생물로서의 인간"이 정치적 전략의 관건이 되기 시작한 시기를 가리켜 "생물학적 근대성의 문턱"이라고 부른다.

> 지난 수천 년 동안 인간은 생명을 지닌[살아 있는] 동물이면서 덤으로 정치적 삶을 누릴[정치적인 실존의] 능력까지 갖고 있다는 아리스토텔레스의 관점 속에 머물러 있었다. 근대적 인간은 정치에 있어서 살아 있는[생명을 지닌] 존재로서의 자신의 생명이 문제가 되는 동물인 것이다.[51]

48　《Les mailles du pouvoir》, n° 297(1981), p.1012.

49　"권력이 상대로 하는 것은 더 이상 그 최종적인 장악이 죽음인 그러한 법적인 주체가 아니라 생물이 되고, 권력에 의한 그 장악은 생명 자체의 수준에 위치하게 된다"(VS, pp.187-188).

50　또한 푸코에 따르면, 성이란 이 신체의 개인적 규율과 인구의 조절 사이의 결절점에 위치되는 것이다. 다음을 참조. "성은 해부-정치와 생명-정치 사이의 경첩에 있으며, 규율과 조절의 교차로에 있습니다. 그리고 바로 이 기능에 있어서 성은 19세기 말에, 사회를 하나의 생산기계로 만들기 위한 가장 중요한 정치적 요소가 됐던 것입니다"(《Les mailles du pouvoir》, n° 297(1981), p.1013).

51　VS, p.188.

이런 변화의 결과로서 법 시스템의 퇴행과 규범 작용의 전경화가 진행된다. 즉, 그 최종적인 해결이 죽음에 의해 담지되는 '법'의 심급으로부터, 생명의 지속적인 조절과 교정을 취지로 하는 '규범'의 심급으로의 이행이다.[52] 말하자면 '규율화 사회'란 "생명에 중심을 둔 권력 테크놀로지의 역사적 귀결"인 것이다.[53] 그렇다면 이런 권력에 대한 저항은 도대체 무엇에 근거하게 될까? 그것은 다름 아닌 권력 자체가 자본으로 삼는 것, 즉 생명이며 살아 있는 것으로서의 인간이다.

정치적 대상으로서의 생명은 이른바 말 그대로 취해지며, 이것을 통제[관리]하려고 기도한 체계에 역이용당했다. 이때 정치적 투쟁들의 관건이 된 것은 권리보다는 생명인 경우가 훨씬 더 많으며, 그것은 이 투쟁이 권리의 확립affirmation을 통해 정식화된다고 해도 그렇다.[54]

---

52   피에르 마슈레는 이것을 "규율의 부정적 발상에서 긍정적 발상으로의 이행"이라고 한다. 다음을 참조. Pierre Macherey, 《Pour une histoire naturelle des normes》, in *Michel Foucault philosophe* (Actes de la rencontre internationale de Paris, 9-11 janvier 1988), Paris, Le Seuil, 《Des Travaux》, 1989, repris dans Pierre Macherey, *De Canguilhem à Foucault, La force des normes*, La Fabrique éditions, 2009, p.71. 푸코에게서의 '규범' 개념에 관해서는 특히 다음의 포괄적 연구를 참조. Stéphane Legrand, *Les normes chez Foucault*, Paris, PUF, 《Pratiques théoriques》, 2007.

53   VS, p.190.

54   Ibid., p.191.

4. 품행의 인도로서의 '통치'

푸코가 권력 분석에서 중시하는 물음은 권력이란 '무엇인가'도 아니고 그것이 '왜' 존재하는가도 아니며, 그것이 '어떻게' 행사되는가 이다. 그것은 그가 권력 분석에서 어떤 하나의 권력이 아니라 "권력의 다양한 관계[권력관계들]"에서 출발하기 때문과 다름없다. 실제로 그는 근대 이후의 권력이 "태어나면서부터 그것을 소유하고 행사하는 어떤 개인"과 동일시된 것이 아니라, "누구든 그 보유자가 없는 곳의 기계 장치"가 됐던 것을 지적하고 있다.[55] 다만, 앞 절에서도 언급했듯이, 푸코에 따르면 권력의 익명화는 그 항상적인 승리를 의미하는 것은 아니다. 반대로 그것은 권력에 대한 저항점의 편재화를 의미하는 것이다.[56]

다른 한편 푸코는 자크 랑시에르와의 대담에서 권력 장치의 표적으로서의 '평민plèbe'이라는 개념을 언급한다. 푸코에 따르면, 평민이란 어떤 사회학적 실재 같은 것이 아니라, 다양한 사회체·계급·집단·개인들 속에 있으며, "어떤 방식으로 권력관계들을 피해나가는 그 무엇"이다. 즉, 그것은 무엇인가의 '소재matière première'가 아니라 '원심운동'이며, '반대 방향의 에너지'이며, '틈새를 빠져나가는 것'이다.[57] 이런 부정형의 운동을 권력관계들의 외부가 아니라 어디까지나 그 한계나 이

---

55 《L'oeil du pouvoir》, n° 195(1977), p.199.

56 Ibid., p.206.

57 《Pouvoir et stratégies》, n° 218(1977), p.421.

면이라고 규정함으로써, 권력을 정적인 것이 아니라 어떤 동적인 것으로서 파악할 수 있게 될 것이다.

푸코에 따르면, 권력의 행사란 단순한 개인들 사이의 '관계'가 아니라, 어떤 사람으로부터 다른 사람에 대한 '행위의 양태'라고 한다. 이런 의미에서 권력이란 "행위 속에서만 존재하는 것"[58]이다. 여기서 푸코는 권력관계들의 특성을 파악하는 가장 좋은 수단으로 '인도conduite'라는 말을 꼽고, 이 말이 지닌 양의적인 의미에 주의하라고 촉구한다. 즉, 그것은 자신의 행동[품행]을 의미하는 동시에, 타자를 인도한다는 행위도 의미하는 말이다. 그리고 권력의 행사란 "품행을 인도하고conduire des conduites', 그 개연성을 조절하는 것"[59]에 다름없다. 이로부터 푸코는 권력관계에서 문제되는 것은 적대자들 사이의 대립이 아니라 '통치gouvernement'라는 주제라고 말한다. 여기서 통치라는 말은 정치 구조나 국가 관리에 관계되는 것일 뿐 아니라, "개인이나 집단의 품행을 인도하는 방법"이라는 의미로 사용된다.[60] 이런 의미에서 통치하다란 "타자의 행동의 가능적인 영역을 구조화하는 것"이다.

그러니까 권력에 고유한 관계의 양식은 폭력과 투쟁 쪽도, 계약과

---

58   《Le sujet et le pouvoir》, n° 306(1982), p.1055.

59   Ibid., p.1056.

60   "통치라는 말로 저는 행정에서 교육에 이르기까지, 사람들을 안내하는 제도와 실천의 총체를 의미합니다. 사람들이 서로 안내하는 것을 보증하는 절차, 기술, 방법의 총체 …"(《Entretien avec Michel Foucault》, n° 281(1980), p.912).

자발적 유대 쪽도 아니고 … 통치라는 특이한 행동의 양식 쪽에서 찾아야 할 것입니다.[61]

그런데 통치 일반에 관해 전체적인 문제화가 이뤄졌던 것은 16세기이다.[62] 그것은 첫째, 마키아벨리적인 군주에 대립된 것으로서 나타난다. 우선, 군주는 정의상 영토 국가에서 유일한 존재인 반면, 통치는 군주뿐 아니라 다수의 사람들(일가의 우두머리, 수도원장, 교육자, 스승 등)에 의해 담지되는 것이며, 그 실천도 다양한 형태를 띤다. 또한 군주가 영토 국가에 대해 외재적·초월적인 위치에 있는 반면, 모든 통치는 그것이 행해지는 사회나 국가의 내부에 있다. 요컨대, 통치는 형식의 다양성과 실천의 내재성이라는 점에서 마키아벨리적인 군주의 초월적 단수성과 근본적으로 대립하는 것이다.[63]

또 통치의 목적은 군주정이 내세우는 '공통선'과 같은 일의적인 것이 아니라, 통치의 대상인 사물들의 각각에 있어서 '바람직한 목적'이 된다. 즉, 통치에 있어서는 각각에 특유한 목적이 복수이며, 이 다양한 목적에 이르기 위해 사물의 배치disposition가 행해진다는 것이다. 통치에 있어서 목적에 도달할 수 있게 해주는 것은 '사물의 배치'라는 일종의 에코노미이다.[64] 이 '배치'에 관한 지식, 에코노미적 지식도 국

61   《Le sujet et le pouvoir》, n° 306(1982), p.1056.

62   STP, p.92.

63   Ibid., p.96.

64   Ibid., pp.102~103.

력의 분석·인식을 위한 학('통계학' 같은)이라는 형태로, 통치에 있어서 불가결해질 것이다.

통치라는 주제는 18세기에 통치의 대상으로서 인구라는 개념이 나타나면서 드디어 명확해진다. 고유한 규칙성을 지닌 인구라는 집단이 개입의 영역으로서, 통치 기술의 목표로서 나타나는 것이다. 한편으로 이와 평행하여, 에코노미적 합리성이 인구에 고유한 현실로 간주되기에 이른다.[65]

이리하여 푸코는 이 통치를 중심으로 한 현상들의 전체를 가리켜 '통치성gouvernementalité'[66]이라 부르고, 이를 사목권력에서 국가이성(내치)까지를 관통하는 정치적 합리성의 중심으로 파악하게 된다.

5. '권력의 존재 조건으로서의 자유'와 '대항인도'

권력의 행사를 타자의 품행[행동]에 대한 인도의 양태로서, 즉 어떤 자로부터 다른 어떤 자에 대한 '통치'로서 정의할 때, 어떤 중요한

---

65   Ibid., p.111. 푸코는 18세기 말에 나타나게 된 통치의 대상으로서 '사회(société)' 개념을 언급한다. 그에 따르면, 통치란 영토나 거기서 거주하는 신민을 상대로 할 뿐 아니라, "고유한 반응 법칙이나 반응 메커니즘, 다양한 규칙, 혼란의 가능성을 지닌, 복잡하고 독립된 실재"를 상대로 해야 하지만, 그가 말하는 '사회'는 이런 "복잡하고 독립된 실재"를 가리키며, 그것은 더 이상 내치에 의해 완전하게 이해 가능한 것이 아니라고 간주된다(《Espace, savoir et pouvoir》, n° 310(1982), p.1092).

66   STP, p.111. 더 자세하게 말하면, 푸코가 '통치성'이라는 말로 가리키는 것은, 다음 세 가지 사항이다. 우선 통치와 얽혀 있는 규칙들, 절차, 분석, 고찰, 계산, 전술의 전체이다. 또한 그것은 통치라는 권력 형태가 우세하게 된 역사적 경향이다. 마지막으로 중세에서의 사법국가가 서서히 '통치성화'된 과정이다(Ibid., pp.111-112).

요소가 문제가 된다. 그것은 '자유'이다. 왜냐하면 모든 행동이 이미 결정되어 있고, 이와 다른 행동이나 반응의 가능성이 없어진 곳에서는, 통치는 존재할 수 없고, 따라서 권력관계도 존재할 수 없기 때문이다. 이로부터 "자유는 권력의 존재 조건으로서 나타나게" 된다.[67]

　　푸코가 강조하듯이, 권력관계란 사회적인 집합체에 깊이 뿌리박은 것이지, 결코 그 보조적인 상부구조가 아니다. 사회 속에서 살아간다는 것은 뭔가의 방식으로 타자의 행동에 작용한다는 것이다. 이것을 달리 말하면, 권력관계 없는 사회는 존재할 수 없다는 것이리라. 다만, 지금까지 거듭 말했듯이, 이것은 현행의 권력관계가 필연적이라거나 불가피한 숙명이라는 뜻이 아니다. 왜냐하면 자유가 권력의 '존재 조건'이라면, 거기에는 항상 현행의 권력관계를 변용할 가능성이, 그 배치를 '다른 것'으로 재편할 가능성이 남아 있기 때문이다.[68] 그리고 푸코의 이론에서 이 가능성을 좌우하는 열쇠가 되는 것이 '통치'라는 기술(테크네)과 다름없다고 할 수 있을 것이다.[69]

　　푸코는 이런 사태를 권력관계들과 그것에 대립하는 '전략' 사이

67　《Le sujet et le pouvoir》, n° 306(1982), p.1057.

68　"저는 권력의 실제적 행사 메커니즘을 파악하려고 매달렸습니다. 제가 이렇게 한 것은 이런 권력관계들 안에 기입된 사람들, 그것에 연루된 사람들이 그들의 행동에 의해, 저항과 반항에 의해 이것들로부터 벗어나고 이것들을 변형시키고, 요컨대 더 이상 복종하지 않게 될 수 있기 때문입니다"(《Entretien avec Michel Foucault》, n° 281(1980), p.912).

69　푸코에 따르면, 테크네란 "의식적인 목적에 의해 통치된 실천적 합리성"이다(《Espace, savoir et pouvoir》, n° 310(1982), p.1104). 주지하듯이, 이 테크네라는 말은 보다 한정된 의미를 지닌 현대어인 '테크놀로지'의 어원이기도 하다. 이로부터 푸코는 통치란 다양한 테크놀로지의 기능이기도 하다고 말한다.

의 관계로부터 설명하고 있다. 즉, 권력관계들의 중심에 자유라는 이름의 불복종이 존재한다는 것은, 권력관계들은 항상 뭔가의 저항을 내포하는 것이며, 항상 관계성의 역전 가능성을 감추고 있는 것이라는 얘기다. 또한 이때 짚고 넘어가야 할 것은 권력과 저항이란 둘 중 어느 하나가 선행하여 존재하는 것이 아니라, 완전히 동시 존재적인 것이라는 점이다.[70]

> 모든 권력관계는 적어도 잠재적인 방식에서는, 투쟁의 전략을 내포합니다. … 이것들은[권력관계와 투쟁 전략]은 일종의 항구적인 한계를, 가능한 역전의 지점을 구성합니다.[71]

실제로 권력관계와 투쟁 전략 사이에는 '상호 호응관계, 끝없는 연쇄, 영속적인 역전' 같은 것이 존재한다. 그리고 이런 불안정성, 역전 가능성이 전혀 있을 수 없는 단계에서 권력관계는 '지배'라는 형태의 고정화에 이른다는 것이 푸코의 진단이다.[72]

이와 똑같은 것을 '인도conduite'라는 말을 통해서도 설명할 수 있을 것이다. 이 말은 한편으로 인도하는 행위를, 다른 한편으로 인도되

---

70   《Non au sexe roi》, n° 200(1977), p.267.

71   《Le sujet et le pouvoir》, n° 306(1982), p.1061.

72   권력, 저항, 지배 사이의 복합적 관계에 관해서는 다음을 참조. 《Pouvoir et stragégies》, n° 218(1977), pp.424-425.

는 방식이나 인도된 결과의 행동 방식을 의미한다.[73] 이 양의적인 함의를 참조함으로써 푸코는, '품행[행동]의 인도'가 항상 능동·수동의 두 측면을 모두 담고 있다는 점에 주의하라고 한다. '인도'는 항상 그것에 대립하는 '인도'와 쌍을 이룬다. 따라서 만일 통치가 "타자의 품행[행동]의 가능한 영역의 구조화"를 의미한다면, 거기에는 항상 그것과 상관되는 저항이나 불복종의 운동이 존재하게 된다.

> 그것은 또 다른 품행[인도]을 목표로 하는 운동들입니다. 즉, 다르게, 다른 인도자들에 의해, 다른 목자들에 의해, 다른 목적을 향해, 다른 구원의 형태를 향해, 다른 절차들을 통해, 다른 방법들을 통해 인도되기를 바라는 것입니다. 그것은 또한, 아무튼 경우에 따라서는 타자들의 인도로부터 벗어나려고 하는 운동들, 자신을 인도하는 방식을 각자가 정의하려고 하는 운동들이기도 합니다.[74]

이처럼 어떤 '인도'에 대해 "또 다른 인도[품행]"를 요구하는 운동을 푸코는 "대항인도contre-conduite"라고 부른다. "대항인도"라는 말을 통해 그가 강조하려는 것은 하나의 인도와 다른 인도 사이의 "직접적이고 창설적인 상관관계"[75]이며, 양자가 동시에 발생하는 운동의 두 가지 측면과 다름없다는 점이다. 그리고 푸코에 따르면 비행자, 광인, 병

---

73   STP, pp.196-197.

74   Ibid., p.198.

75   Ibid., p.199.

자에서 발견할 수 있는 것은 바로 이 '대항인도'의 차원이라고 한다.

지금까지 검토했던 푸코의 권력관으로부터 그가 말년이 되어 국가의 '제도'가 아니라 '개체화'로부터의 해방을, 즉 국가가 우리에게 부과했던 개체성을 거부하고 새로운 주체성의 형식을 스스로 만들어내는 것을 — 이른바 예속화assujettissement가 아니라 주체화subjectivation를 — 종용하게 된 이유를 볼 수 있었을 것이다.[76] 즉, 그것은 제도라기보다 개별의 기술로서 우리의 신체에 작동되는 '생명권력', 이 사목권력에서 유래하는 권력 형태에 대한 저항의 시도이며, 이른바 '대항인도'인 것이다.

푸코에 따르면 '정치'란, 어떤 사회에서의 힘 관계들의 총체의 의해 구성되는 것인 동시에 이 힘 관계들을 조절하고 방향을 부여하고자 하는 포괄적인 '전략'이기도 하다.[77] 또한 푸코는 이런 힘 관계들을 변용시키는 전략의 창출을 '정치화politisation'라고 부른다.[78] 이런 의미에서 기존의 권력 메커니즘이나 권력 기술에 대항하고, 새로운 주체의 형태를 창출하는 것은 그것 자체로 하나의 생명의 '정치화'의 시도로 간주할 수 있을 것이다.[79]

---

[76] 《Le sujet et le pouvoir》, n° 306(1982), p.1051. 다만 푸코는 권력의 제도적 측면을 경시하는 것은 물론 아니다(Ibid., p.1058).

[77] 《Les rapports de pouvoir passent à l'intérieur des corps》, n° 197(1977), p.233.

[78] Ibid., p.234.

[79] 푸코는 말년의 인터뷰에서 "윤리적인 동시에 정치적이기도 한 하나의 태도"에 관해 말하는데, 거기서 문제되는 것은 윤리적 태도를 "가능한 한 일관성을 지닌 하나의 정치적 사실"로 삼는 것이라고 한다(《Politique et éthique: une interview》, n° 341(1984), p.1407).

푸코가 말했듯이 현대에서의 사목권력이, 사회에 그물망처럼 뻗어나가 에워싸고 개인을 그 탄생부터 죽음에 이르기까지 일상생활의 세부에 걸쳐 감시·관리하는 것이라면, 개인이 '주체화'라는 형태로 자기와 유지하는 관계도 권력의 관계이게 될 것이다. 즉, 얼핏 보면 일상적인, 변변찮은 상호작용 속에서 문제되는 것은 생명을 정치적으로 바꾸는 것과 다름없는 것이다.[80]

6. 주체화와 새로운 관계성의 창출

마지막으로 이번 3장에서 중심적으로 봤던 1970년대의 푸코의 권력론에 관해 4장으로 이어지는 요점을 다시금 확인해두자.

기독교적 개체화의 기술에서 출발해, 16~17세기의 국가이성의 '내치'로, 나아가 19세기 말 이후의 복지국가로 계승되는 사목권력은 법과 같은 거시적인 심급이 아니라 더 미시적이고 물리적인 힘에 호소한다. 즉, 그 대상은 법적 주체가 아니라 생물로서의 주체이며, 그 행위의 수준이다. 그것은 이런 생물로서의 주체에 대해 미시적인 수준에서, 또 항상적인 방식으로 작동되는 권력인 것이다. 게다가 조감도의 관점에서 본다면, 사목권력이 작동되는 것은 다양한 혼 사이에 개재하는 에코노미이다. 이 에코노미는 합리적이고 부동적인 원리가

---

80   ミシェル·フーコー「政治の分析哲学」, 渡辺守章 訳, 『ミシェル·フーコー思考集成 四』, 筑摩書房, 2000年所収, 139頁. 해당 서술은 일본어 번역본에만 기재되어 있음(원문에서는 생략됨).

아니라 다른 개체의 의지 같은 유동적인 것에 전면적으로 의거한다.

다른 한편으로, 서양 역사에서 사목권력의 계보를 추적하는 가운데 푸코가 강조하는 것은 사목권력에 의한 통치에는 늘 그에 대한 저항이 뒤따랐다는 사실이다. 이 점을 명시하기 위해 푸코가 도입하는 것이 '인도'와 '대항인도'라는 용어이다. 푸코에 따르면, 인도와 대항인도는 시계열적인 전후관계에 있는 것이 아니라 항상 동시적으로 발생하는 것이다.[81] 사목권력에 대한 저항, 대항인도는 "타자에 의한 자기의 통치"에 "자기에 의한 자기의 통치"를 대립시키는 운동으로서 나타날 것이다. 이로부터 푸코가 '대항인도'라고 부르는 것에는 저항이라는 부정적인 운동뿐 아니라 자기의 형성으로서의 주체화 같은 일종의 긍정적인 운동까지도 포함된다는 것을 알 수 있다.[82]

---

81 '인도'와 '대항인도'의 짝짓기의 기원은 고대 그리스에서 찾을 수 있으며, 이것은 가령 1983년 강의(『자기와 타자의 통치』)에서는 에우리피데스의 비극 『이온』의 분석을 통해 제시된다. 이온은 자신의 담론에 의해 합리적으로 도시를 인도할 권리를 얻기 위해 '알레투르기(alèthurgie)'가, 즉 진리를 명확히 하는 일련의 절차, 방법을 필요로 하는데, 여기서는 부정의에 시달리는 무기력한 희생자의 담론이 이런 알레투르기로서 기능하게 된다. 그는 권력자에 맞서 진리의 담론을 말한다. 그리고 이온이 도시를 인도하기 위해 가장 필요한 힘은 이 진리의 담론이다. 요컨대, 가장 강한 자가 합리적인 통치를 행하려면, 가장 약한 자가 진리의 담론으로 그에게 이야기하고, 도전하는 것이 필요한 셈이다(GSA, p.126). 이와 같이 인간의 통치를 가능케 하는 합리적인 담론과, 강자의 부정의를 비난하는 약자의 담론 사이의 짝짓기는 그 이후의 모든 정치적 담론의 모체가 될 것이다. 실제로 그 후 제정기가 되자 점점 강자의 부정의에 관해 말하는 약자의 담론이, 강자의 인간 이성의 담론에 따라 사람들을 통치하기 위해 불가결한 조건이 된다(Ibid., pp.126-127).

82 푸코는 어떤 인터뷰에서 자신의 '저항' 개념의 이해에 관해, 단순한 부정으로서 파악됐던 그때까지의 '저항' 이해와 자신이 다른 것은, 그것을 오히려 부정과는 정반대의 운동으로서, 즉 하나의 '창조 과정'으로서 파악한 점이라고 말한다(《Michel Foucault, une interview: sexe, pouvoir et la politique de l'identité》, n° 358(1984), p.1560). 이 점에 관해서는 다음도 참조. Maurizio Lazzarato, *Expérimentations politiques*, op. cit., p.83.

그런데 이런 인도와 대항인도의 양립이나 양자의 가역성은 푸코가 이해하는 권력의 양태에서 유래한다. 왜냐하면 푸코는 그것을 불안정하고 가역적이며 가동적인 관계라고 특징짓기 때문이다. 그것들은 어디까지나 완전히 고정되지는 않으며, 끊임없이 새로운 관계성을 내포하게 된다. 이 새로운 관계성은 항상 형성의 도상에 있으며, 결코 고착화되지 않는다. 권력의 이런 불안정하고 가역적인 관계성을 기반으로, 대항인도는 새로운 주체의 창출로서, 새로운 자기의 형성으로서 나타난다. 그것은 정체성의 고착화에, 이 예속화의 양태에 저항하는 것이다. 푸코는 "우리가 우리 자신과 지녀야 할 관계는 정체성의 관계가 아니라 오히려 차이화, 창조, 혁신의 관계입니다"라고 말한다.[83]

이런 불안정한 관계성으로서의 권력 ― 푸코는 이것을 '전략적 관계들'이라고 부른다 ― 과 주체의 결부는, 푸코에게 '진리'라는 개념의 의미를 변화시키게 될 것이다. 즉, 4장 이후에서 자세히 보겠지만, '진리'는 푸코에게서 그때까지 그렇게 위치지어졌던, 주체에게 강제되는 부정적인 힘이 더 이상 아니라 거꾸로 주체의 형성과 관련된 긍정적인 힘으로 파악될 것이다.

나아가 이 주체와 권력관계의 연결을 전제한 경우, 새로운 주체를 형성한다는 것은 새로운 관계성을 창출하는 것과 똑같다고 생각

---

83 《Michel Foucault, une interview: sexe, pouvoir et la politique de l'identité》, n° 358 (1984), p.1558.

할 수 있을 것이다. 즉, 여러 가지 다양성으로 이루어진 권력관계에 있어서 자기의 실천에 의해 주체를 형성하는 행위는, 이 관계의 다양성의 새로운 양태를 개시하는 실천이 되기도 한다는 것이다. 또한 이것을 거꾸로 말하면, 주체화에 얽혀 있는 여러 가지 실천은 권력관계의 배치를 (재)규정하는 행위라고 파악할 수 있을 것이다. 권력관계란 다른 것으로부터 일면적으로 주어지는 것이 아니라 스스로의 실천에 의해 변화시키고 구성해가는 것이기도 하다. 다만 주의해야 할 것은, 거기서 규정되는 권력관계는 항상 부분적인 것에 머문다는 것이다. 거기서 행해지는 실천은 권력관계 전체를 규정하는 것이 아니며, 따라서 거기에는 항상 새로운 관계성을 창출할 여지가 남아 있다. 이것이야말로 푸코가 "자유는 권력의 존재 조건으로서 나타난다"[84]고 말한 것의 의미이다. 즉, 권력이 행사되는 것은 "자유로운 주체"에 대해서일 뿐이며, 주체가 자유로운 한에서일 뿐이다. 여기서 자유롭다고 말하는 것은 다른 행동이나 반응의 여지가 있는 상태를 가리킨다. 그런 의미에서 "결정이 포화상태가 된 곳에서는 권력관계는 없다"[85]는 것이다. 다른 한편, 푸코에 따르면 어떠한 저항의 가능성도 배제하는 절대적인 '억압'이 존재하지 않는 것과 마찬가지로, 그 자체로서 항상 불변적인 절대적인 '해방'도 존재하지 않는다. '자유란 본성으로서 실현되는 것이 아니라 항상 '실행'되어야 할 것이다.

84   《Le sujet et le pouvoir》, n° 306(1982), p.1057.

85   Ibid., p.1056.

4장 주체와 진리: '실존의 기법'에 의한 관계성의 재배치

3장의 검토로 후기 푸코의 권력론에서 문제가 됐던 것이 첫째, 개개의 생물로서의 주체에, 행위의 수준에서 작동을 거는 권력이라는 것이 분명해졌다. 푸코는 그것을 유대·기독교부터 근대적 국가에 이르기까지 권력의 특징으로 생각했던 것이다.

다른 한편, 후기의 주체론에서 푸코는 하나의 '소재로서의 자기'를 바탕으로 한 주체 형성을, 즉 일종의 '자기의 포이에시스'라고도 해야 할 것을 언급하고 있다.[1] 그것에 따르면, 이 '소재로서의 자기'는 그 자체가 힘들의 착종체로서 있으며, 그것은 이른바 고정적인 권력관계로, 또한 거꾸로 대항적 힘으로도 변전할 수 있는 가능성을 감추고 있는 것으로서 구상되었다. 이런 주체상은 분명히 앞 장에서 봤던 그의 독자적인 권력 이해로부터 도출된 것이리라. 왜냐하면 거기서는 주체와 권력의 불가분성이 전제로 간주되고, 주체화는 새로운 권력관계의 창출로서 파악되었기 때문이다. 이로부터 주체화의 소재란, 어떤 의미에서 권력 자체라고 말해도 과언이 아닐 것이다. 푸코는 권력

---

[1]   그는 그것을 "자기 자신의 부분을 영역 획정하는 것"(UP, p40)이라는 말로 표현한다. 푸코에게서의 '소재로서의 자기'나 '자기의 포이에시스'의 이해에 관해서는 다음을 참조. ジュディス·バトラー, 『自分自身を説明すること—倫理的暴力の批判』, 佐藤嘉幸·清水知子 訳, 月曜社, 2008年, 32-33頁及び 236-237頁[Judith Butler, *Giving an Account of Oneself*, Fordham University Press, 2005; 주디스 버틀러, 『윤리적 폭력 비판: 자기 자신을 설명하기』, 양효실 옮김, 인간사랑, 2013].

이 "그 자체로는 좋은 것도 나쁜 것도 아니다"[2]라고 분명히 말한다. 다만 그것은 한편으로 사용 방식 나름에 따라 중대한 부정적인 귀결을 초래할 수 있는 '위험한 물질'이기도 하다. 권력에 관해 그는 말년의 어떤 인터뷰에서 다음과 같이 말한다.

> 다음 두 가지를 구별해야 한다고 생각합니다. 즉 우선 자유로운 개개인들 사이의 전략적 게임[줄다리기]으로서의 권력관계들이 있습니다. 전략적 게임이란 한쪽이 다른 쪽의 품행[conduite]을 결정하려 시도하고, 이것에 대해 다른 쪽은 자신의 품행을 결정당하지 않으려고 시도하거나 혹은 반대로 상대의 행동을 결정하려고 함으로써 응하고자 하는 그런 것입니다. 그리고 [그것과는 별개로] 다양한 지배의 상태들이 있습니다. 흔히 권력이라고 불리는 것은 이 지배의 상태들입니다. 그리고 둘 사이에는, 즉 권력의 게임들과 지배의 상태들 사이에는 매우 넓은 의미의 통치의 테크놀로지들이 있습니다. … 이런 기술들에 대한 분석이 필수적입니다. 왜냐하면 지배의 상태들이 확립되고 유지되는 것은 매우 종종 이런 장르의 기술들을 통해서이기 때문입니다. 저의 권력 분석에는 이런 세 가지 수준이 있습니다. 즉, 전략적 관계들, 통치의 기술들, 그리고 지배의 상태들입니다.[3]

2   《Interview de Michel Foucault》, n° 353(1984), p.1513.

3   《L'éthique du souci de soi comme pratique de la liberté》, n° 356(1984), p.154.

여기서 보듯이, 푸코는 '권력관계들'이라는 말에 의해, 단순한 지배 상태들과는 다른 것을 상정하고 있다. 그는 우선, 이것들의 기저에 '전략적 관계들'이라는 유동적인 장을 상정하고 있으며, 어떤 개인이나 사회집단이든 그런 권력관계들의 장을 가둬버리고 움직이지 못하도록 고정해버리고 운동의 가역성을 모두 정지시켜버리는 데 성공하면, 이른바 지배의 상태들이 전개된다고 한다. 이런 상태에서는 자유의 실천은 존재하지 않거나, 일방적으로만 존재하거나, 아주 한정된 것이게 된다. 그리고 위와 같은 모든 것을 좌우하는 열쇠가 '통치'이며 그 기술들이다.[4]

푸코가 여기서 특히 강조하는 것이 권력관계들의 가동성, 가역성, 그리고 불안정성 같은 것이다. 그것은 항상 변화할 수 있으며, 한꺼번에 결정적으로 주어질 수 있는 것이 아니다. 왜냐하면 권력관계들이 존재하는 것은 어디까지나 주체가 자유인 한에서 그렇기 때문이다. 그가 "사회적 영역 전체를 관통해 권력관계들이 있는 것은 도처에 자유가 있기 때문이다"[5]라고 말한 것은 이런 의미에서이다.

이 위에서 푸코는, "통치성은 자기에 대한 자기의 관계를 함의한다"고 말한다.[6] 즉, 통치성이라는 개념에 의해 그는 사람들이 전략을 구성하고 규정하고 조직하며 도구로 삼기 위한 실천의 총체를 명명하는 것이다. 이 전략은 자유로운 개인들 사이에서 상호작용할 수 있는

4   Ibid., pp.1529-1530.

5   Ibid., p.1539.

6   Ibid., p.1547.

것이다. 그리고 그런 자유로운 개인들이야말로 어떤 때는 타자의 자유를 통제하고 결정하고 한정도 하는 것이다. 이것들은 근본적인 부분에서 자기에 대한 자기의 관계나 그것을 통한 타자에의 관계에 근거하고 있으며, 푸코가 자유라고 하는 것은 이런 관계의 총체를 가리킨다.

이런 관점에서 보면, 푸코가 말년에 탐구하기에 이르렀던 "자기에의 배려"도 통치의 한 기술이라고 생각할 수 있을 것이다. 즉, 거기서 실천되는 '아스케시스askēsis', 즉 '자기에 대한 자기의 작동걸기[작업]'는 신체적 수준에서 권력관계에 가동성이나 가역성을 초래하는 것, 이른바 구체적인 수준에서 '대항인도'를 불러일으키는 것이라고 할 수 있다. 여기서는 앞 장에서 봤던 푸코의 권력 이해로부터 이끌어낸, 저항의 가능성이 제시된다고 말할 수 있다.

이 책에서는 마지막으로, 이런 가변적인 권력과의 관계에 있어서의 '자기의 포이에시스' 자체를, 푸코에게서의 미학적 이념의 하나로서 재파악하는 것을 목표로 한다. 그 중심이 되는 것은, 주로 다음 5장에서 검토하는 '실존의 미학'이라는 개념이다. '실존의 미학'은 푸코가 고대 그리스의 '자기에의 배려'의 문화에서 추출한 개념인데, 이번 4장에서는 이를 검토하기 전에 후기 푸코의 주체론에서 고대 그리스의 '자기의 실천'이 어떻게 자리매김되었는가, 혹은 '실존의 미학'으로 결실을 맺는 어떤 논점이 나타나고 있는가라는 점을 살펴보고 싶다. 여기서 우선 문제가 되는 것은 주체와 진리의 관계이며, 진리의 획득과 자기의 실천의 연관이다.[7]

1. '자기에의 배려'와 '자기 인식'

자기에의 배려

후기 푸코가 '자기의 포이에시스'의 모델을 찾아낸 것은 다름 아닌 고대 그리스였다. 왜 고대 그리스인가라는 점에 관해서는 몇 가지 요인이 서로 얽혀 있을 것이며, 또한 성마른 판단은 피해야 한다. 다만, 이유의 하나로 그것이 앞 장에서 봤던 유대·기독교적인 사목권력이 형태를 이루기 전의 사회라는 점은 거론될 수 있지 않을까? 이른바 푸코에게 "근대의 대안"을 찾아내려면 거기로까지 거슬러 올라갈 필요가 있었다는 것이다. 그렇다면 거기서 그는 어떤 대안을 찾아 냈을까? 이 절에서는 우선, 푸코가 고대 그리스 사유의 특색으로 첫째로 꼽고 있는 "주체와 진리의 관계"를 살펴보고 싶다.

푸코는 1982년의 콜레주드프랑스 강의(『주체의 해석학』)에서 주체와 진리의 관계를 연구하는 데 있어서 하나의 관념을 다루는 것에서 출발한다. 그것이 '자기에의 배려epimeleia heautou'[8]이다. 그는 이 '자기에의 배려'가 그리스, 헬레니즘, 로마 문화의 거의 전체를 통해, 철학적

7 　푸코는 말년의 인터뷰에서 그동안의 자신의 발걸음을 되돌아보고, 그것이 "주체는 어떻게 자기 자신에 대해 진리를 말할 수 있는가"라는 물음으로 관통된 것이었다고 말한다(《Structuralisme et poststructuralisme》, n° 330(1983), p.1262). 더욱이 그는 이 물음에 있어서 "권력관계들"이 결정적인 요소의 하나임을 인정한다. "제가, 현재 하고 있듯이, 자기 자신에 관해 진실을 말하는 것은, 부분적으로는 제가 제게 행사되고 제가 타자에게 행사하는 권력관계들의 몇 가지를 통해 스스로를 주체로서 구성하기 때문입니다"(Ibid., p.1270). 이로부터는 주체와 진리, 그리고 권력의 밀접한 연결이야말로 말년의 그의 주요한 관심사였음을 엿볼 수 있다.

8 　HS, p.4.

태도를 특징짓는 '근본적인 원리'이기를 계속했다고 말했다.[9]

'자기에의 배려'가 "주체와 진리의 관계"의 고찰에 있어서 중요하다는 것은 어떤 의미에서인가? 그것은 '자기에의 배려'가 자기의 진리에 이르기 위해 자기의 변형을 필요로 하는 실천, 이른바 '영성spiritualité'의 실천의 총체와 다름없다는 점에 관련된다. 이 실천을 통해 주체는 인식한 진리의 '반작용'에 의해 변형을 겪게 될 것이다. 달리 말하면, 고대에서 '진리'를 획득하려면 자기로 향하는, 자기를 배려할 필요가 있었다는 셈이다. 푸코는 이 '자기에의 배려'가 고대 철학부터 기독교의 시작까지 면면히 이어졌을 뿐 아니라, 그 후의 기독교적 금욕주의ascéisme로도 계승됐다고 지적한다.

서양에서는 주체와 진리의 관계에 관한 창설적인 정식으로서 "너 자신을 알라gnôthi seauton"라는 델포이 신탁이 잘 알려져 있으나, 그에 반해 여기서 푸코는 이 '자기 인식'에 무게를 두는 정식과는 다른 '자기에의 배려'라는 관념에서 출발해, 서양에서의 '자기의 진리'에의 관계의 역사를 재파악하고자 했다.

자기 인식

다른 한편, 푸코는 이 '자기에의 배려'의 관습·법도[掟]가 잊히고 고대 문화에서 천 년에 가까운 시간 동안 그것이 차지했던 지위가 말

9   Ibid., p.10.

소돼 버린 그 가장 중요한 경계선을 '데카르트적 계기moment cartésien'[10]
라 부른다. 푸코에 따르면, 고대 그리스 시대 내내 그 양태는 다양하
나 '철학적 문제'('어떻게 진리에 도달할 것인가')와 '영성의 실천'('진리에의
도달'을 가능케 하는, 주체의 존재 자체의 변형)이라는 두 개의 테마는 결코
분리될 수 없었다고 한다.[11] 그리고 그에 따르면, '자기에의 배려'란 이
'영성의 조건들의 총체, 진리에의 도달을 위해 필요한 조건인 자기의
변형의 총체'에 다름 아니었다. 반면, 그가 말하는 '데카르트적 계기'
를 경계로 진리에의 도달을 가능케 하는 것은 그저 '인식'만으로도
됐다고 한다.

> 진리의 역사의 근대 시대는 참[진실]에 접근할 수 있게 해주는 것
> 이 인식 자체이며 오로지 인식뿐이게 된 바로 그때부터 시작됐다
> 고 생각합니다. 즉, 철학자가 … 다른 그 무엇도 요구되지 않은 채,
> 주체로서의 그 존재가 수정되거나 변경될 필요가 없고, 자기 자신
> 에 있어서, 그리고 자신의 인식 행위에 의해서만 진리를 인식하고
> 진리에 접근할 수 있게 됐을 때부터 말입니다.[12]

푸코는 여기에서 주체와 진리의 관계가 결정적으로 변화한 지점
을 찾아낸다. 이후 진리는 주체를 변형시키는 것이 아니라 순수한 인

---

10   Ibid., p.15.

11   Ibid., p.18.

12   Ibid., p.19.

식의 대상이 되며, 진리에의 도달은 "인식의 자율적인 발전"[13]이 된다.

이처럼 주체와 진리의 관계는 근대에서 결정적 변질을 겪게 됐지만, 고대에서도 이 관계는 결코 일괴암적인 것이 아니라, 여러 가지 양태적인 변화('자기에의 배려'와 '자기 인식' 사이의 경합)를 반복하고 있었다고 한다.

이로부터 푸코는 『주체의 해석학』 강의에서, 고대의 '자기에의 배려'의 세 가지의 주요한 계기를 다루게 된다.[14] 그것은 우선 철학적 사색에 있어서 '자기에의 배려'의 등장으로서의 소크라테스-플라톤이라는 계기이다. 다음으로, 기원 후 처음 두 세기가 '자기에의 배려'의 '황금시대'로 간주된다. 마지막으로, 4세기부터 5세기 동안에 생겨난, 기독교적 금욕주의로의 이행이 있다. 앞서 봤듯이, 푸코는 근대 이후의 주체와 진리의 관계 속에서, '자기에의 배려'에 대해 '자기 인식'("너 자신을 알라")이 결정적으로 우세해지는 계기를 간파했는데, 이런 고대의 세 시기에 이미 양자는 "자기의 진리"에의 관계 속에서 서로 얽히며, 또한 각각의 배분을 변화시켜 왔다는 것이다.[15]

앞서 말한 세 시기 중에서, 푸코가 특히 주목하는 것은 '자기에의 배려'의 '황금시대'로 평가된 헬레니즘 및 로마 시대다. 거기에서 자기의 실천은, 플라톤에게 아직 그랬듯이, 교육의 보완물 ― 즉, "성년의 삶과 정치적 삶에 들어서려고 하는 순간에 젊은이들에게 부과된

13   Ibid., p.27.

14   Ibid., p.32.

15   Ibid., pp.67-68.

계율" — 이기를 그치며, "실존의 모든 전개에 적용되는 명령"[16]이 된다. 이를 푸코는 "자기의 실천이 삶의 기법tekhnê tou biou과 동일시된다"고 표현한다.

2. 자기로의 회귀

에토스를 제작하는 앎

앞 절에서 봤듯이, 고대에서 '자기에의 배려'는 우선 자기에 대한 작동을 통한 '진리에의 도달'을 목적으로 한 것이었다. 즉, 진리를 획득하기 위해서는 자기를 변형시킬 필요가 있으며, 이 자기의 변형을 실현하기 위해 자기로 향할 필요가 있었던 것이다. 푸코는 '자기에의 배려' 속에 반복적으로 나타난 하나의 이미지에 주의하라고 촉구한다. 그것은 "우리를 우리에게서 벗어나게 하는 모든 것으로부터 우리들을 벗어나게 하여 우리 자신으로 다시 향하게 하는 것"[17]의 이미지, 즉, "자기 자신으로의 선회[방향 전환]"의 이미지다. 푸코는 이런 이미지로부터 자기로의 '회귀conversion'라는 개념을 추출한다. 그에 따르면 "자기로의 회귀'se' convertere ad se"라는 주제가 특히 중요하고 지속적인 존재감을 보여주게 된 것은 기원후 1~2세기이다.

더구나 '회귀'라는 주제 자체는 플라톤에게서도 에피스트로페

---

16   Ibid., p.197.

17   Ibid., p.198.

epistrophé라는 개념으로서 이미 나타났으며, 나중의 기독교 문화에서도 메타노이아metanoia라는 개념으로 계승된다. 단, 헬레니즘 및 로마 시대에서의 '회귀'는 이 둘 다와 모두 다른 독자적인 것이라고 한다.

푸코가 피에르 아도의 연구[18]에 의거하면서 말하는 바에 따르면, 에피스트로페란 "혼이 존재의 완성으로 회귀하고, 존재의 영원한 운동 속에 다시 장소를 차지하게 되는"[19] 운동이다. 다른 한편, 메타노이아는 "그 중심에 자기 자신의 경험과 자기에 대한 자기의 포기의 경험으로서의 죽음과 부활이 있다"[20]는 주체의 재생이다. 반면, 헬레니즘 및 로마 시대의 '회귀'는 우선 에피스트로페처럼 지상의 세계와 천상의 세계 사이의 대립을 전제로 하는 것이 아니다. 반대로 그것은 "세계의 내재성 그 자체에 있어서 이루어질 회귀"[21]이다. 또 그것은 메타노이아처럼 자기가 자기와 파열을 일으키는 것도 아니다. 그것이 파열을 일으키는 것은 자기에 대해서가 아니라 자기 이외의 것, 즉 타자나 세계에 대해서이다. '회귀'에 있어서 인간은 자기를 둘러싼 것으로부터 자기로 시선을 바꿔 돌리게 하는 것이다.

다만, 시선을 자기로 다시 향하게 한다는 것은 훗날 기독교에서

---

18   Pierre Hadot, 《Epistrophe et metanoia》, in *Actes du XIe congrès international de Philosophie*, Bruxelles, 20-26 août 1953, Louvain-Amsterdam, Nauwelaerts, 1953, vol. XII. pp.31-36 (cf. reprise dans l'article 《Conversion》 rédigé pour l'*Encyclopaedia Universalis* et republié dans la première édition de *Exercices spirituels et Philosophie antique*(Nouvelle édition revue et augmentée), Paris, Albin Michel, 《L'Évolution de l'Humanité》, 2002. pp.223-235.)

19   HS, pp.207-208.

20   Ibid., p.208.

21   Ibid., p.201.

처럼 자기의 내면으로, 즉 양심의 비밀arcana conscientiae의 독해로 향한 다는 의미가 아니다. 알아야 할 사항은 언제나 세계이며, 타자들이며, 우리를 둘러싼 것이라는 점에는 변함이 없다. 그것이야말로 '자기에의 배려'에서 획득되어야 할 '지식'(='진리')이다. 다른 것은 그것을 '다르게' 안다는 점에 있다.[22]

　　푸코가 퀴니코스파의 철학자 데메트리오스를 참조하면서 말하는 바에 따르면, 유용한 지식과 무용한 지식을 나누는 것은 그 '내용' 이 아니라 '인식의 양태'이다. 즉, 어떤 지식이 무용하게 되는 인식의 양태는 "그 지식이 규정prescription으로 변형될 수 없는 인식"이며, 또한 "지식의 인식이 주체의 존재 양태에 효과를 미치지 않는 인식"이다. 그에 반해, 가치를 인정받는 것은 "지식을 명령prescription으로 옮겨 적을 수 있으며 그것이 우리의 존재를 수정할 수 있는 인식"이다. 유용한 지식이란 그것을 인식하는 주체의 상태를 변화시키는 지식인 것이다.[23]

　　푸코가 강조하는 것은 자기로의 '회귀'에서 문제가 되는 지식이 '세계의 사항'과 '인간의 본성에 관련된 사항'이라는 내용상의 구별과는 무관하다는 것이다. 그것은 내용상의 구별이 아니라 인식의 양태와 관련된 구별, 즉 인간이 신들과 인간, 세계에 관해 아는 것이 주체의 행동과 에토스에 어떻게 효과를 미치는가라는 점에서의 구별이

22　　Ibid., p.225.

23　　Ibid., p.227.

다. 따라서 중요한 것은 실존 양태를 변화시키는 성질을 지닌 인식, 이른바 "에토스 제작적인ètho-poétique" 성격을 지닌 인식이다. 다음의 말은 이것을 단적으로 언표하고 있다.

지식이나 인식이 어떤 형태를 취하고 있을 때, 에토스를 만들어낼 수 있는 방식으로서 기능하고 있을 때, 그것은 유용한 것입니다.[24]

푸코가 헬레니즘 및 로마 시대에서의 자기로의 '회귀'의 주제 속에서 인식하는 것은 이런 주체와 진리 사이의 존재론적 관계의 완전한 전개와 다름없다. 거기에서 요구되는 것은 "자기를 인식의 대상으로 하는 지식"이 아니다. 반대로 요구되는 것은 "다양한 사물이나 세계, 신들이나 인간과 관련된 지식"이며, 다만 주체의 존재를 변화시키는 기능을 가진 그것이다. 그것은 주체에 "영향을 미치는affecter" 진리이지 않으면 안 된다.[25]

아스케시스: 진리의 실천

『주체의 해석학』 강의에서 푸코는 이런 '자기로의 회귀'라는 주제, 혹은 '자기의 윤리와 자기의 미학의 재구성'의 중요성을, 권력과의 관계로부터 말한다. 그 요점은 "정치권력에 대한 첫째이자 궁극

24   Ibid., pp.227-228.
25   Ibid., p.233.

적인 저항의 지점은 자기에 대한 자기의 관계밖에 없다"[26]는 인식에 있다.

> 통치성을 권력관계들의 전략적 장으로 이해한다면, 즉 가동적이고 변형 가능하고 가역적인 것으로서의 권력이라고 이해한다면, 이 통치성 개념에 대한 성찰은 이론적으로도 실천적으로도 주체라는 요소를 거치지 않고서는 이뤄질 수 없다고 생각합니다. 이때의 주체는 자기에 대한 자기의 관계에 의해 정의될 것입니다. … 통치성에 대한 분석 — 즉, 가역적 관계들의 총체로서의 권력에 대한 분석 — 은 자기에 대한 자기의 관계에 의해 정의되는 주체의 윤리를 참조해야 합니다.[27]

푸코에 따르면 '권력', '통치성', '자기와 타자들의 통치', '자기에 대한 자기의 관계'라는 네 가지 개념은 연쇄적이고 그물망처럼 연결되어 있으며, 또한 이런 개념들을 중심으로 정치와 윤리의 문제가 연결된다고 한다. 푸코가 '자기로의 회귀'에서 인식("인식의 자율적인 발전")보다 실천("진리에의 도달"을 가능케 하는 주체의 변형)의 측면에 주목하는 것은 이 "권력과의 관계"를 내다봤던 것에 있음이 틀림없다.

그런데 '자기로의 회귀'의 실천은 '아스케시스askēsis'라고 불리는

26   Ibid., p.241.
27   Ibid., pp.241-242.

데, 그것은 도대체 어떤 것인가? 우선 거기에서도 강조되는 것은 '법' 적인 것과의 대비이다. 푸코에 따르면 아스케시스가 확립되고, 그 기술을 전개하는 것은 법이라는 심급에 의해서가 아니다. 아스케시스는 "진리의 실천"[28]이며, 그것은 주체를 법에 복종시키는 방법이 아니라 주체와 진리를 결부시키는 방법이다. 고대의 문화와 사고에서 근본적인 문제는 "법에 대한 종속"과 "주체의 자기 자신에 의한 인식"이 아니라 오히려 "지식의 영성靈性"이며 "진리의 실천과 행사"였다.[29] 그러므로 이 말이 의미하는 바도 또한, 나중의 기독교에서처럼 자기 포기를 최종 목표로 하는 이른바 '금욕'이 아니라, 반대로 진리와의 관계에서 자기를 구성하기 위한 실천이 된다. 아스케시스의 목표는 완전하고 적절한, 자기에 대한 자기의 관계를 구성하는 것에 다름없다.

아스케시스에 의해 인간은 파라스케우에paraskeuê를, 즉 "진정한 담론이, 이성적인 행동의 모체가 되기 위해 취할 형태"[30]를 구성하게 된다. 그것은 진리를 주체의 행동 원리로 변환하는 요소이다. 다시 말하면, 아스케시스란 이런 파라스케우에를 형성하고 정착시키고 재활성화하고 강화하기 위한 절차의 총체이다.[31] 이렇게 아스케시스는 "인간이 진리를 획득하고 흡수하며, 이를 영속적인 행동 원리에 변형할

28   Ibid., p.303.
29   Ibid., p.305.
30   Ibid., p.312.
31   Ibid.

때의 수단으로서의 일련의 실천"[32]으로 정의할 수 있다. 거기에서는 이른바 "알레테이아가 에토스가 되는" 것이며, 또한 푸코에 따르면 이 것이야말로 '주체화'의 과정이다.

푸코는 이런 아스케시스의 총체를 가리켜 "실존의 기예art de l'existence"라고 부른다. '실존의 기법'의 구체적인 전개는 다양한 일상적 인 실천으로 나타나며 다양하게 분기되지만, 그 근저에는 항상 이번 절節에서 본 진리에 대한 관계가 가로놓여 있다. 이를 감안해 다음 절 에서는, '실존의 기예'의 요점을 『성의 역사』의 2·3권(『쾌락의 활용』, 『자기 에의 배려』)을 중심으로 살펴보고 싶다.

3. 실존의 기법

양생(養生)의 실천

'자기에의 배려'에서는 '진리에의 도달'을 목적으로 각각의 '진리 의 실천'(아스케시스)이 행해진다. 그리고 그것은 구체적으로는 일상생 활에서의 여러 가지 행동의 하나하나로서 실현되며, 이런 행동들의 총체가 '실존의 기법'으로 불린다. 반대로 말하면, 고대인들에게 일상 생활은 얼핏 대수롭지 않다고 생각되는 사소한 거동에 이르기까지 늘 이런 '진리와의 거리'를 측정하면서 전개되는 것이었다. 그렇다면 거기서 실현되는 '실존의 기법'이란 어떤 것인가?

---

32   TS, p.35.

고대 그리스의 '실존의 기법'의 체계 중에서 푸코가 『성의 역사』의 3부작에서 주로 관심을 기울인 것은 성적인 관계와 얽혀 있다. 다만 '실존의 기법' 자체의 사정거리가 반드시 성적인 것에 국한된 것은 아니다. 가령 『쾌락의 활용』의 2장은 '실존의 기법'에서의 다양한 일상적 행위에 대한 배려의 중요성에 대해 말하는 것에서부터 시작된다.

거기서 푸코는 고대 그리스에서의 '삶의 기예art de vivre'의 근본적인 범주로서 '양생/제도régime'라는 개념을 꼽았다.

> 양생régime이란 그것을 통해 우리가 인간의 품행을 생각할 수 있는 근본적인 범주이다. 양생diète은 우리가 자신의 실존을 영위하는 방식을 성격짓고, 품행에 규칙들의 전체를 고정할 수 있게 해준다. 그것은 행태의 문제화 양식으로, 이 양식은 지켜야 하며 순응해야 하는 자연에 따라서 만들어진다. 양생régime은 바로 삶의 기예이다.[33]

여기서 푸코가 참조하고 있는 히포크라테스의 『악역론惡疫論』 6권에 따르면, 양생의 영역에는 "운동ponoi, 음식sitia, 음료pota, 수면hupnoi, 성적 관계aphrodisia" 등이 포함된다. 즉, 양생이란 인간의 신체적인 삶을 구성하는 수많은 요소를 기상에서 취침까지 하루를 구성하는 모든 요소를 포함한 실천의 총체이며, 성적 관계는 어디까지나 그 일부

---

33   UP, p.133.

에 불과한 것이다.[34] 실제로 푸코가 들고 있는 양생의 구체적인 예는 다방면에 걸쳐 있다. 예를 들어 "[기상한 후의] 최초의 운동, 목욕, 몸과 머리의 마사지, 산책, 사적인 활동과 체육 활동, 점심 식사, 낮잠, 그런 후에 또다시 산책과 체육 활동, 기름 마찰과 마사지, 저녁 식사"[35] 등 이 여기에 속한다. 시간의 흐름에 걸맞게, 그리고 인간의 활동의 각각 에 관해, 양생은 "신체와의 관계를 문제화하고, 살아가기의 방식 ― 그 형식, 선택, 변수가 신체의[에 대한] 배려에 의해 규정되는 바 ― 을 전 개하게" 되는 것이다.[36]

푸코에 따르면, 양생은 신체와 그 활동에 대한 주목으로서, 두 가 지 형식을 가진다. 우선 그것은 "'계열[연속]에 대한' 주목, 연속체에 대 한 주목"[37]이다. 즉, (식사, 운동, 목욕과 같은) 다양한 활동은 그 자체로 서는 좋은 것도 나쁜 것도 아니며, 그것들의 가치는 선행하는 활동과 후속하는 활동 사이의 관계에 의해서 결정된다는 것이다. 다른 한편, 양생의 실천은 '상황에 대한' 배려를, 즉 바깥의 세계에 대한, 그 구성 요소(기후, 계절, 하루의 시간대, 습도, 온도, 바람, 지역의 특성, 도시의 성립과 같 은 것)나 그것이 미치는 감각에 대한 배려를 포함한다. 그것은 이런 모

---

34   Ibid., p.134.

35   Ibid., p.135.

36   Ibid. 또한 들뢰즈는 고대 그리스에서 양생 모델을 강조하는 자기 관계와 성적 관계 사이 에 필연적인 연결은 존재하지 않는다고도 말한다. 그것에 따르면, 양자의 연결이 필연적이게 되는 것은 나중의 기독교에서이다. 다음을 참조. Gilles Deleuze, 《Sur les principaux concepts de Michel Foucault》, in *Deux régimes des fous. Textes et entretiens 1975-1995*, Paris, Éditions de Minuit, 《Paradoxe》, 2003, p.241.

37   UP, p.140.

든 변수에 따라 삶의 영위하는 방식을 조정하는 것이다. 이런 의미에
서 양생은 보편적·획일적인 규칙의 집성이 아니라, 오히려 우리가 놓
일 수 있는 다양한 상황에 반응하기 위한 '안내' 같은 것이며, 상황에
맞게 행동을 조정하기 위한 '조약'이라고 할 수 있다.[38]

푸코는 '삶의 기법'로서의 양생의 실천에 대해 다음과 같이 정리
한다.

> 살아가기의 기예로서의 양생의 실천은 … 자신의 신체에 올바르고
> 또한 필요 충분한 배려를 가진 주체로서 자기를 구성하는 방식이
> 다. 그것은 일상생활을 관통하는 배려이며, 실존의 주요한 혹은 일
> 상적인 활동을 건강과 도덕의 관건으로 삼는 배려이며, 신체와 이
> 를 에워싼 요소들과의 사이에서 상황적 전략을 정의하는 배려이

---

38   이런 신체와 환경 사이의 상호관계에 대해서는 『자기에의 배려』에서도 마찬가지의 서술을
찾아낼 수 있다. "주위 환경의 다양한 요소는 건강에 있어서 긍정적인 혹은 부정적인 효과를 가진
것으로 지각된다. 개인과 이를 둘러싸고 있는 것 사이에, 그물망 모양의 간섭 관계가 또렷하게 예
상되는 것이다. … 여기서는 주위의 것이 항상적으로, 또 세부에 이르기까지 문제가 된다. 즉, 그것
은 신체에 관해, 이 주위의 것에 미세한 가치가 주어지는 것과 동시에, 신체 또한 주위의 것에서 영
향을 받기 쉬운 것으로 간주되게 된다는 것이다"(SS, p.138). "주위의 환경, 장소, 때와 같은 것에 대
한 배려에는 자기에 대한, 즉 자기의 상태나 행동거지에 대한 영속적인 주의를 필요로 한다"(Ibid.,
p.140). 또한 여기에는 세네카가 "자기 감지"(συναισθησις)라는 이름으로 부른 작용과 통하는 것이
있을 것이다. 스토아학파에는, 주위의 사물의 파악에는 늘 자기에 대한 감지, 특히 그 신체적인 측
면에 대한 감지가 수반된다는 사고방식이 있다. 이런 수반 작용은 '관계적 양태'(πρός τι πωςέχον)라
고 불린다. '자기 감지'는 당연한, 자기 보존을 목적으로 하는 "신체에 대한 관계적 양태"이지만, 이
것은 이윽고 '이성'으로 진전함으로써 그 관계항을 좁은 의미의 '자기'를 넘어선 세계로까지 확대하
게 되는 것이다. 스토아학파의 '자기 감지'의 이해에 대해서는 다음을 참조. 神崎繁, 「生存の技法とし
ての「自己感知」(上·下)」, 『思想』九七一, 九七二, 岩波書店, 2005年.

며, 마지막으로 개인 자신에게 합리적인 품행을 익히게 하는 것을 목표로 하는 배려이다.[39]

'자기에의 전심(專心)'의 방법

이상 살펴본 것처럼, 양생이란 일상생활 속에서 자기와의 관계를 문제화하기 위한 실천들이었다. 그것은 자기에게 '전심'함으로써, 즉 자기로 향하며 자기와의 관계를 물음으로써 '자신의 진리'를 획득하는 것을 목표로 한다. 그러면 이 '자기에의 전심'은 어떤 방식으로 행해질 수 있을까?

이미 말했듯이 양생에는 식사, 운동, 바디케어, 욕구의 충족, 명상, 독서, 노트 작성 등 광범위한 일상적 행위가 포함된다.[40] 마르쿠스 아우렐리우스는 이런 일상적 행위 안에서 자기에의 '아나코레시스anakhôrêsis', 즉 자기 자신의 내부로의 정신적인 퇴각을 찾아냈다. 그것은 이른바 자기 내부로의 '은둔'인데, 그러나 그런 은둔은 나중의 기독교에서처럼 자신 속에서 죄 같은 것을 찾아내기 위한 것은 아니다. 그와 반대로 이것은 오로지 '행동 규범'을 떠올리기 위해서만 행해진다. 즉, 그것은 단죄하거나 고발하는 행위로 구성된 '재판'이 아니라 수행·성취된 활동을 평가하고 그것에 얽힌 원리를 재활성화하고 그 장래적인 적용을 조정한다는 행위로 구성된 '행정 관리contrôle

---

39   UP, p.143.

40   SS, pp.71-72.

administratif'에 더 가까운 것이다. 거기서 행해지는 것은 "재판관juge"의 작업이라기보다는 오히려 "검사관inspecteur"의 작업이다.

이 검사에서 주체가 자기와 맺는 관계는 판사 앞에서 하는 고발 같은 재판 모델이 아니라 "관리자가 어떤 작업이나 수행된 사명을 평가하는 검사 행위"의 양상을 띤다.[41] 즉, 검사에서 관건은 자신의 유죄성을 찾아내는 것이 아니라 현명한 행동을 보증하는 분별 있는 마음가짐을 강화하는 것이다. 거기에서는 잘못은 어디까지나 전략상의 것이지 도덕적인 성격을 부여받지 않으며, 거기서 행해지는 것도 자신의 죄과罪過의 폭로가 아니라 규칙의 재활성화에 다름없다.

여기에서 법에 의한 '심판[판결]'에 따르는 것이 아니라, 자기가 자기의 행동을 평가하고 행동 원리를 재활성화하고 그것을 장래의 행동을 위해 조정한다는 '아나코레시스'는 자기에 의한 자기의 인도, 혹은 '자기의 진리'에 의한 인도로 이어지게 될 것이다.

더구나 이 '자기에의 전심'은 개인적으로 행하는 사항에 한정된 것이 아니라, 친구나 스승과의 대화에 의해서도 수행될 수 있다. 왜냐하면 거기에서 사람들은 자신의 혼의 상태를 서로 얘기하고 조언을 주고받기 때문이다.

자기에의 배려의 주위에서 파롤 및 에크리튀르에 속하는 모든 활동이 전개되며, 거기서는 자기에 대한 자기의 작업travail과 타자와

---

41   Ibid., p.86.

의 커뮤니케이션이 연결됐다.[42]

푸코는 자기에 대한 자기의 작업과 타자와의 커뮤니케이션이라는 이 두 가지가 서로 통하는 지점을 가리켜, "자기 자신에게 바쳐진 이 활동의 가장 중요한 점 중 하나"라고 말한다. 왜냐하면 이 활동은 단순히 고독한 단련 같은 것이 아니라 "참된 사회적 실천"이기 때문이다. "자기에의 전심" 속에서 인간은 타자에 의해 인도되고 조언을 들을 뿐 아니라 반대로 타자를 인도하고 조언을 해주는 쪽이 되기도 한다. 즉, 자기에의 배려는 "타자가 자기 자신에 대해 가져야 할 배려에 대한 배려"와 표리일체이다. 친구나 스승과의 대화는 그들과의 관계를 돈독히 하고 거기서 행해지는 '정신의 인도'를 각자가 자신을 위해 활용할 수 있는 '공동의 경험'으로 바꾸게 된다. 자기에의 배려는 타자와의 교류나 호혜적인 관계를 초래하는 '혼에 대한 봉사'와 내재적으로 연결된 것이다.[43]

이렇게 '자기에의 전심'은 자기에 의한 자기의 인도와 동시에, 타자와의 쌍방향적 관계도 초래하게 된다. 거기에서는 자기의 안쪽으로 향하면서, 동시에 자기의 바깥으로도 연결되는 운동을 발견할 수 있을 것이다. 고대에서 '진리'의 탐구는 이런 외부에 열려 있는 '자기에의 전심'을 통해 행해지는 것이었다.

42   Ibid., p.72.

43   Ibid., p.75.

'자기에 의한 자기의 통치'의 테크네

이제 이번 4장의 서두에서 말했듯이, 후기의 주체론에서 푸코가 탐구한 것은 타자로부터의 통치를 피하고 자기 자신을 통치하는 것 — 혹은 타자로부터의 전제專制적인 인도에 의하지 않고 자기를 인도하는 것 — 이며, 이를 위한 방법이었다. 거기서 저항은 단순한 반발 운동으로서보다는 오히려 '자기로의 회귀'로서, 그리고 어떤 테크네에 의한 주체의 형성이라는 긍정적인 운동으로 나타나게 된다.

이런 의미에서 지금까지 봤던, '자기에의 배려'를 기본 원리로 하는 '실존의 기법'은 '대항-인도'로서의 '자기에 의한 자기의 통치'를 달성하기 위한 테크네라고 생각할 수 있을 것이다. 그 대부분이 일상의 구체적이고 사소한 행동에 대한 배려로 이루어진 '실존의 기법', 이 테크네에 의해 우리는 자기 자신과 새로운, 그리고 특이한 관계를 끊임없이 다시 맺게 되는 것이다. 그리고 그것은 이런 실천들을 통해, 각각의 '자기의 진리'를 획득한다는 형태로 실현될 것이다. 진리에 대한 관계가 '실존의 기법'의 기층을 이룬다는 것은 이런 뜻이다.

그런데 『쾌락의 활용』의 서문에서 푸코는 "행동의 규약code과 그 체계성을 중시하는 도덕"과 "주체화의 형식과 자기 실천을 중시하는 도덕"을 구별하고 있다.

> 넓은 의미의 모든 '도덕'에는 … 행동의 규약이라는 측면과 주체화의 형식이라는 측면, 이 두 가지가 포함되며, 또한 이 둘을 결코 완전히 분리할 수 없다는 것도 확실하지만, 이것들이 상대적인 자율

성 속에서 전개되는 경우가 있다.[44]

　여기서 푸코가 말하는 "규범 지향적인" 도덕과 "윤리 지향적인" 도덕 사이의 구별은 결국 '도덕'과 '윤리' 사이의 구별이라고 바꿔 말할 수 있을 것이다. 그리고『주체의 해석학』의 '강의 정황'에서, 이 강의록의 교정자인 프레데릭 그로가 말하듯이, 윤리는 일반화되는 것에 의해서, 점차 '보편적인 규범norme'으로 간주되게 된다. 그것은 "보편화하는 적용에 의해 모두에게 의무를 부과하는 도덕으로 번역된다"는 것이다.[45]

　이상의 구별을 감안한다면, 지금까지 봤던 고대 그리스의 '자기에의 배려'를 푸코는 '도덕'으로서의 측면을 강화하기 이전의 '윤리' 차원에 속하는 것으로 간주하고 있다고 말할 수 있을 것이다. 이것은 또한 '자기에의 배려'에 있어서의 주체화가 법이 아니라 진리와의 직접적인 관계에 있다는 푸코의 테제에서도 나타나고 있다. 거기에서 문제가 되는 것은 법이라는 "보편적인 규범" 혹은 다른 것으로부터 일방적으로 주어지고 자신과 본질적으로 무관한 진리가 아니라, 자기에의 작동에 의한 자기의 변형을 통해 획득되는 진리, 즉 '자기의

44　UP, p.41. 마찬가지로 말년의 어떤 인터뷰에서는 "우리가 어떤 방식으로 행동해야 하는가, 우리에게 알리는 규범(code)"으로서의 '윤리'와, "개인이 행동할 때, 자기 자신에 대해 지니는 관계"로서의 '윤리'가 구별된다(《Une interview de Michel Foucault par Stephen Riggins》, n° 336(1983), p.1355.

45　HS, p.513.

진리'이다.

그렇다면 이 '윤리'의 차원에서 행해지는 '자기의 포이에시스'야 말로 푸코가 '실존의 미학'이라고 부르는 것이나 다름없다. '실존의 미학'에 대해서는 다음 장에서 자세히 논하는데, 아래에서는 거기서도 중요한 역할을 하는 '파르레시아parrêsia' 개념에 관해 선제적으로 살펴보고 싶다. 이 개념은 지금까지 봤던 '실존의 기법' 안에서도 진리와의 관계를 정면에서 문제 삼고 있다는 점에서 가장 중요한 것 중 하나이다.

4. 파르레시아

진리를 말하기

'파르레시아'란 보통 "진리를 말하기, 진리진술véridiction"로서 정의되는 개념이지만 지금까지의 논의를 감안한다면, 이 개념도 어떤 형태로든 '실존의 기법'에 속한다고 예상될 것이다. 즉, 그것은 이런 실천들의 한 형식으로 파악할 수 있으며, 따라서 주체의 형성(포이에시스)과 관련된 것으로 생각된다는 것이다.

푸코에 따르면, 데카르트 이후의 근대 철학에 있어서는 어떤 사고가 진리라고 간주되는 것은 사고하는 주체의 정신 속에서, 명증성이라는 경험이 생길 경우이다. 반면 그리스에서는 사고가 진리가 되는 것은 마음 안쪽의 경험에 의해서가 아니라 파르레시아라는 행동 자체에 의해서라고 한다.[46] 거기에서는 이런 방식으로 "진리를 말하기

le dire vrai"와 "주체화"가 연결된 것이다.

가령 푸코는 1983년의 강의(『자기와 타자의 통치』)에서 『파이드로스』를 주해註解하는 형태로 "로고스의 진정한 테크네"에 관해 논한다. 거기서 다뤄지는 것은 소크라테스와 파이드로스의 대화에서 "좋은 로고스의 조건"을 화제로 삼는 대목이다. 여기서 "좋은 로고스의 조건이란 말하는 자가 자신이 말하는 것에 관한 진리(아레테)를 미리 인식하고 있다"고 대답하는 파이드로스에 대해 소크라테스는 "진리의 인식이란 담론의 좋은 실천에 선행하는 것이 아니다"라고 반론한다.[47]

'인식'이 '실천'에 선행한다고 주창하는 파이드로스에 대해 이를 부정하고 역전시키는 소크라테스. 푸코는 두 사람의 대화를 다음과 같이 해석한다. 즉, 여기서 소크라테스가 말하고 있는 것은 "어떤 담론이 참된 담론이기 위해서는 진리의 인식이 어떤 사람이 말하기 전에 주어져 있는 게 아니라, 진리가 그 담론의 지속적이고 영속적인 하나의 기능이어야 한다"는 것이다.[48] 또 푸코에 따르면, 이런 의미에서의 '진정한 담론'을 실현하는 것이야말로 담론의 '진정한 기술etumos teknē'에 다름 아니다.[49]

그렇다면 여기서 말해지는 "진리가 담론의 영속적인 기능이 된

---

46   FS를 참조.

47   플라톤, 『파이드로스』, 259E-260E.

48   GSA, p.303.

49   Ibid., p.304.

다"는 것은 도대체 어떤 사태를 가리키는 것일까? 그것은 앞서 본 주체와 진리 사이의 관계로부터 이해할 수 있을 것이다. 거기에서는 파라스케우에를 구성함으로써 진리를 주체의 행동 원리로 변환하는 것이, 이른바 알레테이아를 에토스로 변환하는 것이 '주체화'라고 불렸다. 이 경우 파르레시아를 통해 진리의 이야기가 주체의 존재 양태로 구성되는 것이 이에 해당한다. 주체는 이 테크네에 의해서, '소재로서의 자기'에 진리를 받아들임으로써 이를 재편하고, 자기와의 새로운 관계를 맺는다. 그리고 그때, 이런 자신의 변용을 일으키는 테크네야말로 "로고스의 진정한 테크네"라고 간주되는 것이다.

진리인식의 방법

그런데 『파이드로스』에서 소크라테스-플라톤은 진리의 인식에는 '종합과 분할'로 이루어진 '디알렉티케dialektikē'라 불리는 방법이 필요하다고 말했다. 여기서 '종합'이란 자연을 연접시키는 것을, '분할'이란 자연을 적절하게 세분화하는 것을 각각 가리킨다.[50]

이 디알렉티케에 의해 혼은 진리를 인식할 수 있게 되지만, 푸코에 따르면 그것은 단순한 객관적 인식에 머무는 것이 아니라, 어떤 실천이라고도 말해야 할 것이다. 디알렉티케에 있어서 혼은 진리의 획득을 통해 그것을 혼으로 새기게 되며,[51] 그 결과 인식의 전과 후에

---

50   Ibid., p.305. 플라톤, 앞의 책, 265D-265E.
51   같은 책, 276A, 278A.

동일한 상태를 유지하는 것이 아니다. 그것은 혼이 스스로를 불가피하게 변형시키는 하나의 '경험'이다. 그리고 진리의 인식이 그런 '경험'을 통해 이루어짐으로써 "진리가 담론의 영속적인 기능이다"라는 것이, 즉 어떤 담론이 파르레시아라는 것이 가능해진다.

이렇게 푸코는 "혼이 〈존재〉의 인식에 이를 수 있다"는 것은, '혼의 운동'[52]에 의해서라고 말하며, 이런 "진리에의 접근과 혼의 자기 자신과의 관계 사이에 존재하는 유대"를 다음과 같이 정식화한다.

> 〈존재〉 그 자체와 관계하게 되는 대화술[디알렉티케]의 길을 따라가고 싶어 하는 자, 이 자는 자신의 고유한 혼과, 혹은 사랑에 의해 타자의 혼과 어떤 관계를 갖는 것을 피할 수 없습니다. 이 관계란 그의 혼이 그것에 의해 수정을 겪고 그리하여 진리에 접근할 수 있게 되는 관계입니다.[53]

앞서 본 대로, 푸코는 후기의 주체론에서 주체를 부정적으로도 긍정적으로도 변환할 수 있는 힘들의 복합체로 파악했다. 더 나아가 푸코의 '저항'은 이런 힘의 흐름의 방향 바꿈에 다름 아니었다. 이런 의미에서 그의 권력론에서 주축이 되는 것은 이런 힘들의 흐름을 인도하는 테크네일 것이다. 이로부터 진리 인식의 방법으로서의 디알렉

---

52   GSA, p.307.

53   Ibid., p.307.

티케, 나아가 그것에 기초한 파르레시아라는 테크네는, 이런 주체의 영역 확정이라는 실천이자 경험이라고 생각할 수 있지 않을까?

한편, 거기서 진리는 파르레시아에 의해 도입되고, 주체를 구성하기 위한 요소로 파악되고 있다. 앞 장의 끝부분에서 언급했듯이, 여기서 '진리'는 더 이상 주체에 강제되는 부정적인 힘이라기보다는 주체의 형성과 관련된 긍정적인 힘으로서 작용한다고 말할 수 있을 것이다. 여기에는 1970년대에 형성된 권력론에 수반된 푸코의 진리관이 나타난다고 생각된다. 다음 절에서는 이 점을 역시 1970년대의 푸코 속에서 그 지위를 변화시킨 '광기'와의 연결 속에서 확인하고 싶다.

5. 진리와 광기

진리의 체제

푸코는 1977년의 인터뷰에서 진리에 대해, 그것은 "권력의 바깥에도, 권력 없이도 존재하지 않는 것"이라고 말했다.[54] 이 말은 진리가 권력 시스템 및 권력 효과와의 순환적 연결 위에 성립된다는 것을 의미한다.

푸코에 따르면, 모든 사회의 각각에 진리의 체제, 진리를 둘러싼 정치가 존재한다. 즉, 모든 사회에는 그 사회가 받아들이고 진리로서 기능시키는 담론이 있으며, 참된 언표와 거짓된 언표를 나누는 메커

---

54   《Entretiens avec Michel Foucault》, n° 192(1977), p.158.

니즘이나 심급, 그리고 수법이 있으며, 진리의 획득과 얽혀 있는 기술이나 절차가 있으며, 진리를 말하는 데 걸맞은 지위의 사람들이 있다는 것이다. 이리하여 진리는 다양한 과학적 담론에 기초하여, 정치적·경제적 요청을 따라 유통과 소비의 대상이 된다.

이런 "진리의 체제régime de vérité"에 관해서는 동시기의 강의에서도 언급됐다. 예를 들어 『생명정치의 탄생』에서 그것은 일련의 실천과 연결됨으로써, 현실에는 존재하지 않는 것(광기, 병, 비행성, 섹슈얼리티)을 현실 속에 표시하고 그것을 참과 거짓의 분할에 복종시키는 것으로서 설명됐다.[55] 그것은 현실의 다양한 실천과 연결됨으로써 이런 지식-권력의 장치를 형성하는 것이다.[56]

그렇다면 진리의 체제를 받아들이지 않는 자는 어떻게 되는 것일까? 푸코에 따르면, 그들에게는 '광인'의 낙인이 찍히고 이 체제에서 배제된다. 진리의 체제는 어디까지나 그것을 받아들이는 주체를, 즉 "광기에 빠져 있지 않은 주체"를 전제로 하는 것이며, 그래서 광기의 배제는 진리의 체제의 "근본적 행위"인 것이다.[57] 이리하여 진리의 체제에 있어서, 그것을 받아들이지 않겠다는 선택은 원리상 있을 수 없

---

55   NB, p.22.

56   다른 한편, 1980년의 『생명체들의 통치에 관해』 강의에서는 "논리(logique)"를 예로 들어, "진리의 체제"를 논한다. 푸코에 따르면, 아무리 엄밀하게 짜여진 논리라고 해도, 그 아래에서 인식되는 것은 논리적 질서와는 분명히 다른 무엇이라고 한다. 그는 이렇게 말한다. "논리란 어떤 게임입니다. 거기서는 참인 것의 모든 효과가 그 게임을 행하고 규칙에 맞는 절차를 따르는 모든 자에게, 이 논리를 참이라고 인정하도록 강요하게 됩니다. 논리와 함께 있는 것은 어떤 진리의 체제이며 거기서는 그것이 체제라는 사실이 사라지고, 혹은 아무튼 보이지 않게 된다고 말할 수 있습니다"(CV, p.96).

57   CV, p.96.

게 된다.

푸코는 또한 과학의 신분에 관해, 이것 자체가 이 진리의 체제에 속하는 것임을 지적한다. 거기에서는 "진리의 권력이, 그 강제가 참 자체에 의해 보증되는 형태로 조직되는" 것이며, 또한 진리란 "그것이 참이기 때문에, 그런 한에서 강제하고 구속하는" 것이라고 간주된다.[58] 이로부터 푸코는 과학이란 "진리의 가능한 체제들 중 하나"에 다름 아니라고 한 다음, 거기에는 과학 외에도 다수의 체제가 있다고 말한다.[59]

이런 진리의 체제, 진리를 둘러싼 정치의 존재는 동시에 또한 "진리를 위한 투쟁", "진리를 둘러싼 투쟁"을 이끌게 될 것이다. 말하자면 여기서 푸코는 진리라는 말로 "언표들의 생산, 법칙, 분배, 유통, 기능을 위해 규칙화된 절차들의 총체"[60]를 의미한다. 그것은 "참과 거짓을 분별하고, 참[진실]에 특정한 정치적 효과를 부여하는" 것이며, 그에 반해 "진리를 위한 투쟁"이란 "진리의 지위와 그것이 맡는 정치적·경제적 역할을 둘러싼 투쟁"을 의미한다.[61]

진리는 그것을 산출하고 떠받치는 권력 시스템에, 또 진리가 산

---

58   Ibid., p.97.

59   실제로 『생명체들의 통치에 관해』 강의에서 중심적으로 논의되는 것이야말로 바로 이 과학 이외의 진리의 체제, 특히 '고백'이라는 형태에서의 진리의 표명이었다. '고백'이라는 진리의 체제는 "몇 가지 절차를 따른 진리의 표명과, 그 조작자, 증인, 경우에 따라서는 대상이 되기도 하는 주체를 연결시키는 다양한 관계의 유형"이다(Ibid., p.98). 그것은 또한 많든 적든 강제적 방식으로, 진리의 표명과 그것을 실행하는 주체를 연결시키게 될 것이다.

60   《Entretien avec Michel Foucault》, n° 192(1977), p.160.

61   Ibid., p.159.

출하고 진리를 떠받치는 권력 효과에 순환적으로 연결되어 있다. 이것이 "진리의 체제"이다. 따라서 문제는 진리의 생산에 관여하는 이런 정치적·경제적·제도적 체제를 바꾸는 것이다. 그것은 진리를 모든 권력 시스템으로부터 해방한다는 것이 아니다. 진리는 그 자체가 권력이기도 하기 때문이다. 오히려 그것은 눈앞의 그 내부에서 진리가 기능하는 (정치적·경제적·문화적으로) 지배적인 형태로부터 진리의 권력을 갈라놓는다는 것을 의미한다.[62]

앞 절의 논의를 받아들인다면, '파르레시아'에서의 진리의 획득이 목표로 하는 것은 바로 이 '진리의 체제'의 변화라고 말할 수 있을 것이다. 왜냐하면 앞 장에서 봤듯이, 권력의 관계들이 가동적, 가역적인 것이라면, 그것을 지지하고 있는 진리의 체제도 또한 주체의 구체적 행동conduite에 의해 변화시킬 수 있기 때문이다. 푸코가 말년의 주체론에서, 특히 '진리에의 관계'를 계속 물었던 것은, 이 진리와 권력의 연결에서 유래한다. 거기서는 '파르레시아'라는 '대항-품행'에 의해 주체와 진리의 관계를 바꿈으로써, '진리의 체제' 자체를 변화시키는 것이 목표가 됐던 것이다.[63]

62   Ibid., p.160. 푸코는 지식과 권력, 즉 진리와 권력의 경첩[경계면]을 분명히 하는 것이야말로 자신의 문제라고 명시적으로 밝히고 있다(《Pouvoir et savoirs》, n° 216(1977), p.404.

63   이 점에 관해서는 다음을 참조. Fulvia Carnevale, 《La Parrhêsia: le courage de la révolte et de la vérité》, in *Foucault dans tous ses éclats*, Paris, 《Esthéques》, L'Harmattan, 2005, pp.141-210.

한계 경험으로서의 광기의 진리

다른 한편, 1960년대의 푸코에 의해 진리와의 상호귀속성을 지적받은 광기였지만, 1976년의 인터뷰에서 그는 광기에 관해 이것이 '절대적인 외부'에 위치하는 것이 아니라고 발언한다. 그것은 '바깥의 파롤' 따위가 아니라, 어디까지나 우리 사회의 내부에, 그 권력의 효과들의 내부에 있다는 것이다. 푸코는 이렇게 말한다.

> 광인은 권력의 그물망에 사로잡혀 있으며, 권력의 장치들 속에서 형성되고 기능하는 것입니다.[64]

피에르 마슈레는 1960년대까지의 푸코에게 '광기'가 절대적인 외부로 자리매김되었다고 지적하면서 그 광기의 '신화화'를 비판했지만,[65] 1970년대의 어떤 시기 이후의 푸코는 그런 광기 해석과 거리를 두고 방향 전환을 꾀하는 것처럼 보인다. 그러면 광기가 '절대적인 외부'가 아니라면, 그것은 어떤 것으로 간주될 수 있는 것인가? 실마리가 되는 것은 역시 '권력'에 대한 동시기의 푸코의 이해일 것이다. 앞의 인터뷰에서 푸코는 광기가 권력의 외부가 아니라 내부에서 형성되고 기능

64　《L'extension sociale de la norme》, n° 173(1976), p.77.

65　Pierre Macherey, 《Aux sources de 《l'Histoire de la folie》: Une rectification et ses limites》, *Critique*, n° 471-472, aôut/septembre 1986, 《Michel Foucault du monde entier》, p.769. 마슈레에 따르면, 푸코의 광기 재현에 있어서 1950년대(『정신질환과 인격성personalité』)에는 마르크스("비소외화된 사회")가, 1960년대(『정신질환과 심리학』, 『광기의 역사』)에는 하이데거("감춰진 진리")가 각각 결정적인 참조항이 된다고 말한다.

하는 것이라고 지적했다.

앞서 봤듯이, 이 시기의 푸코는 권력이 여태껏 생각됐듯이, 억압이나 금지의 작용을 하는 것이 아니라, 오히려 어떤 생산력을 갖고 있다고 거듭 지적했다. 예를 들어 성은 권력에 의해 금지되는 것이 아니라, 오히려 권력이 성을 산출한다는 식이다.

이런 권력 이해의 전환을 염두에 둔다면, 권력의 내부에서 형성되고 기능하는 광기도 권력과의 관계 속에서 산출되는 것이리라. 다시 말하면 권력은 광기의 배제가 아니라 그 형성에, 기능에 관련된 것이다. 그리고 이런 의미에서 광기란 어떤 본성으로서 존재하는 것이 아니라(바로 '절대적인 외부'로서), 어디까지나 권력이 비추는 그림으로서, 그것과의 내재적인 연관 속에서 존재하는 것이라고 할 수 있을 것이다. 실제로 이 시기의 푸코는 『광기의 역사』를 언급할 때, 거기서 진정으로 문제였던 것은 광기를 둘러싼 지식의 양태라기보다는 광기에 행사되는 권력의 양태였다고 회고적으로 총괄하고 있다.[66]

푸코는 광기를, 그것을 인식함으로써 인식의 주체가 변형되는 한계 경험expérience limite이라고 자리매김한다. 즉, 인간은 광기라는 한계 경험을 하나의 인식 대상으로 변환함으로써, 그것과 상호적인 형태로 자신을 인식 주체로서 구성하는 것이다. 이른바 광기란 "그것의 주위에서 인식하는 주체와 인식된 대상이 구축되는 일련의 합리적인 집

66   《Pouvoir et savoirs》, n° 216(1977), p.402.

단적 경험"[67]이다. 이것이, "광기의 진리라는 경험은 실제적 인식의 가능성과, 그리고 이것과 짝을 이룬 주체의 정교화의 가능성을 동반한다"[68]라는 푸코의 말이 의미하는 바이다. 요컨대 '광기'라는 한계 경험을 통해서 인식의 주체와 객체가 상호적으로 생성되는 것이다.

여기서 푸코는 "한계 경험에 의한 주체의 변형"과 "지식의 구성에 의한 주체 자기 자신의 변형"을 모종의 방법으로 포개고 있다고 말할 수 있을 것이다.[69] 여기서도 푸코는 "지식savoir"이라는 말로, "주체가 인식하는 바로 그 사항에 의해, 혹은 더 정확하게는 주체가 인식하기 위해 행하는 작업travail 당시에, 주체가 어떤 수정을 겪는 과정"[70]이라고 보고 있다. 이런 의미에서 지식의 운동이란 주체를 수정하는 동시에 대상을 구축할 수 있게 해주는 과정이라고 말할 수 있다.

이상으로 앞의 3장에서 본 후기 푸코의 권력론을 바탕으로 이번 4장에서는 동시기의 푸코에 의한 주체론을 검토했다. 이를 통해 밝혀진 것은 우선 푸코에게 일상의 사소한 행위의 누적으로 이루어진 '주체의 형성'은 그 자체로, 권력의 관계들을 변화시키는 시도로서 구상되었다는 것이다. 다른 한편, 이때 '주체의 형성'이라는 말로 의미하려던 것은 "진리에 대한 자기의 관계"를 변화시키고, 항상 새로운 것으

---

67   《Entretien avec Michel Foucault》, n° 281(1980), p.874.

68   Ibid., p.875

69   Ibid., p.876.

70   Ibid., p.876.

로 하는 것에 다름없었다. 나아가 이번 4장에서는 여기서 볼 수 있는 "권력의 관계들의 변화"와 "진리에의 관계의 변화" 사이의 일치를 1970년대의 푸코의 권력론에서 이미 인식할 수 있음을 확인했다.

다음 5장 이후부터는 이번 4장에서 논한 후기의 주체론을 '실존의 미학' 개념을 중심으로 더 자세히 검토하며, 이와 더불어 이 주체론과 동시기의 구체적인 예술론의 관계를 탐색하고 싶다.

보론: 고백과 복종

세례

1980년의 『생명체들의 통치에 관해』 강의에서는 "자기에의 배려"의 '황금시대'(헬레니즘-로마 시대) 뒤에 온 기독교의 진리의 절차를 자세하게 검토한다. 거기서 문제되는 것은 진리를 말하는 행위로서의 '고백'과 타자에의 예속으로서의 '복종' 사이의 연결이다. 달리 말하면, 거기서 진리는 어디까지나 예속화assujetissement의 귀결로서 산출되는 것이다. 이 보론에서는 푸코가 높이 평가하는 '자기에의 배려'를 이면裏面에서 조사한다는 의미에서, 이 시기에 주체와 진리의 관계가 어떻게 변화했는가에 관해 푸코 자신의 서술에 의거하면서 확인하고 싶다. 그것은 푸코에게 '자기에의 배려'가 어떤 것으로 구상됐는가를 이해하기 위한 알맞은 보조선이 될 것이다.

원시 기독교에서의 진리의 절차로서 특히 중요한 것으로, '세례baptême'라는 의례 행위가 있다. 그것은 그 전체가 다양한 단계를 거쳐 진리에 이르는 길, 즉 "진리의 사이클"[71]이 되는 의례이다. 그리고 푸코에 따르면, 이 원시 기독교에서의 진리의 절차에 결정적으로 새로운 계기를 마련한 존재가, 2세기부터 3세기에 활동한 신학자의 테르툴리아누스이다.[72] 푸코는 거기서 일어난 변화를 다음과 같이 기술하고 있다.

우선 그 전까지 기독교 역사에서는 세례에 있어서의 '정화 purification'와 '진리에의 접속' 사이의 관계가 주로 교리문답catéchèse에 의한 '교육'이라는 형태를 취한 반면, 테르툴리아누스에게서 이 양자의 관계는 '시련épreuve'이라는 형태를 취한다.[73] 또 그 전까지는 세례라는 의례 자체가 혼의 정화를 보증한다고 생각됐던 반면, 테르툴리아누스는 이를 부정한다. 그는 반대로 우리는 오히려 세례 전에 이미 정화되어 있어야 하며, 이 정화에 의해서 진리에 이를 수 있다고 말한다.[74]

세례의 중심의, '의례'에서 '정화 행위 자체'로의 이행, 또 이 정화의 내용의, '교육'에서 '시련'으로의 이행. 이런 이중의 이행에 의해, 세례 속에서 주체가 맡는 역할은 현격히 커지게 된다. 푸코는 알레투르기alèthurgie (진리의 표명)의 절차에 있어서 주체에 속하는 부분을 "진리의 행위acte de vérité"라고 부른다.[75] 그리고 그는 이 '진리의 행위'의 "가

---

71 CV, p.104.

72 "이제 우리는 세례 개념의 거대한 변화, 그리고 정화와 진리 사이의 거대한 변화를 빚어낸다고 생각되는 것으로 이르게 됩니다. 그것이 발견되는 것은 물론 테르툴리아누스에게서입니다"(Ibid.).

73 Ibid., p.112.

74 Ibid., p.114.

75 Ibid., p.79.

장 순수하고 역사적으로 가장 중요한 형태"를 원시 기독교에서의 '고백aveu'의 실천에서 찾아낸다.[76] 이 진리 표명의 절차 속에서 주체는 진리를 밝히기 위한 대리인agent 역할을 맡게 된다.

　그런데 테르툴리아누스에게 죄와 타락은 악의 요소에 빠져든다는 사실에 있는 것이 아니라, 오히려 혼의 내부에 악의 요소가, 즉 악마가 존재한다는 사실에 있다. 따라서 세례의 역할은 혼의 내부로부터 이 사탄을 쫓아내는 데 있다.[77] 이리하여 푸코에 따르면, 테르툴리아누스에게서 처음으로 "세례 때란 위기의 때이자 재앙의 때이다"라는 사고방식이 나타난다고 한다.[78] 거기서 문제가 되는 것은 본성의 근본적인 변화인 동시에 적대자에 대한 싸움이기도 하다. 왜냐하면, 세례 때는 사탄이 그 위협을 강화하는 때이기도 하기 때문이다. 또한 그뿐 아니라, 사탄은 세례 후에도 위협을 약화하지 않고 점점 기세를 더하게 된다.

　이로부터 테르툴리아누스는 세례에 있어서의 자기 자신과의 관계에 있어서 근본적인 것으로서, 메투스metus, 즉 두려움의 감정을 꼽는다. 그것은 자기의 순수성을 확신하지 않는 것이며, 또 자기의 구제를 확신하지 않는 것이다. 이런 불확실성, 불안은 신앙의 감정의 근원

76　Ibid., p.80.

77　Ibid., pp.121-122. 흥미롭게도 푸코는 본 강의의 다른 대목에서, 이 기독교의 사탄과 데카르트의 '악령(malin génie)' 사이의 공통성을 지적한다(Ibid., p.298). 즉, 둘 모두 우리 속에 있으며, 항상 우리를 기만할 가능성이 있는 존재로서 설정된다는 점이다. 또 어찌 보면, 데카르트는 이런 기독교의 사탄의 분신을 "처음으로 철학적으로 명확히 한"(Ibid) 존재라고 말할 수 있다.

78　Ibid., p.122.

이 될 것이다. "만약 신앙을 갖고자 한다면 자기 자신의 존재를 결코 확신해서는 안 된다"는 것이다.[79] 푸코는 메투스의 의미에 관해 다음 과 같이 말한다.

저는 이 두려움이 2세기와 3세기의 전환점 이후의 기독교에 뿌리 를 둔 것이며, 또한 그것이 주체성이라 불리는 것 — 즉, 자기에 대 한 자기의 관계, 자기에 대한 자기의 실천, 개인이 자기 자신의 근 저에서 발견할 수 있는 진리 같은 것 — 의 전체 역사에 있어서, 이보다 더 결정적인 중요성을 분명히 가지게 될 것이라고 생각합 니다.[80]

그러면 테르툴리아누스는 세례 준비를 "파에니텐티아에 디시플 리나paenitentiae disciplina", 즉 '회개의 규율'이라 부른다. 앞서 말했듯이, 사 탄의 위협은 세례 후에도 계속되는 것, 혹은 오히려 강해지기도 하는 것이었다. 이로부터 세례의 준비란 단순히 세례를 가능케 하는 것뿐 만 아니라, 세례 후에 평생을 통해 악과 싸울 힘을 익히기 위한 것이 기도 하다는 사고방식이 나온다. 이 연장선상에서 테르툴리아누스의 세례 준비는 다음과 같은 발상에 이르게 된다. 그것은 "만약 세례를 준비할 때가 파에니텐티아에 디시플리나, 즉 회개의 규율이라면, 기독

---

79   Ibid., p.124.

80   Ibid.

교도의 삶 전체도 회개임에 틀림없다"[81]는 발상이다. 이 "회개의 삶이란 삶의 전체에 다름 아니다"라는 발상이야말로 푸코가 테르툴리아누스 속에서 특히 주목하는 것이다. 여기에서 회개는 어떤 목적 때문에 이루어지는 것이 아니라 이른바 그 자체가 목적이 되며, 또한 기독교도의 삶은 이 즉자적인 회개에 바쳐지는 것이다.

지도와 복종의 역설적 관계

다른 한편, 푸코는 이 『생명체들의 통치에 관해』 강의의 종반부에서는, 4세기부터 5세기의 기독교 수도사 요하네스 카시아누스Ioannes Cassianus(360/65~430/35경)가 남긴 저작을 참고하면서, 주로 4세기 이후 기독교의 내부에서 자기의 실천이 어떤 변화를 이루게 됐는지를 말한다.[82]

거기서 특히 강조되는 것은 수도원에서의 '지도direction'라는 행위의 중요성이다. 이 '지도'는 고대 철학의 그것과는 성질을 크게 달리한다. 왜냐하면, 거기에서 무엇보다 중시되는 것은 '복종obéissance'이라는 태도의 양성이기 때문이다. 달리 말해, 수도원이란 이 태도를 양성하기 위한 기관이나 다름없다. 그리고 또 이 목적을 위한 방법으로서 이용되는 것이 고백의 실천이다. 푸코가 인용하는 카시아누스의 말에

---

81   Ibid., p.128.

82   푸코는 카시아누스의 저작에 관해 "고대인들이 이미 정의했던 철학적 삶의 실천들이, 수도원 기관의 내부에서, 어떻게 정교화되고 변형했는가를 이해하기 위한 가장 좋은 자료"라고 평가한다 (Ibid., p.257).

따르면, 복종이라는 결과를 얻기 위해 수도원의 입문자들은 자신의 마음속에 똬리를 틀고 있는 다양한 생각 중에서 "잘못된 부끄러움"에 의해 뭔가를 숨기지 말라는 가르침을 받는다.[83] 그들은 "그런 생각들을 연장자에게 표명하기"를 강요당한다. 이상에 의해 푸코는 기독교의 지도가 "완전히 복종하다"와 "아무것도 숨기지 않다"라는 두 개의 의무로 성립된다고 정리한다.

> 복종하는 것과 말하는 것. 철저하게 복종하는 것과 자신에 대해 철저하게 말하는 것. 타자의 의지 아래에 있는 것과 자신의 혼의 모든 비밀을 담론에 의해 뒤쫓게 하는 것. 자신의 혼의 비밀이 빛에 비춰지는 것과 이 조사 속에서 타자에의 복종이 전면적이고 철저하고 완전한 것이 되는 것. 여기에는 더할 나위 없이 근본적인 장치가 주체, 타자, 의지, 언표화 사이에 매우 특별한 관계가 있습니다.[84]

고대 철학과 기독교에서 지도가 지닌 성질상의 차이를 조금 살펴보자. 이 점에 관해 푸코는 둘 다에 특징적인 세 가지 성질을 대조함으로써 설명한다.

우선 고대의 지도의 세 가지 성질은 다음과 같다. 첫째 그것은 "한정적이고 도구적"인 것이었다. 거기서의 복종은 명확히 정해진 목

---

83   Ibid., p.260.

84   Ibid., pp.260-261.

적을 위해서 행해지는 것이며, 이런 의미에서 복종이란 어디까지나 거기에 이르기 위한 '도구'에 지나지 않았다. 이어서 그것은 지도자 측의 어떤 '능력'과 '탁월성'을 전제로 한 것이었다. 그것은 경우에 따라 경험이거나 지혜이거나 신적인 힘이기도 하지만, 아무튼 지도하는 자와 지도되는 자 사이에는 본성상의 차이가 없으면 안 되었다. 마지막으로 그것은 어디까지나 '잠정적인 것'이었다. 즉, 지도에서의 최종 목표는 더 이상 지도자를 필요로 하지 않고 자신이 자신의 지도자가 되는 그런 단계에 이르는 데 있으며, 지도란 이를 위한 한 걸음에 불과했다.[85]

반면 기독교에서의 지도는 어떨까? 우선 그것은 '잠정적인 것'이 아니다. 왜냐하면 앞서 테르툴리아누스와 관련해서 본 것처럼, 기독교의 세계에서는 신도들은 (적어도 이승에서는) 결정적으로 구제되는 것은 결코 없기 때문이다. 거기에서는 절대적인 불확실성이 존재하며, 사람들은 평생 악마의 위협에, 다시 말하면 타락의 가능성에 계속 노출된다. 물론 그것은 자신이 지도자의 입장이 됐다고 해도 바뀌지 않는다. 그래서 지도를 하는 것과 지도를 받는 것을 양립시키는 것이 항상 요구되는 것이다. 이런 의미에서 지도에는 원칙적으로 끝이 없다. 일단 지도를 받을 것을 멈추자마자 인간은 다시 타락의 길을 걷기 시작하기 때문이다. 여기서 푸코는 기독교에 있어서 "복종은 인생의 한 가지 통로passage가 아니다"라고 간주한다. 그것은 통로가 아니라 하나

85   Ibid., p.261.

의 상태, "누구나 인생의 마지막 때까지 거기서 자신을 발견하는 상태"[86]이다.

여기에서는 기독교의 지도가 고대의 그것처럼 "한정적이고 도구적"인 것이 아니라는 것도 명백해질 것이다. 왜냐하면 거기서 복종은 어떤 목적을 실현하기 위해 행해진다기보다는 오히려 그 자체가 목적이 됐기 때문이다. 여기서, 앞에서 테르툴리아누스를 얘기한 곳에서 확인한 회개의 삶, 즉 삶 전체로 연장된 회개의 즉자성과의 유사점을 찾아내는 것은 쉬울 것이다.

더 나아가 기독교의 지도는 고대의 그것과 달리, 지도자의 능력에 근거한 것이 아니다. 푸코가 읽는 카시아누스에 따르면, 복종의 관계는 지도자가 지닌 어떤 장점에 의해 정당화되는 것이 아니라고 한다. 그러기는커녕, 지도자가 아무리 무능하거나 혹은 인격적으로 뒤떨어져 있다고 해도, 그런 사실이 복종의 의무에 영향을 미치는 것은 기본적으로 없다. 푸코는 말한다. "지도 관계에 있어서 유용한 것은 복종관계라는 형식 자체입니다."[87] 여기서도 또한 앞서 봤던 것과 마찬가지의, "수단의 목적화"라고도 해야 할 사태를 발견할 수 있을 것이다.

인간이 복종하는 것은 외부에 있는 어떤 목적 때문이 아닙니다. 그것은 고대의 지도의 경우처럼 건강을 회복하거나 행복한 상태가

---

86   Ibid., p.263.

87   Ibid., p.264.

되거나 혹은 고통이나 슬픔을 극복하기 위해 행해지는 것이 아닙니다. 복종은 복종자obéissant가 되기 위해서 즉, 복종의 상태를 산출하기 위해 행해지는 것입니다.[88]

복종이란 "타자에 대한 응답"이 아니라 "존재의 방식"이며, 그래서 "복종 상태는 이른바 타인과의 다양한 관계에 선행하는 것"이다. 복종이 "지도의 목표인 동시에 지도가 기능하기 위한 조건이기도 하다"[89]는 것은 이런 뜻이다. 여기에는 복종과 지도의 상호의존, 혹은 순환 관계를 인식할 수 있을 것이다. 그것은 기독교에 있어서 근본적인 것이 된다.

시험과 고백

그런데 본 강의에서는 기독교의 근본 조건으로서 이 복종 이외에 두 가지 중요한 요소가 꼽힌다. 그것이 "시험"[90]과 "고백"이다. '복종'(타자가 말하는 것을 듣는 것), '시험'(자기 자신을 바라보는 것), '고백'(자기 자신을 타자에게 말하는 것). 푸코에 따르면 기독교의 지도에서 이 세 가

---

88   Ibid., pp.264-265.

89   Ibid., p.265.

90   [옮긴이] 푸코가 사용하는 examen의 번역어에 대해서는 일본에서도 그다지 합의가 이뤄지지 않은 것 같다. (양심의) 규명[糾明], 점검, 검사, 시험 등으로 다양하게 번역된다. 이는 이 용어의 사정거리가 법적인 진리진술의 문제를 포함해, 수도원적 실천, 더 나아가 과학적 실천에도 미치기 때문에 필연적으로 '다의적'일 수밖에 없다는 데서 비롯된다. 이를 감안해 이 책에서는 필자의 번역어를 그대로 존중한다. 그러나 옮긴이가 번역하는 미셸 푸코의 강의록에서는 이를 대체로 검사나 점검으로 옮길 것이다.

지 원리는 근본적인 요소로 서로 연결됨으로써 하나의 '장치'를 빚어낸다고 한다.[91]

우선은 '시험'부터 보자. 고대 철학의 시험에서 문제가 되는 것이 다양한 사물의 가치이며, 그런 주체들에 대한 관계였던 반면, 기독교의 시험에서 문제가 되는 것은 자기의 내면이며, 의식과 사고이다. 거기에서 요구되는 것은 "사물들의 가치를 인식하는 것"이 아니라 "의식의 비밀을 독해하는 것"이 된다.[92]

이로부터 기독교에서 시험의 역할은 끊임없이 흔들리는 사고의 흐름을 붙잡고 이 흐름 속을 잘 뚫고 나가는 데 있다고 간주된다.[93] 또한 이것은 고대 철학에서 그러했듯이 하루가 끝날 때, 그 날을 되돌아보면서 회고적으로 행해지는 시험이 아니라 바로 지금 생각하고 있는 것의 내용을 성찰하기 위한, 즉 현재의 사고의 흐름을 움켜잡고 그 속에서 좋은 것과 나쁜 것을 선별하기 위한 시험이다. 거기서 궁극적으로 문제가 되는 것은 실제로 사고를 행하는 '나'의 존재 자체이다.

다음으로 '고백'을 보자. 고백은 시험에 임할 때 사고의 선악을 판단하는 기준이 되는 것이다. 요컨대 "만약 내가 내 자신이 생각하는 것을 입 밖에 내어 말할 수 없다면, 그것은 내 생각이 좋은 성질 것이 아니라는 것"이 된다.[94] 이를 푸코는 '수치의 기준'이라고 부른다.

---

91   Ibid., p.284.

92   Ibid., p.291.

93   Ibid., p.294.

94   Ibid., p.299.

즉, 수치의 감정 때문에 입에 담기를 꺼림칙해한다는 것은 그 자체로 나쁜 성질을 띠는 것이라고 판단된다는 것이다. 여기에서는 고백이라는 '행위 자체'가 사고의 선악의 판단기준이 되고 있다고 할 수 있다. 또한 이 고백 행위에서는 누구에게 고백하느냐나 고백 상대가 해주는 조언 등은 선악의 판단에 있어서 그 어떤 중요성도 갖고 있지 않다. 거기에서는 어디까지나 고백의 주체의 행위, 즉 "이야기를 한다는 사실"만이 문제가 되는 것이다. 이 점은 타자의 존재나 타자와의 관계에 의거하지 않는 복종의 성질과도 공통되는 것이리라.

앞서 봤듯이, 기독교에서 인간은 평생 사탄에 홀린다고 구상되었으며, 따라서 문제는 어떻게 이 사탄의 지배에 (그때그때마다) 맞서느냐라는 점에 있었다. 또한 기독교에서 이 목적은 "디스크레티오 discretio", 즉 일종의 절제[95]라는 '덕'에 의해 실현된다고 여겨졌다. 그런데 푸코에 따르면, "모든 것을 말하는 것", 즉 자신의 마음에 떠오른 것을 빠짐없이 모조리 언어화하는 고백이라는 행위도 이런 디스크레티오를 확립하기 위한 것으로 생각된다고 한다.[96] 또한 사탄에 대한 저항이라는 공통점에 의해, '고백'의 행위는 '복종'의 태도와 연관을 갖게 될 것이다. 둘 모두 그냥 내버려두면 타락으로 향하는 인간의 경향성에 저항하기 위해, 그 자체를 목적으로 행해져야 하는 것이다. 이리하여 "자기의 진리의 생산"(고백)은 "자기의 단념renonciation"(복종)과 결

---

95   [옮긴이] 이것 역시 '절제'라기보다는 '분별'로 옮기는 것이 타당하다.
96   Ibid., p.301.

합된다.[97]

　지금까지 살펴봤듯이, 기독교에서 요구되는 것은 복종을 위한 고백, 다시 말하면 "예속화를 위한 진리"였다. 거기서 진리는 주체를 예속화하기 위한 힘으로서 기능하게 된다. 반면 "자기에의 배려"에서 요구되는 것은 "주체화를 위한 진리"라고도 말해야 할 것이다. 거기서 진리는 주체의 자기 형성을 불러일으키는 힘으로서 파악되게 된다. 둘의 차이는 주체와 진리 사이의 관계 양태의 차이라고 생각할 수 있을 것이다.

97　Ibid., p.303.

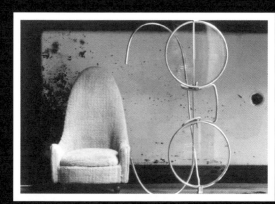

5장 삶과 미학: 파르레시아를 둘러싸고

　지금까지 1부에서는 전기의 예술론을 '바깥' 개념을 중심으로 읽어냈으며, 또 2부에서는 후기의 권력론을 동시기의 주체론과의 연결이라는 관점에서 독해했다. 이제부터는 위와 같은 고찰을 바탕으로, 후기 푸코의 주체론 및 예술론이 전기의 예술론에로 통하는 '바깥'의 양태를 탐색한다. 이 작업의 실마리가 되는 것은 푸코가 말년의 몇몇 글과 발언에서 언급하는 '실존의 미학' 개념이다. 서론에서도 말했듯이 이 개념은 우선 '생명정치' 개념과 표리일체이며, 이에 대한 응답으로 제기됐다고 생각할 수 있다. 즉, 2부에서 본 주체와 권력의 관계에서도 짐작할 수 있듯이, 그것은 '생명정치'에 있어서 어떤 주체의 양태가 가능한가에 관한 푸코의 구상으로 파악할 수 있다는 것이다.

　그런데 푸코 자신이 시사하듯이, 그의 말년의 작업은 우선, 고대 그리스에서 볼 수 있는 다양한 활동을 대상으로 한, 이른바 '윤리의 계보학'이라고 총괄할 수 있다.[1] 따라서 이 고대 그리스의 윤리에서 추구되는 '본질적 목표'는 "미학적 차원에 속했다"[2]라는 푸코의 말에도 불구하고, 이 '미학'이라는 말의 사정거리에 관해서는 그동안 충분

1　　Cf. 《A propos de la généalogie de l'éthique》, n° 314(1984).

2　　Ibid., p.1429.

히 검토되어 왔다고는 말하기 어렵다.[3] 이번 5장에서는 푸코의 발언에서 부상되는 '윤리적인 것'과 '미적·감성적인 것'의 교차 지점을 '실존의 미학'이라는 개념 속에서 상정함으로써, 그의 주체론을 미학의 관점에서 재파악하고 싶다. 서론에서 언급했듯이, 최근 미학의 영역에서는 윤리적 문제의 존재감이 점점 커지고 있지만,[4] "자신의 삶을 하나의 예술작품으로 한다"는 말로 나타낼 수 있는 푸코의 주체론에는 바로 '윤리적인 것'과 '미적·감성적인 것' 사이에서 생성하는 주체를, 주체화의 계기를 인식할 수 있다고 생각한다.

위와 같은 전망 아래에서, 다음 절 이하에서는 푸코의 '실존의 미학' 개념의 기본적인 양태에 대해 주로 말년의 강의록을 통해 살펴보고 싶다. 그리하여 이 개념을 구성하는 두 가지 요소, 즉 삶과 미학이 푸코의 사상에서 어떤 의미를 가지며, 어떤 관계를 맺는 것인지가 분명히 밝혀질 것이다.

---

3   푸코의 말년의 주체론에 관해서는 예를 들어 다음을 참조. Pierre Macherey, 《Foucault: éthique et subjectivité》. in *À quoi pensent les philosophes*, Paris, Autrement, 1988, pp.92-103; Jean-François Pradeau, 《Le sujet ancien d'une éthique moderne》, in *Foucault: Le courage de la vérité*, Frédéric Gros(dir.), Paris, PUF, 《Débats philosophiques》, 2002, pp. 131-154; 《Le sujet ancien d'une politique moderne. Sur la subjectivation et l'éthique anciennes dans les *Dits et écrits* de Michel Foucault》. in *Lectures de Michel Foucault. 3: Sur les Dits et écrits*, Pierre-François Moreau(dir.), Lyon, ENS Éditions 《Theoria》, 2003, pp.35-51.

4   현대에서 미학과 윤리학의 근접의 양태에 주목한 연구로서 예를 들어 다음을 참조. Richard Shustennan, *Pragmatist Aesthetics. Living Beauty, Rethinking Art*, Blackwell, 1992.; 山田忠彰·小田部胤久 編, 『スタイルの詩学—倫理学と美学の交響』, ナカニシヤ出版, 2004年; 山田忠彰·小出部胤久 編, 『デザインのオントロギー—倫理学と美学の交響』, ナカニシヤ出版, 2007年; 山田忠彰, 「エスト-エテイカ—「デザイン·ワールド」と「存在の美学」」, ナカニシヤ出版, 2009年.

1. '실존의 미학'

푸코는 말년에 행한 어떤 인터뷰에서 오늘날의 예술에 관해 다음과 같은 솔직한 감상을 말했다.

> 저를 놀라게 하는 것은 우리 사회에서 예술이 대상들과 더 많이 관계를 맺으며, 개인이나 삶과 관계를 맺지 않는다는 것입니다. 그리고 또한 예술은 하나의 전문화된 영역이며, 예술가들이라는 전문가들의 영역이라는 겁니다. 그러나 모든 개인의 삶이 예술작품일 수 없을까요? 왜 타블로나 집은 예술의 대상인데도 우리의 삶은 그렇지 않은 걸까요?[5]

그는 이런 물음에서 출발해서, 고대 그리스의 '자기에의 배려'[6]의 체계 속에서 '실존의 미학'을 탐색하게 된다. 거기에서 먼저 얘기되는 것은 자신의 삶을 소재로 삼아 작품으로서의 자기를 만들어나가는 삶의 방식이다.[7]

5　《À propos de la généalogie de l'éthique》, n° 344(1984), p.1436.

6　"고대 철학에 있어서 자기에의 배려는 의무인 동시에 기술이라고 생각됐다. 즉, 그것은 근본적인 의무인 동시에 꼼꼼하게 벼려내진 다양한 절차의 총체였던 것이다"(《L'herméneutique du sujet》, n° 323(1982), p.1174).

7　"우리가 만들어내야 할 작품은 … 단적으로 우리의 삶이며, 우리 자신입니다"(《A propos de la généalogie de l'éthique》, n° 344(984), p.1434). "실존이란 인간의 예술의 가장 취약한 원재료이지만, 그러나 그것은 또한 가장 직접적인 여건이기도 합니다"(Ibid., pp.1448-1449).

자기의 작품화, 그것은 어떻게 실현될 수 있을까? 주요 역할을 맡는 것은 앞 장에서 논의한 '실존의 기법'이다. 왜냐하면 푸코는 '실존의 미학'과 관련된 모든 실천을 '실존의 미학의 기법'이라고 부르고, 다음과 같이 규정하고 있기 때문이다.

> 그것은 반성되고 자발적인 실천들을 의미하며, 사람들은 그것을 통해서, 품행의 다양한 규칙들에 의해 스스로를 정할 뿐만 아니라, 자기 자신을 스스로 변형하고 특이한 존재로 스스로 변경하고, 그리고 자신들의 삶을 어떤 미적 가치를 띤 어떤 양식적$_{style}$ 기준에 부응하는 하나의 작품으로 만들려고 애쓰는 것이다.[8]

더 나아가, 앞 장에서 봤듯이, 여기에서 말하는 '실존의 기예', 즉 자신에 의한 자기에의 작업[작동걸기], 또 그것을 통한 자기의 변형이라는 실천은 푸코에게 진리라는 문제와 밀접한 관계를 갖는다.[9]

푸코는 1982년 『주체의 해석학』 강의에서 고대 그리스에서의 주체와 진리와의 관계를 다음과 같이 말했다.

---

8   UP, p.18. 그것은 "자기 자신의 삶의 아름다움의 장인(ouvrier)으로서 스스로를 구성하는 것을 목적으로 하는 자기의 실천"이다(《Le souci de la vérité》, n° 350(1984), p.1490).

9   푸코는 말년에 자신의 작업을 돌이켜보면서 "제 문제는 항상 … 주체와 진리 사이의 관계들, 즉 주체가 어떻게 일종의 진리 게임으로 들어서는가라는 점에 있었다"고 말하며, 이 주체와 진리 게임 사이의 관계라는 문제에 비하면, 지식과 권력이라는, 보통 푸코의 주요 문제라고 여겨지는 테마조차도 이를 분석하기 위한 도구에 지나지 않았다고도 말한다(《L'éthique du souci de soi comme pratique de la liberté》, n° 356(1984), p.1536). 그가 바로 이 시기에 고대 그리스에서 '실존의 미학'의 문제를 집중적으로 고찰하게 됐던 것도 이런 문제의식과 깊은 관계가 있었다고 추측할 수 있다.

주체는 그 자체로는, 즉 자기 자신에게 주어져 있는 것으로는 진리에 이를 수 없다는 것, 이것은 일반적 특질이며 근본적 원리입니다. 주체를 진리에 이를 수 있게 만드는 몇 가지 조작을, 몇 가지 변형과 수정을 자기 자신에 대해 작동시키지 않는다면, 실행하지 않는다면 주체는 진리에 이를 수 없는 것입니다. 저는 이것이 근본적인 테마라고 생각합니다.[10]

여기에서는 진리의 인식과 자기에의 작동을 통한 자기의 변형이라는 주제 사이의 연결을 인식할 수 있다. 그가 말년의 인터뷰에서 말한 대로, 진리에의 도달과 자기에 의한 자기의 정립élaboration 작업 사이의 연결은 "고대의 사상 및 그 미학적 사고에 있어서 본질적"이다.[11]

혹은 푸코는 이 강의의 다른 대목에서는 고대에 중시된 지식이 "에토스 제작적인éthopoétique"[12] 성격을 가졌다는 점에 주목하고 있다. 그것은 에토스를, 즉 삶의 양태를 변형하고 다른 식으로 만들어내는 것이었다.[13] 여기서도 또한 삶의 양태를 변화시키는 것으로서의 진리

---

10   HS, pp.182-183.

11   《À propos de la généalogie de l'éthique》, n° 344(1984), p.1449.

12   HS, p.227.

13   "그리스인들에게는 … 매우 흥미로운 말이 있었습니다. 이것은 명사, 동사, 그리고 형용사의 형태로 나옵니다. 이것이 éthopoiein, éthopoiia, éthopoios라는 표현, 아니 오히려 일련의 표현입니다. éthopoiein이란 곧, 에토스를 이룬다, 에토스를 만들어낸다, 에토스를, 존재의 방식을, 개인의 생존양태를 수정한다, 변형한다는 의미입니다. éthopoios란 개인의 생존양태를 변형하는 성질을 지닌 것입니다. … 우리는 이 말에, 플루타르코스에게서 발견되는 의미를 할당하기로 합시다. 즉, 에토스

라는 인식을 볼 수 있을 것이다. '실존의 미학'에서 진리가 중요한 문제인 것은 바로 이런 진리와 삶 사이의 내재적·본질적인 연결이라는 사실 때문이다.[14]

　다른 한편, 말년의 강의에서 푸코는 '파르레시아'라고 불리는 언어 실천을 논하는 가운데, 주체와 진리 사이의 관계를 재고하게 된다. 파르레시아란 흔히 "진리진술véridiction"로 번역되는 언어 행위인데, 지금까지 봤듯이 푸코가 고대 그리스에서의 진리의 인식과 자기의 실천 사이에 밀접한 관계를 상정하고 있음을 감안하면, 그것은 단순한 언어 행위에 머물지 않고, 더 넓게, 진리와 주체 사이의, 혹은 진리와 삶 사이의 결절점으로 파악할 수 있으며, 또 이런 의미에서 그것은 그가 말하는 '실존의 미학'에서도 중요한 개념이 된다고 짐작할 수 있다.[15] 그러므로 다음 절에서는 이런 '파르레시아' 개념을 중심으로 한 주체와 진리 사이의 관계에 대해, 그리고 거기서 '실존의 미학'에 대해 무엇이 문제되는가에 관해 1984년의 콜레주드프랑스강의(『진실의 용기』)를 다루는 형태로 자세하게 살펴보고 싶다.

를 이룬다·제작한다(éthopoiein), 에토스를 제작할 수 있다(éthopoios), 에토스의 제작(éthopoiia)이라는 의미입니다"(HS, p.227). 또 푸코의 저작에서 "에토스 제작적(éthopoétique)"이라는 말이 처음 사용되는 것은 『쾌락의 활용』이다(UP, p.21).

14　이런 연결에 대해서는 다음을 참조. Francesco Paolo Adorno, 《La tâche de l'intellectuel: le modèle socratique》, in *Foucault: Le courage de la vérité*, op. cit., pp.35-59.

15　푸코에게서의 '미적인 경험'과 '윤리적인 경험' 사이의 결절점을 파르레시아 안에서 발견하려는 논의로는 다음을 참조. Jorge Dávila, 《Etique de la parole et jeu de la vérité》, in *Foucault et la philosophie antique*, Frédéric Gros et Carlos Lévy(dir.), Paris, Éditions Kimé, 《Philosophie en cours》, 2003, pp.195-208.

2. 진리와 삶

푸코는 말년의 강의에서 파르레시아를 계속 언급하고 있으나,[16] 여기서 『진실의 용기』라는 제목의 1984년의 강의를 다루는 것은 어떤 이유 때문일까? 그것은 이 파르레시아 개념이 특히 '실존의 미학'과 관련되어 얘기되고 있는 것이 이 강의이기 때문이다.

앞의 4장에서도 언급했듯이, 푸코는 전년도 강의(『자기와 타자의 통치』)의 후반부터, 특히 플라톤의 여러 저작을 집중적으로 검토하면서 파르레시아에 대한 고찰을 진척시키는데, 이 해의 강의에서는 중반 이후 『라케스』를 다루고, 파르레시아, 즉 "진실 말하기dire-vrai"[17]와 삶 사이의 관계를 고찰한다. 『라케스』에서 소크라테스는 대화자에게 "자기 자신을 설명하기"[18]를 요구하는데, 거기서 설명되어야 할 것, 즉 소크라테스의 파르레시아의 대상이 되고 있는 것이 "삶의 양태mode de vie/manière don't on vit"이다. 거기서의 '진실 말하기'의 역할은 삶에 어떤 형태를 부여하는 데 있다고 간주된다.[19] 또 푸코는 라케스의 말을 인용하

16   파르레시아에 관한 정리된 분석을 볼 수 있는 것은 1982년 3월 10일 강의(『주체의 해석학』)부터이다. 말년의 강의에서의 파르레시아론에 대한 개설은 다음을 참조. Frédéric Gros, 《La parrhêsia chez Foucault(1982-1984)》, in *Foucault: Le courage de la vérité*, op. cit., pp.155-166.

17   CV, p.113. [옮긴이] '참을 말하다', '진리를 말하다', '진리를 말하기' 등으로 옮길 수 있는 dire-vrai를 여기서는 '진실을 말하다', '진실 말하기'로 적는다.

18   Ibid., p.134. 이것은 "자기 자신과 로고스(올바름, raison) 사이에 어떤 관계가 있는가를 보여주는 것"을, 즉 "자기 자신의 로고스(올바름)를 부여하는 것"을 의미한다.

19   "자기 자신에 대한 이런 설명 제시(reddition de compte)의 담론은 사람들이 자신들의 삶에 주어야 할 가시적인 형상을 정의해야 합니다"(Ibid., p.148).

면서, 거기서 이 담론의 진정성을 보증하는 것이 담론과 그것을 내뱉는 인간의 삶의 조화라고 간주됨을 보여준다.[20] 이렇게 '자기의 설명'은 삶의 양태 수준에서의 '자기의 창설'로 실현된다. 여기에는 '자기의 설명'이 비오스bios로, 나아가 우리가 이 삶을 다스리기 위한 방법으로 이르게 되는 모습을 볼 수 있을 것이다.

여기서 푸코는 자신의 목적에 대해서 이렇게 말했다.

> 제가 … 여러분께 보여드리려 한 것은 소크라테스적 파르레시아의 출현과 확립fondation에 의해 어떻게 실존bios이 그리스의 사유 속에서 미[학]적인 대상으로서, 미[학]적 정교화의 대상으로서 그리고 미[학]적 지각의 대상으로서 — 즉, 아름다운 작품으로서의 비오스로서 — 구성되었는가입니다.[21]

푸코가 소크라테스의 파르레시아에 주목하는 것은, 거기에 "실존의 기예와 참된[진실의] 담론, 아름다운 실존과 참된 삶 — 진리에 있

20　이에 해당하는 라케스의 말은 다음과 같다. "만약 누군가가 덕에 관해, 혹은 무엇인가의 지혜에 관해 대화를 나누는 것을 들었을 때, 그 사람이 정말로 일개의 남자이며, 그가 얘기하고 있는 것에 값하고 있는 사람이라면, 얘기하고 있는 사람과 얘기되고 있는 것이 서로 딱 들어맞고 조화를 이루고 있는 것을 보고, 몹시 기쁩니다. … 그런데 소크라테스는 말하기를, 나는 그의 얘기(말)를 경험한 적이 없습니다만, 그보다 앞서 행위를 경험한 것 같습니다. 그리고 행위를 할 때 내가 알던 그는 어떤 아름다운 말(이야기)을 아무리 부담없이 말하더라도, 그것에 걸맞은 사람이었습니다"(플라톤, 『라케스』, 188C-189A).

21　CV, p.149. 또한 그는 다음과 같이 말하기도 한다. "이 실존의 미학은 혼의 형이상학을 위해서도, 사물과 말들의 미학을 위해서도 잊어서는 안 되는 역사적이고 본질적인 대상입니다"(Ibid., p.150).

어서의 삶, 진리를 위한 삶 — 사이의 관계"[22]가 제시되고 있기 때문이다. 그는 소크라테스 안에서 "진실 말하기의 요구와 실존의 미의 원리가, 자기에의 배려 속에서 연결되는 순간/계기moment"[23]를 찾아내려 하는 것이다. 이런 의미에서, 푸코에게 소크라테스의 파르레시아는 '참된 삶'과 '아름다운 삶'의 양자를 이른바 그 미분화된 상태에서 볼 수 있게 하는 것이었다.

그런데 푸코는 이어서, 이런 '진실 말하기'와 삶의 양태 사이의 관계라는 테마를 둘러싸고 퀴니코스파의 실천을 다루게 된다. 왜 퀴니코스파인가? 그 이유로 그는 퀴니코스파에게서 이 연관이 매우 급진적인 형태로 실현되고 있음을 꼽는다.

소크라테스와 마찬가지로 퀴니코스파에게서도 그 진실 말하기를 담보하는 것은 삶의 양태이다. 그러나 그들의 삶의 양태는 소크라테스에게서와 같은 미덕을 일삼는 것이 아니라 더 파격적인 것이다. 예컨대 스토아학파의 철학자인 에픽테투스는 퀴니코스파의 역할이 척후katapkopos, 즉 전쟁터의 정찰자 기능을 맡는 데 있다고 말했다. 말하자면 퀴니코스파는 '인간성'의 전선을 넘어서 내달리며, 그 피안을 관찰한 후에 돌아와서 거기에서 알게 된 진리를 두려움 없이 사람들에게 알리는 자들인 것이다.

---

22   Ibid., p.150.

23   Ibid., p.151.

이런 삶의 양태는 그들의 철학 실천의 일부를 이루고 있었지만, 지금의 예에서도 엿볼 수 있듯이 그 진실 말하기와의 관계는 단순히 조화적이라는 것에 머물지 않고, 필연적으로 일정한 긴장을 잉태할 것이다. 푸코는 여기서 진실 말하기에 대한 삶의 양태의 기능을 세 가지 꼽고 있다.

첫 번째는 "도구적 기능 fonction instrumentale"이다. 즉, 이런 삶의 양태는 진실 말하기에 대한 "가능성의 조건"이라는 역할을 맡고 있다. 예를 들어 만일 에픽테투스가 말하는 "인간성의 전선을 넘는 척후"가 되려 한다면, 인간은 인간적인 모든 집착에서 자유로워야 할 것이다.

또 두 번째는 "감축의 기능 fonction de réduction"이다. 즉, 그것은 합리적인 근거 없이 사람들에게 받아들여지고 있는 쓸모없는 의무나 관습, 그런 진리의 출현을 막는 것을 감축하는 것이다.

그리고 마지막으로 꼽히는 것이 "시험의 기능 fonction d'éprueve"[24]이다. 그것은 필요 최저한의 것으로 구성된 삶 속에서 인간 삶의 기초가 무엇인지를, 즉 삶의 본질을 나타내는 데 도움이 된다. 푸코는 그것을 "삶의 삶 자체로의 환원"이라고 부른다.[25]

푸코는 위와 같은 삶의 양태의 기능을 다음과 같이 정리했다.

---

24   [옮긴이] 여기서 보듯이 필자는 examen과 éprueve를 모두 '시험'으로 옮긴다. 그러나 푸코는 이미 1970~1971년의 콜레주드프랑스 강의에서부터 이 둘을 구별하고 있다. 후자는 대체로 '조사, 수사, 취조' 등의 의미를 띤다. 이것 역시 사법적 실천뿐 아니라 과학적 실천과 연결되어 있기 때문에 일의적으로 번역될 수 없다.

25   Ibid., p.159.

그것은 실존의 형태를 진실 말하기를 위한 본질적인 조건으로 삼습니다. 그것은 실존의 형태를 진실 말하기를 낳을 수도 있는 감축적 실천으로 삼습니다. 마지막으로 그것은 실존의 형태를 몸짓에 있어서, 신체에 있어서, 옷차림새의 방식에 있어서, 스스로를 인도하는 방식에 있어서, 살아가기의 방식에 있어서 진리 그 자체를 가시적으로 만드는 방식으로 삼습니다. 요컨대 퀴니코스파는 삶을, 실존을, 비오스를 우리가 알레투르기alèthurgie, 진리의 표명manifestation이라고 부를 수 있는 것으로 삼는 것입니다.[26]

이처럼 퀴니코스파적 삶은 일견 소크라테스적인 미덕과는 정반대라고 생각할 수 있는 형태를 취한다. 그러나 둘은 진리와 삶 사이의 연결이라는 점에서는 역시 공통적이다. 여기서 푸코는 퀴니코스파적인 삶에서 보다 직접적이고 급진적인 진리의 표명을 보고 있다고 할 수 있을 것이다.[27] 이것은 그가 퀴니코스파적인 삶에 관해 사용하는 "진리의 스캔들scandale de la vérité"이라는 표현에서도 드러난다. 푸코는 퀴니코스파적인 "진리의 표명으로서의 삶"의, 즉 그 "참된 삶vrai vie"[28]의 본질을 "삶 속에서, 삶에 의해 진리의 스캔들을 행하는 것"[29] 속에서

---

26   Ibid.

27   "진리의 즉각적이고 빛나며 야생적인 현전으로서의 삶, 이것이야말로 퀴니코스주의 안에서 표명되는 것입니다"(Ibid., p.160).

28   Ibid., p.161.

29   Ibid., p.161.

간파하고 있는 것이다.

3. '참된 삶'과 예술

그런데 푸코에 따르면 퀴니코스주의, 이 진리의 스캔들로서의 삶
의 양태는 고대에 한정된 것이 아니라 서양사를 통해 계속 존재한, 이
른바 '초역사적인' 형상이라고 한다. 그는 삶의 퀴니코스파적인 양태
를 계승하는 후계자들에 관해 주로 세 가지로 나눠서 논하고 있다.

거기서 푸코가 꼽는 것이 우선 종교적인 운동(기독교의 금욕주의
ascétisme)과 정치적 실천(실존의 스타일로서의 혁명)라는 두 가지 매체이다.
그리고 중세의 종교 운동과 19세기 이후의 정치 실천이라는 퀴니코
스파의 두 흐름에 대해 논한 후, 진리의 스캔들로서의 삶의 양태라는
테마를 계승한 세 번째의 커다란 매체로 푸코가 제시하는 것이 예술,
특히 근대의 예술이다.

물론 고대에도 중세에도 퀴니코스파적인 예술이 존재했다고 인
정하면서도, 여기서 푸코가 특히 근대 예술에 주목하는 것은 거기에
퀴니코스파적인 삶의 매체, 즉 삶과 진리를 연결하는 원리의 매체로
서의 현저한 특징을 인식할 수 있기 때문이다. 푸코는 그 특징으로 주
로 두 가지를 꼽는다.

그것은 우선, 18세기 말부터 19세기에 걸친 '예술가의 삶'이라는
개념의 출현과 관련된다. 이 '예술가의 삶'이라는 개념은 가령 조르조
바자리의 『예술가 열전』과 벤베누토 첼리니의 『자서전』에서 볼 수 있

는, 그저 "보통 사람들과는 다른 특이한 삶을 사는 예술가"라는 생각과는 다른 것이다. 그것은 예술가의 삶이, 그것이 취한 형태에 있어서 "진리의 예술"이란 무엇인가를 명백하게 증명한다는 사고방식이다. 푸코는 그것을 다음과 같은 표현으로 언표한다.

> 예술가의 삶이 작품을 창조할 수 있을 만큼 충분하게 특이해야 할 뿐만 아니라, 그의 삶이, 이른바 그 진리 속에서 예술 그 자체의 표명manifestation이어야 하는 것입니다.[30]

'예술가의 삶'이라는 이 테마는 두 가지 원리에 의거한다. 첫째, 예술은 존재에 대해 다른 것과는 상이한 어떤 특이한 형태를, 즉 참된 삶이라는 형태를 줄 수 있다는 원리이다. 둘째, 이 참된 삶의 형태를 부여받은 존재는 이번에는 자신 속에 뿌리를 내리고, 자신에게서 비롯되는 모든 작품이 예술의 계보 및 영역에 속하도록 담보한다는 원리이다. 푸코에 따르면 이 예술작품의 조건, 예술작품의 진정성의 증거로서의 예술가의 삶이라는 사고방식이야말로 진리의 스캔들로서의 삶이라는 퀴니코스파의 원리를 계승한 것이라고 한다.

또 푸코에 따르면 근대의 예술이 퀴니코스파의 매체라고 하는 데에는 또 다른 이유가 있다. 근대에서 예술은 그 표현을 통해 존재의 요소적인 환원, 즉 그 '벌거벗음mise à nu'이라고도 할 수 있는 차원에

---

30   Ibid., p.173.

급속하게 접근하게 된다. 여기에는 앞서 푸코가 말했던 퀴니코스파의 삶의 양태, 그 "삶의 삶 자체로의 환원"이라는 말에 단적으로 표현되고 있는, 삶의 미니멀한 본질에 대한 지향과 상통하는 것을 볼 수 있다. 그리고 19세기가 되자 이런 경향을 더욱 강화하게 된 예술은 그때까지 표현될 수 없었던, 이른바 "표현의 권리"를 갖지 못했던 "차원 낮은 것"의 침입의 장이 된다. 푸코는 근대 이후의 예술에 특히 이런 성질이 있음을 인정하고, 이를 "존재의 벌거벗은 요소의 침입의 장으로서의 예술"이라고 부른다.[31]

이 "존재의 벌거벗은 요소의 침입의 장으로서의 예술"은 기존의 문화와 사회규범 같은 것에 대해 이의제기적인 기능도 맡게 된다. 예술 중에는 선행하는 행위에서 도출된 규칙이 후속 행위에 의해 비판적 검토에 처해지게 된 운동이 있으며, 이런 의미에서 예술에는 모든 기성의 문화와 규범에 대한 영속적인 퀴니코스주의를 인식할 수 있는 것이다.

그리고 푸코는 이런 성질을 지닌 근대 예술을 "문화에 있어서의 퀴니코스주의"라고 부른다.[32] 그것은 이른바 "문화적인 합의"에 대해서, 거기로 환원될 수 없는 진리를 대립시키는 진실 말하기의 형태이다. 이리하여 푸코는 근대 예술에 진리의 표명과 연결된 삶의 양태로서의 퀴니코스주의의 역사가 있다고 인식하는 것이다.

---

31   Ibid., p.174.

32   Ibid., p.174.

4. 개별적이고 전체적인 변화

그런데 이미 논했듯이, 퀴니코스파의 실천의 핵심은 진리와의 관계에 있어서 자기의 삶을 배려하는, 즉 "자기에의 배려"를 행하는 데 있었는데 여기서 푸코가 한 가지 더 주목하는 것은 퀴니코스파의 배려가 이렇게 자기로, 그리고 자기 자신의 삶으로 향하는 것만은 아니라는 점이다. 즉, 그것은 동시에 타자의 삶으로도, 그 진리와의 관계로도 향하는 것이다. 게다가 여기서 주의해야 하는 것은 이런 "타자에의 배려"가 타자의 개별적인 사정으로 향한다기보다는 더 넓은 관점에서 행해진다는 것이다. 푸코는 이를 다음과 같이 설명한다.

> 타자를 배려함으로써 실제로 퀴니코스파는 그 타자들 속에서, 인류 일반에 속하는 것을 배려하는 것입니다. 따라서 … 그들이 동시에 자기 자신을 배려하는 것은 그들 또한 그 인류에 속하기 때문입니다.[33]

요컨대 퀴니코스파가 배려하는 것은 각각의 타자의 개별적 삶이

---

33   Ibid., p.286. [옮긴이] 이 구절을 프랑스어 텍스트에서 직접 번역하면 다음과 같다. "타자들에게 전념함으로써(s'occuper), 실제로 퀴니코스파는 타자들 안에서 인류 일반에 속하는 것에 전념해야 합니다. 그리하여 … 그들은 자기 자신에게 동시에 전념합니다. 왜냐하면 그들 또한 인류의 일부이기 때문입니다." 여기서 보이듯이, 필자는 '배려(souci)'의 동사형으로 'avoir souci de'나 'se préoccuper de'는 물론이고 's'occuper'도 쓰인다는 점에 주목해, 이를 '전념하다' 대신 '배려하다'로 옮기고 있다. 따라서 이 책에서 '배려'라는 단어는 '전념'이라는 의미도 갖고 있음에 주의해야 한다.

라기보다는 그 자신도 그 일부인 "인간성 전체humanité tout entière"[34]라는 것이다. 그리고 푸코에 따르면, 이런 식으로 타자에 대한 배려는 자기에의 배려와 완전히 일치하게 된다.[35]

그런데 앞서 논했듯이, 자기에의 배려는 자기에의 작동을 통해, 자기 자신을 변형하는 것을 목적으로 하는 "에토스 제작적인" 성격을 띠는 것이었다. 즉, 거기서는 어떤 '변화'가 목적으로 간주됐던 것이다. 그러면 이런 '변화'라는 관점에서 볼 경우 여기에서 발견되는 자기에의 배려인 동시에 타자에 대한 배려이기도 한 행위, 이른바 "인간성 전체"에 대한 배려가 목적으로 하는 변화는 더 넓은 의미를 갖게 된다. 즉 그것은 우선 개별적인 삶의 변화를 일으키는 것이지만, 그것뿐만 아니라 더 나아가 "세계의 일반적인 짜임새configuration에 있어서의 변화"[36]에도 이르는 것이다.

정리하자. 우선 퀴니코스파는 개개인의 삶에 대해서, "참된 삶vrai vie"인 "다른 삶vie autre"으로의 변화를 목표한다.[37] 퀴니코스파는 "참된 삶"이란 "평범한 삶vie ordinaire"과는 다르다autre는 원리를 공유하고 있다.[38] 여기에서 앞 장에서 언급한, 진리에의 도달과 주체의 변화 사이의 연결이라는 고대 철학의 기본적인 테마를 간파할 수 있을 것이다.

---

34   Ibid., p.287.

35   Ibid.

36   Ibid.

37   Ibid., p.287.

38   Ibid., p.288.

이렇게 퀴니코스파는 개별적인 삶의 변화를 목표하지만, 앞서 봤듯이, 이 변화에의 의지는 그저 개개인으로 향하는 것에 머물지 않고, 이른바 '전체 인간'으로 향하며, 이런 의미에서 최종적으로는 "세계 전체의 변화"에까지 이르게 된다고 푸코는 생각한다.[39]

그리고 그는 퀴니코스파의 삶을 특징짓는 진리의 실천의 최종 목적은 개체와 전체를 동시에 변형하는 데 있다고 결론짓고, 다음과 같이 말한다.

> 세계가 자신의 진리에 합류할rejoindre 수 있다는 것, 세계가 자신의 진리 속에 있는 것과 합류하기 위해 스스로를 변형하고 다른 것으로 될 수 있다는 것은 [개별적인 삶의] 어떤 변화, 어떤 완전한 변질altération, 우리가 자기에 대해 맺는 관계에 있어서의 변화와 변질을 대가로 합니다. 그리고 자기의 자기로의 이 회귀 속에, 자기에의 배려 속에 퀴니코스파가 약속한 이 다른 세계monde autre로의 이행의 원리가 발견되는 것입니다.[40]

---

39 "이것[전체 인간의 삶의 변화]에 의해 완전히 다른 또 다른 세계가 출현해야 하며, 아무튼 지평에 있어야 하며, 바로 이것이 퀴니코스파의 실천의 목표를 구성해야 합니다"(Ibid., p.288).

40 Ibid., p.289.

5. '실존의 미학'의 사정거리

'실존의 미학'의 개요

지금까지 푸코의 말년의 파르레시아에 관한 강의를 중심으로 '실존의 미학'을 진리와의 관계에서 살펴봤다. 여기까지의 논의를 정리하면 다음과 같다.

푸코가 고대의 철학에서 찾아낸 '실존의 미학' 개념에 의해 제시되는 것은 우선 자기를 하나의 작품으로 만들어내는 삶의 방식이다. 그것은 자기에의 작동에 의한 자기 자신의 변형, 이른바 '자기의 포이에시스'로 향하는 삶이다. 그러나 앞 절에서 논했듯이, 거기에는 자기의 실천에만 머물지 않는, 더 큰 대상에 대한 작동을 통한 변화도 내포되어 있다. 그것은 자타의 구별을 넘어선 곳에 있는 변화이며, "세계의 일반적인 짜임새에 있어서의 변화"라고 그가 표현하는 것이다. 그리고 이런 변화들을 위해 요청되는 것이 진리라는 계기였다. 즉, 거기서 삶의 변용이 요구되는 것은 진리에의 도달이라는 목적 때문인 것이다. 여기에서는 삶과 진리 사이의 관계를 둘러싸고 이루어진 어떤 미학적인 실천을 인식할 수 있다.[41] 실제로 푸코는 말년의 어떤 인터

---

41 푸코의 '실존의 미학'을 고찰하면서 이번 5장에서는 퀴니코스파의 실천에 대한 푸코의 언급을 주로 거론했지만, 푸코의 논의 자체의 사정거리는 당연히 이것에 한정되지 않는다. 그는 거기서 보이는 '삶의 변용'의 테마를 소크라테스·플라톤을 비롯해 스토아학파나 에피쿠로스파 같은 고대 철학에 공통적이라고 인식했다. 이런 의미에서 이 테마는 푸코에게 철학의 본질을 나타내고 있다고까지 말할 수 있을지 모른다. 실제로 그는 철학이란 "자기 자신에 의한, 그리고 타자에 의한 주체의

뷰에서 진리를 아는 것에 의한 자기의 변형을 "미학주의"esthétisme의 한 형태"라고 부른다.[42]

> 자신의 고유한 지식에 의한 자기의 이런 변형은 미[학]적 경험과 매
> 우 가까운 어떤 것이라고 저는 생각합니다. 자신의 그림에 의해 변
> 형되지 않는다면, 왜 화가는 작업을 하겠습니까?[43]

또 거기서 확인된 "세계의 일반적인 짜임새에 있어서의 변화"라는 논점으로부터는, 서두에서도 언급했듯이, 푸코의 '실존의 미학'이, 그가 1970년대 후반부터 펼쳤던 통치성이나 생명정치에 대한 논의의 연장선상에 자리매김되고, 그로부터 어떤 필연성을 갖고 전개됐음을 알 수 있을 것이다. 예를 들면 3장에서 자세하게 봤듯이, 푸코는 이 시기의 저서, 논고, 대담, 강의에서 유대·기독교의 사목권력에서 근대 국가의 권력에 이르는 정치적 합리성 속에서 "개별적이고 전체적"인 통치 원리를 탐색하는 작업을 계속 했다. 그리고 앞의 4장에서 봤듯이 이런 고찰들은 동시기의 주체론에서는, 이번에는 고대 그리스의 실천을 대상으로 삼아 이 통치에 대한 저항을 탐색하는 형태로 전개된다.

이런 의미에서 푸코에게 "자기의 통치"로서의 '실존의 미학'의 문

변형 속에서, 자신이 작동을 거는 대상을 찾아내려는 하나의 실천"(GSA, p.326)이며, "자기에의 관계가 경우에 따라서는 변형할 수 있는, 다양한 형태를 규정해야 할"(GSA, p.326) 것이라고 말한다.

42   《Une interview de Michel Foucault par Stephen Riggins》, n° 336(1983), p.1351.

43   Ibid., p.1355.

제는 어디까지나 이런 "개별적이고 전체적"인 통치의 문제, 특히 생명 정치 문제와의 밀접한 연결 속에서 짜여 온 것이다. 이런 점에서 보면 '실존의 미학'으로 상징되는 그의 말년의 주체론이, 예를 들어 그의 "작품으로서의 삶"이라는 말에서 연상되는 "개인으로서의 자기"로의 회귀와는 근본적으로 이질적인, 더 넓은 사정거리를 갖춘 것임을 짐작할 수 있다.[44] 실제로 들뢰즈가 푸코에게서의 '자기'를 "다양한 집단 및 개인과 관련된 개체화의 과정"[45]으로 규정하고, 이 과정이 "힘들의 고착적인 관계로부터도, 이미 만들어진 지식으로부터도 벗어나는" 것임을 지적한 것은 위와 같은 사정을 감안한 것임에 틀림없다.

한편 푸코는 예술에 대해서도 이 삶과 진리의 연관에 끌어들이는 형태로 말했다. 그곳에서는 예술을 통해 삶이 진리와 연결된다. 즉 "참된 삶"이 되며, 또 이 참된 삶이 이번에는 예술의 참됨을 담보하게 된다는, 이른바 예술과 참된 삶의 순환적인 구조에 대해 언급됐다. 또

---

44   이 점에 관해서는 예를 들어 고대 철학 전문 철학자·역사가이자 콜레주드프랑스의 동료로, 말년의 푸코의 사상 형성에도 큰 영향을 준 피에르 아도가 '실존의 미학'에 대해 한 비판을 참조. Pierre Hadot, 《Réflexions sur la notion de "culture de soi"》, in *Michel Foucault philosophe* (Actes de la rencontre internationale de Paris, 9-11 janvier 1988), Paris, Le Seuil, 《Des Travaux》, 1989, pp.261-268, repris dans Pierre Hadot, *Exercices spirituels et philosophie antique* (Nouvelle édition revue et augmentée), Paris, Albin Michel, 《L'Évolution de l'Humanité》, 2002, pp.323-332. 또 철학에 있어서의 삶의 실재성을 푸코와 아도(나아가 스탠리 카벨)에게 공통적인 문제로 검토한 논고로 다음이 있다. Danielle Lorenzini, 《La vie comme 《réel》 de la philosophie. Cavell, Foucault, Hadot et les techniques de l'ordinaire》, in *La voix et la vertu. Variétés du perfectionnisme moral*, Sandra Laugier (dir.), Paris, PUF, 《Éthique et philosophie morale》, 2010, pp.469-487.

45   Gilles Deleuze, 《Qu'est-ce qu'un dispositif?》, in *Deux régimes des fous. Textes et entretiens 1975-1995*, Paris, Éditions de Minuit, 《Paradoxe》, 2003, p.318.

거기에서는 참된 삶의 매체로서의 예술과 사회의 관계에 대해 규범의 재활성화라는 관점에서부터 말하기도 했다. 즉, 참된 삶의 표현인 예술은 현실을 다른 것으로 변환하는 힘에 의해서 문화 및 규범의 고착화를 막고 그것을 영속적으로 재활성화하는 효과를 지니는 것이다.

'우리 자신의 역사적 존재론'으로서의 자기의 포이에시스

그러면 위와 같은 것을 바탕으로 이번 5장에서 참조하고 싶은 것은 「계몽이란 무엇인가」라는 제목이 달린 가장 말년의 논문이다. 왜냐하면 이 논문에서 푸코는 계몽을 둘러싼 칸트의 논의를 출발점으로 삼아 자기의 포이에시스를 "우리 자신의 역사적 존재론l'ontologie historique"이라고 규정하기 때문이다.[46] 이 규정은 도대체 무엇을 시사하는가? 그것은 푸코 말년의 주체론을 더욱 넓은 문맥에 자리매김할 수 있는 실마리라고 말해야 할 것이다. 즉, 이 논문에서는, 그의 논의에서 문제가 되는 것이 단순한 추상적인 형태로서의 주체가 아니라 시간성이 중요한 의미를 갖는, 이른바 역사적 주체에 다름없다는 것을 엿볼 수 있다.

핵심은 '현재'라는 시제이며, 또 이 '현재'와의 관계 방식으로서의 "현대성의 태도"라고 불리는 것이다. 왜냐하면 푸코는 그곳에서 자기에의 작동을 통해 문제가 되는 것은 "현재란 무엇인가", 그리고 "현재에 살고 있는 우리란 무엇인가"라는 물음이라고 말했기 때문이다.

---

46   《What is Enlightenment?》, 《Qu'est-ce que les Lumières?》, n° 339(1984), p.1393.

또 푸코에 따르면 "현대성modernité"이라는 말은 "역사의 한 시기"를 가리킨다기보다는 오히려 "하나의 태도"를 의미한다.[47] 즉, 그것은 "현재성actualité에 대한 관계 맺기의 양태"이며, "사고방식이나 느끼는 방식, 또한 행동거지나 행동방식"이며, 요컨대 하나의 '에토스'라고도 말해야 할 것이다.

무슨 말인지를 더 자세히 보자. 여기서 푸코는 19세기에서의 현대성의 의식의 가장 첨단적인 체현자인 보들레르를 예로 들면서, 이 "현대성의 태도"의 복잡한 양상을 특징짓는다.

푸코에 따르면, 보들레르에게 '현대성'이란 우선 시간의 흐름을 뒤따라갈 뿐인 '유행mode'과는 구별된다. 반대로 그것은 "현재의 순간 속에서 '영웅적'인 것을 포착하는 것을 가능케 하는 태도"[48]이다. 그렇지만 이 현재의 '영웅화'란 그저 지나가는 순간을 그대로 유지하기 위해 그것을 신성화하는 것과 다르다. "현대성의 태도"에 있어서는, '현재'가 가진 높은 가치는 '현재'를 지금과는 다른 형태로 상상하며 이를 변형하려는 열정과 떼어놓을 수 없는 것이다.

> 보들레르적인 현대성이란 현실적인 것le réel에 대한 극도의 주목이 이 현실적인 것을 존중하며 동시에 이를 위반하는 자유의 실천에 대면하는 그런 수련exercice이다.[49]

---

47   Ibid., p.1387.

48   Ibid., p.1388.

49   Ibid., p.1389.

여기서 분명해지는 것은 현재를 끊임없이 변형함으로써 현재의 영웅화가 수행될 수 있다고 하는, '현대성의 태도'에서 보이는 모종의 양가적인 성질이다. 한편, 여기서 푸코가 주목을 촉구하는 것은 보들레르에게 현대성이 '현재'라는 '때'와의 관계에 머물지 않고, 거기에서 살아가는 자기 자신에 대한 관계도 내포한다는 점이다. 이때부터 현대적이란 지금 있는 그대로의 자기를 받아들이는 것이 아니라, 자기를 복잡하고 어려운 다듬기[정교화]의 대상으로 삼는 것과 다름없다는 테제가 도출된다. '현대적인 인간'은 "자기를 스스로 창출하려는 인간"이다.[50] 이렇게 '현재'라는 시제에 대한 관계 방식은 '현재의 자기'에 대한 관계 방식으로서 초점화된다.

'현재의 영웅화', '자유와의 놀이에 의한 현실적인 것의 변형', '자기의 다듬기[정교화].' 푸코에 따르면, 위와 같은 것이 보들레르적인 '현대성의 태도'의 구성요소이다.[51] 푸코는 그 근저에 "하나의 태도의, 즉 하나의 철학적 에토스의 항상적인 재활성화"를 찾아내고, 그것을 "우리의 역사적 존재의 항상적인 비판"이라고 부른다.[52] 그것은 "우리 자신의 역사적 존재론을 통한, 우리가 말하는 것, 생각하는 것, 행하는 것에 대한 비판"[53]이다. 요컨대 우리가 진정으로 '현대적'이기 위해서는 우리가 '현재(의 우리)'를 끊임없이 비판하고 그것을 만들고 바꿔나

---

50   Ibid., p.1390.

51   여기서 주목되는 것은 보들레르가 이런 사항들이 일어나는 장을 '예술' 속에서 상정했다는 지적이다.

52   《What is Enlightenment?》, 《Qu'est-ce que les Lumières?》, nº 339(1984), p.1390.

53   Ibid., p.1392.

갈 필요가 있는 것이며, 또 이것이야말로 '현재(의 우리)의 영웅화'에 다름없다는 것이다. 자신의 포이에시스가 동시에 하나의 역사적 존재론이기도 하다는 것은, 이런 의미에서이다.

현재성의 문제화로서의 철학

이런 비판적 창조의 영위는 또한 동시기의 강의에서는 '현재성의 문제화problématisation로서의 철학'[54]이라고 바꿔 말해진다. 거기서 철학자는 스스로 거기에 속하고 그것과의 관계에서 스스로를 자리매김하는 현재성에 대해 의문을 제기하는 것이다.

푸코에 따르면 '문제화'는 "정치에 대해서 문제를 제기하는 것처럼 보이는 사실들, 실천들, 사고들로 이루어진 영역의 정교화 élaboration"[55]이며, 또 이리하여 물음을 정교화함으로써 실현해야 할 것은 "'우리'의 장래적인 형성"이다. 여기에는 3장의 5절 끝부분에서 본 정치와 윤리의 연결 — 거기에서는 윤리적인 연성練成이 동시에 정치적인 연성으로 이어진다 — 을 인식할 수 있을 것이다.

또한 그때, 현재에 대한 질문이 미래를 형성한다는 시간적인 관점이 도입된다는 것에도 주목할 수 있다. 푸코는 말한다.

---

54   《Qu'est-ce que les Lumières?》, n° 351(1984), pp.1499-1500. 푸코에게서 '문제화' 개념에 관해서는 다음에 자세하게 나와 있다. Mathieu Potte-Bonneville, Michel Foucault, l'inquiétude de l'histoire, Paris, PUF, 《Quadrige Essais Débats》, 2004. pp.239-281.

55   《Polémique, politique et problématisations》, n° 342(1984), p.1412.

'우리'가 질문에 선결되어야 할 것 같지는 않습니다. 그것은 새로운 용어들 속에서 제기되는 것으로서의 질문의 결과 — 필연적으로 잠정적인 결과 — 에 다름없습니다.[56]

즉, 현재의 '우리'에 대한 질문 던지기가 미래의 '우리'를 형성하는 것으로 이어지는 셈이지만, 이 미래의 '우리'도 결코 확정적인 것이 아니며, 더 미래의 '우리'의 형성에 이바지하기 위한 '잠정적인 결과'에 불과하다는 것이다. 여기에는 '현재(의 우리)'를 끊임없이 변형함으로써 '현재(의 우리)의 영웅화'가 성취될 수 있다고 하는 '현대성의 태도'와 통하는 것이 있음을 알아챌 수 있다.

지금까지 봤듯이, 푸코의 주체론은 그 역사론과 불가분하게 연결되어 있다. 현재의 우리는 과거의 우리가 던진 질문의 결과인 동시에 미래의 우리를 낳는 단서가 된다. 이런 시간적인 연쇄로서 주체를 바라보는 관점, 주체의 생성에 시간성을 도입한 것은 푸코의 주체론이 시간으로부터 분리된 보편적인 주체가 아니라, 그것과 하나가 된 역사적 주체를 다루는 것임을 나타내고 있다. '실존의 미학'에서 만들어진 주체 역시 이와 같은 것으로 이해되어야 할 것이다.

56   Ibid., p.1413.

6. 파르레시아로서의 예술

예술을 통한 삶의 변용

그런데 푸코는 '실존의 미학'을 고찰하는 가운데 삶에 있어서의 진리의 현전을 다양한 일상적 행위 안에서 찾고 있는데, 그 안에는 당연히 예술의 제작 행위도 포함된다. 여기서 이 예술의 제작 행위를 통한 자기의 변형을 앞에서 확인한 "세계의 일반적인 짜임새에 있어서의 변화"라는 아이디어와 함께 놓고 생각한다면, 그것은 예술을 둘러싼 소통이라는 측면에서도 재파악할 수 있지 않을까? 즉, 그로부터는 예술을 만들어내는 자의 삶의 변형과 동시에 이를 건드리는 자의 변형을, 달리 말해서 예술을 통한 양자의 삶의 변화 가능성을 엿볼 수 있다는 것이다. 그리고 이런 의미에서는 푸코가 말하는 '실존의 미학'에서 출발해서, 삶의 포이에시스뿐 아니라 이런 예술, 혹은 더 넓은 '미적·감성적인 것'을 통한 상호관계로 이루어진 변형의 총체에 대해서도 생각하는 것이 가능하지 않을까?[57]

실제로 푸코의 말년의 예술론에는 제작자뿐 아니라 수용자의 "예술과 삶의 연결"에 관한 언급도 보이는데, 그것은 이런 해석을 뒷받침할 것이다. 예를 들면 푸코는 피에르 브레이즈와의 대담에서 이른바 '학계적인' 음악과는 다른 록 음악의 가능성에 대해 말하는데, 거기

---

57   이 점에 관해서는 서론에서 언급한 슈스터만과 포르미 외에 '관계성의 미학'으로 알려진 니콜라 부리요 등도 참조. Nicolas Bourriaud, *Esthétique relationnelle* [1998], Dijon, Presses du réel, 2001; *Formes de vie, L'art moderne et l'invention de soi* [1999], Paris, Éditions Denoël, 2009.

서 그가 특히 주목하는 것은 이 음악과 우리의 삶 사이의 깊은 연결이다. 그것은 이미 많은 사람들의 생활의 일부가 됐으며, 록을 애호하는 것, 또 어떤 장르의 록을 애호하느냐는 것은 하나의 '삶의 방식'의 문제, 또는 '저항'의 방식이 된다고 한다. 푸코는 록이, 그 자체로는 '가난한' 음악이라고 인정하면서도, 그것을 통해 청중이 자기를 명시하는 것인 한에서, 그것이 "취미와 태도의 하나의 총체"일 수 있다는 점을 강조하는 것이다.[58]

푸코와 가타리

또 푸코의 '실존의 미학'을 그 이후에 독자적으로 계승한 존재로서 펠릭스 가타리를 꼽을 수 있다(단, 가타리 자신은 푸코에 대한 참조를 명시하지는 않는다).[59] 그것은 어떤 점에서일까?

우선 주목되는 것은, 가타리가 자신의 직장이기도 했던 라 보르도 정신병원을 "집합적 주체화subjectivation collective"의 장소로 자리매김하고 있다는 것이다.[60] 가타리에 따르면 거기서 문제가 되는 것은 환자의 주체성의 단순한 재모델화 — 즉, 정신적 위기를 경험하기 이전의 그것의 재건 — 가 아니라 그 "독특한sui generis 생산"이다.

---

58   《Michel Foucault/Pierre Doulez. La musique contemporaine et le public》, n° 333(1983), p.1309.

59   가타리에게서의 주체화와 '미적 패러다임' 사이의 관계에 관해서는 다음을 참조. Nicolas Bourriaud, *Esthétique relationnelle*, op. cit., pp.90-108; Maurizio Lazzarato, *Expérimentations politiques*, Paris. Éditions Amsterdam 2009, pp.186-197.

60   Félix Guattari, *Chaosmose*, Paris. Galilée. 《Les Cahiers de l'Herne》, 1992, p.18.

가타리는 거기서 행해지는 '주체화'의 과정을 다음과 같이 설명하고 있다. 즉, 그것은 "개인=집단=기계=다양한 교환"을 통해서 "주체성의 복합체"를 만들어가는 것이며, 이 복합체는 각자에게 "실존적인 신체성을 재구성하고 … 스스로를 재특이화하기 위한 여러 가지 가능성"[61]을 부여한다. 또 그것은 주체성 속의 "이미 있는" 차원이 아니라 하나의 창조에서 출발해 진행하는 것이며, 이런 의미에서 모종의 "미적 패러다임paradigme esthétique"에 속하는 것이다. 가타리는 말한다.

> 우리는 조형예술가가 팔레트를 자유로이 구사해 새로운 형태를
> 창조하는 것과 마찬가지로, 주체화의 새로운 양상을 창조한다.[62]

이렇게 가타리는 '실존의 영역'이 "미적 질서를 갖춘 자율성의 차원"에 관한 것임을 지적하는 동시에, 주체성을 "과정적인 창조의 차원"으로 파악할 필요성을 호소한다.[63]

또 가타리에게 '예술'은 이른바 예술가의 활동에 한정되는 것이 아니라 "주체의 창조성의 전체"가 관련된 것이다.[64] 즉, 그가 말하는 '미적 패러다임'에서 참조되는 것은 "제도화된 예술"이나 "사회 영역 속에서 명시되는 작품"이 아니라 "그 직전에 영원히 생겨나고 있는 창

---

61 Ibid., p.19.

62 Ibid.

63 Ibid., p.27.

64 Ibid., p.127.

조의 차원, 출현의 힘"이다.[65] 이런 전제에 따라 그는 다음과 같이 말했다.

> 내가 하나의 작품을 '수행'할 때, … 내가 하는 것은 복잡한 존재론적 결정화cristallisation이며, 현존재의 이타화altérification이다. 나는 존재에 다르게 실존하도록 명하고, 존재로부터 새로운 강도를 이끌어 내는 것이다.[66]

이리하여 "예술에 의한 지도작성법cartographie artistique"[67]은 개별적·집합적 주체성의 결정화에 있어서 중요한 관건이 될 것이다. 그것은 예술의 제작자와 수신자 쌍방의 주체성을 개편하고 주체를 자신의 재창조·재발명으로 향하게 하는 것이다. 서로 직접적인 참조가 있었던 것은 아닌 푸코와 가타리이지만, 이런 가타리의 논의는 이번 장에서 봤던 푸코의 논의와 어느 정도 공명한다고 할 수 있다.[68]

그런데 푸코는 말년의 주체론에서 진리와 삶의 깊은 연결에 주목하고, 예술을 이 연결의 표현이라고, 혹은 경첩이라고 논했다. 그런데 푸코가 말하는 파르레시아는 일차적 의미에서는 진리=말이라는 언

---

65   Ibid., p.142.

66   Ibid., p.143.

67   Ibid., p.180.

68   또 푸코와 가타리의 권력론의 근사성에 관해서는 다음에 자세하다. 多賀茂, 「新たな戦い──フーコーとガタリ」, 『医療環境を変える──「制度を使った精神療法」の実践と思想』, 京都大学学術出版会, 2008年所収.

어 행위를 가리키지만, 이것이 더 넓게는 이런 진리와 삶의 연결을 구현하는 것임을 감안한다면, 예술 역시 일종의 파르레시아라고 생각할 수 있을 것이다.[69] 그리고 위와 같은 것을 토대로 푸코에게서의 '미학'의 의미로 돌아간다면, 이런 파르레시아로서의 예술을 놓고 펼쳐지는 다양한 삶의 관련성 자체를 하나의 미학으로 자리매김할 수 있지 않을까? 거기서 예술은 삶에 있어서의 진리의 현전을 통해, 항상 다양한 관계성과 거리를 두게 되며, 게다가 그것이 지금 있는 현실을 바꾸는 힘이 될 것이다.

---

69   이 '파르레시아로서의 예술'이라는 관점에서 보면, 가령 폴란드 출신의 작가인 크시슈토프 보디치코(Krzysztof Wodiczko)의 활동을 주목할 수 있다. 왜냐하면 보디치코가 자신의 예술 활동에 관해 말할 때 참조하는 것이 바로 푸코의 '파르레시아'이기 때문이다. 보디치코는 현대 회화가 품고 있는 문제들을, 거기서 트라우마를 짊어진 사람들에 초점을 맞춤으로써 부각시키고자 할 때, 그들의 발언을 '파르레시아'로 간주한다. 여기서 중요해지는 것이 이 트라우마적 경험에 의해 목소리를 잃은 사람들이 목소리를 되찾고 다시 이야기를 시작할 수 있게 할 수 있게 되는 과정이며, 또한 그에 따르면, 거기서 예술가가 개입할 여지가 있다고 한다. 이하의 인터뷰를 참조. Patricia C. Phillips, "Creating Democracy: A Dialogue with Krzysztof Wodiczko," *Art Journal*, vol. 62, no. 4, winter 2003, pp.32-49.

6장 생명을 적어두기 / 생명을 고쳐쓰기: 기록과 진리

　　'실존의 미학'을 얘기하게 된 말년의 푸코에 관해서는 지금까지 몇 가지 비판이 이뤄졌다. 즉, 거기서 제시된 푸코의 주체상은, 예를들어 통속적인 의미의 댄디즘으로 간주될 수 있으며, 심지어 사르트르적인 실존주의와 동일시되는 경우조차도 있었다. 그렇지만 푸코는 말년의 인터뷰에서도 자신의 사유와 사르트르의 철학의 차이를 '주체'에 대한 입장의 차이라고 설명한다. 즉, 사르트르에게 주체는 여러가지 의미를 부여하는 존재이자 "유일하게 가능한 실존 형식"인 반면, 자신의 물음은 다음과 같다고 한다. 그것은 "주체가 더 이상 그 구성적 관계들에 있어서, 자기 자신과의 동일적인 것에 있어서 주어지지 않는 경험은 있을 수 없을까? 그러니까 주체가 갈라서고 자기 자신과의 관계를 부수고, 자신의 동일성을 잃게 되는 경험은 없을까?"[1]

　　그렇다면 푸코는 이런 경험에 근거한 주체상을 어떤 것으로서 구상했을까? 이번 6장에서는 이를 이 시기의 에크리튀르론을 실마리삼아 독해하고 싶다. 앞의 5장에서 봤듯이, '실존의 미학'은 '실존의 기예'를 통해서 진리를 획득하고 이와 더불어 자기를 형성하는 실천이었다. 다른 한편 푸코는 '실존의 기예'에 있어서 '글쓰기'의 중요성을

1　　《Entretien avec Michel Foucault》, n° 281(1980), pp.868~869.

특히 강조한다.[2] 이번 6장에서는 이러한 자기 형성과 에크리튀르의 관계를 그의 '실존의 미학'의 요체로서, 그의 '비동일적인 주체'를 둘러싼 논의의 요체로서 독해하고 싶다.

1. 휘폼네마타와 서한

휘폼네마타: 단편적인 로고스에 의한 주체화

푸코는 후기의 다양한 텍스트에서 '실존의 기예'에 있어서 '글쓰기(에크리튀르)' — 자기 및 타자를 위해 쓴다는 것 — 의 중요성을 강조한다.[3]

> 자기의 훈련의 요소로서의 쓰기는 에토스 제작적인 기능을 갖고 있다. 그것은 진리를 에토스로 변형하기 위한 조작자이다.[4]

---

2   "신체의 좋은 관리가 실존의 기예가 되기 위해서는 주체가 자신에 관해 써 둘 필요가 있다. 그것에 의해 주체는 자율성을 획득하고 자신에게 좋은 것과 나쁜 것에 관해 분별 있는 선택을 할 수 있게 될 것이다"(UP, pp.142-143). 또한 푸코는 세네카나 마르쿠스 아우렐리우스와, 그의 일상생활의 세부에 대한 관심 사이의 연결도 언급한다(TS, pp.28-29).

3   푸코 말년의 에크리튀르론의 중요성에 관해서는 다음을 참조. Bernard Stiegler, *Prendre soin. De la jeunesse et des générations*, Paris, Flammarion, 《La bibliothèque des savoirs》, 2008. 이 책에서 스티글레르는 자신이 제창한 "마음권력(psychopouvoir)"론의 입장에서 푸코가 1970년대에 전개한 생명권력론의 현대적 한계를 지적하면서, 오히려 말년의 에크리튀르론에서 가능성을 찾고 있다.

4   《L'écriture de soi》, n° 329(1983), p.1237. 이 점에 관해서는 다음도 참조. 《L'herméneutique du sujet》, n° 323(1982), p.1180; 《À propos de la généalogie de l'éthique: un aperçu du travail en cours》, n° 344(1984), p.1443-1447; 《Le retour de la morale》, n° 354(1984), p.1519.

이 자기의 실천으로서의 '쓰기'의 중시 때문에 그는 고대로부터 이어지는 이른바 '자아의 문학' ― 자기의 내면을 담은 일기나 자기에 관한 이야기 등 ― 의 전통도 자기의 실천의 틀에서 재파악되어야 한다고 주장한다.

> 주체가 어떤 상징 체계 속에서 구성된다고 말하는 것으로는 만족할 수 없습니다. 그것은 다양한 현실의 실천들 ― 역사적으로 분석 가능한 실천들 ― 속에서 구성됩니다.[5]

그리고 이런 에토스 제작적인 에크리튀르로서, 푸코가 특히 주목하는 것은 휘폼네마타hupomnêmata와 서한correspondance이라는 두 가지 형태이다.

우선 휘폼네마타란 장부나 비망록을 뜻하는 그리스어이다. 고대 그리스에서는 이런 노트가 각자의 행동의 지침으로서 사용됐다고 한다. 거기에 적어두는 것은 다양한 인용이나 저작의 단편이며, 실제로 체험하거나 책에서 읽은 것들이며, 사람들에게서 듣거나 자신이 생각한 사고이다. 이른바 그것은 읽거나 듣거나 생각한 것의 기억을 물질화한 것이다. 그것은 각자가 작성하여 곁에 두며, 행위 속에서 필요에 따라 사용되는 것이었다. 거기서 중요한 것은 적어둔 담론이 단순히 '추억의 옷장'에 넣어질 뿐 아니라, 혼의 심층에 자리 잡고, **진정으로**

---

5   《À propos de la généalogie de l'éthique》, n° 344(1984), p.1447.

우리의 일부가 되는 것이다.

혼을 그런 담론들을 단순히 그 자신의 것으로 만들 뿐 아니라, 자기 자신으로 만들어야 한다.[6]

이로부터 이런 담론들은 '로고스 비오에티코스logos bioèthikos'라고도 불렸다. 휘폼네마타라는 에크리튀르는 이 담론의 주체화(더 말하자면, '피가 되고 살이 되기')에 있어서의 중요한 중개자였던 셈이다.[7]

또 푸코는 그것이 기독교적인 '고백'의 전통에 속하는 것이 아님을 강조한다. 휘폼네마타가 추구하는 것은 이와는 정반대의 방향성이다. 즉, 거기서 중요해지는 것은 '말할 수 없는 것'을 추구하는 것이나, '감춰져 있는 것'을 밝히는 것이나, '말해지지 않은 것non-dit'을 말하는 것이 아니라, 반대로 "이미 말해진 것déja-dit"을 사로잡는 것, 즉 듣거나 읽거나 한 것을 한데 끌어 모으는 것이다.[8] 그리고 이리하여 "이미 말해진 것"이 모여지는 것은 그것을 바탕으로 자기를 형성하기 위해서일 뿐이다. 요컨대 휘폼네마타의 목적은 교육, 청취, 독서에 의해 전해진 "단편적인 로고스의 끌어 모음récollection"을 최대한 적절하고 완전한, 자기에 대한 자기의 관계를 수립하기 위한 수단으로 삼는 것

---

6   《L'écriture de soi》, n° 329(1983), p.1238. 강조는 인용자.

7   Ibid.

8   Ibid., p.1238.

이다.[9]

 푸코에 따르면, 휘폼네마타를 만드는 것이, 분산된 로고스를 통한 자기의 형성에 도움이 되는 것은 다음의 이유 때문이다. 우선 휘폼네마타에 의해 자신이 얻은 담론을 문서고화하고, 필요한 때에 곧바로 활용할 수 있다. 또한 그것은 이질적인 담론을 끌어 모으고, 그것들을 그때마다의 '국지적 진리'와 '사용 상황에서의 가치'에 의해 통제할 수 있게 한다. 그것은 어중이떠중이의 진리를 모으고 통합하는 기술이다. 푸코는 그것을 "'이미 말해진 것'의 전통적 권위를, 거기서 뚜렷이 나타나게 되는 진리의 특이성과, 그리고 그 사용을 결정하는 상황의 특수성과 조합시킨다는 숙고된 방식"이라고 표현한다.[10] 나아가 이 어중이떠중이의 통합은 휘폼네마타를 행하는 주체 속에서, 쓰거나 읽거나 하는 행위의 결과로서 실현되는 것이다.

 거기서는 두 개의 과정이 구별된다. 우선, 휘폼네마타라는 행위를 통해 이질적인 단편을 주체화하는, 즉 자신의 신체에 담아둔다[기입한다]는 과정이 있다. 휘폼네마타는 보거나 듣거나 한 것을 "힘과 피로" 바꾸고, 그리하여 이 보거나 듣거나 한 것은 주체 속에서 '행동의 원리'가 된다. 또 다른 한편으로, '말해진 것'을 끌어모음으로써 주체가 자기 자신의 동일성을 만들어낸다는 과정이 있다. 다만 거기서 끌어 모아진 이질적 요소로부터 만들어진 '읽기'와 그것을 동화 흡수하

---

9   Ibid., p.1239. 이 점에 관해서는 『주체의 해석학』의 「강의 정황」에서의 프레데릭 그로의 기술도 참조. HS, pp.509-510.
10   Ibid., p.1240.

는 '쓰기'의 작동에 의해 형성되는 것은 그것을 통해 '어떤 정신의 계보의 전체'를 독파해낼 수 있는 동일성에 다름 아니다.[11] 푸코는 그것을 고음, 저음, 중음, 혹은 남성 목소리, 여성 목소리라는 다양한 울림으로 구성된 합창에 빗대고 있다.

이처럼 휘폼네마타에 있어서 중요한 것은 취사선택된 단편적인 '이미 말해진 것'을 자신의 것으로 삼고 통합하고 주체화함으로써 자기를 이성적 행위의 주체로 형성하는 것이며, 이리하여 진리는 행동의 원리가 될 수 있다.[12]

서한: 자기와 타자가 '대면하는' 장

한편 고대 그리스에서는 서한이라는 형식의 에크리튀르도 자기 및 타자의 주체 형성에 있어서 중요하다고 여겨졌다. 거기에서 한통의 편지는 그것을 쓴다는 행위를 통해서 보내는 자에게 영향을 주는 동시에 그것을 읽는다는 행위를 통해 받는 자에게도 영향을 주는 것이었다.[13] 푸코는 에크리튀르가 자기와 타자에 대해 지닌 이중적 기능에 관해서, 서한과 휘폼네메타의 유사성을 지적한다. 나아가 그는 세네카를 참조하면서, 자기 형성에 있어서의 타자의 역할의 중요성을 지적한다. 즉, 자기에의 배려와 타자에의 배려의 역할은 상호적인 것이며, 거기서는 바로 "가르치는 자가 배운다"(『도덕서한』 7, 8절)는 것이다. 서한

---

11   Ibid., p.1242.

12   Ibid., p.1249.

13   Ibid., p.1242.

이라는 에크리튀르는 그것을 받는 자의 '자기에의 배려'를 돕는 동시에, 필자의 '자기에의 배려'를 — 그리고 경우에 따라서는 그것을 읽는 제3자의 그것을 — 돕는 것이기도 했다.

다만, 푸코는 서한과 휘폼네마타의 차이점도 지적한다. 그것은 자기를 표명할 때의 방식에 관련된다. 즉, 서한이란 쓰는 자를 받는 자에게 '현전$_{présent}$'시키는 에크리튀르라는 것이다. 여기서 '현전'이라는 말은 "무매개적이고 거의 신체적 존재감"[14]을 수반하는 양태라는 의미로 사용된다. 쓰기란 "모습을 나타내기"이며, 자신을 보여주는 것이며, 타자의 눈앞에 얼굴을 보여주는 것이다.[15] 이로부터 푸코는, 편지란 쓰는 자가 받는 자에게 던지는 시선(편지가 수신자를 바라보는)인 동시에, 작성자가 수신자의 시선에 스스로를 노출시키는 (수신자가 편지를 바라본다) 방식이기도 하다고 논한다. 요컨대 편지는 양자가 '대면'하는 장소가 되는 것이다.

그런데 이때, 서한을 통한 시선의 주고받음은 자칫하면 "자신의 마음 속 깊은 곳의 응시"로 이어진다고 이해되기 십상이다. 즉, 그것은 결국 "타자의 시선의 내면화"로 연결되기 쉽다는 것이다. 이에 대해 푸코는 그것을 "자기에 의한 자기의 독해"로서가 아니라 오히려 자기의 "타자에게로의 개방성"으로 이해해야 한다고 주장한다. 여기서 강조되는 것은 말하자면, "바깥에서 안으로"라는 방향성에 대한

---

14   Ibid., p.1244.

15   Ibid.

"안에서 바깥으로"라는 방향성이다. 이리하여 서한에서 타자와의 대면은 상호 감시라는 닫힌 형식이 아니라 상호 열린 협동을 형성하게 된다.

이상으로 휘폼네마타와 서한이라는, '실존의 기예'로서의 에크리튀르의 두 가지 형태를 살펴봤다. 푸코가 이 자기의 실천에 관해 거듭 지적하는 것은, 그것이 "외적인 진리의 흡수"를 목적으로 행해진다는 점이다. 거기서 교육, 독서, 조언 등을 통해 얻어진 다양한 진리는 "자기의 일부가 될 때까지, 항상 불변하게 활동하는 내적인 행동 원리가 될 때까지"[16] 동화된다. 이리하여 자기는 진리의 획득 때마다 자기를 변용시키게 될 것이다. 이런 의미에서 '실존의 기예'란 "진리와 주체를 연결시키는 것을 목적으로 하는 기술의 총체"라고 말할 수 있다. 그리고 이때 중요한 것은 주체 속에서 진리를 찾아내는 것도, 혼을 진리의 담론의 대상으로 삼는 것도 아니다. 중요한 것은 이러한 "주체의 해석학"이 아니라 주체가 "자신이 모르는, 자신 속에 존재하지 않는 진리를 익히는 것"이며, "진리를 습득하고 기억하고 점차 실천에 옮김으로써 그것을 우리 속에 절대적인 통치를 행하는 준-주체로 삼는 것"이다.[17]

정리하자. 우선 '실존의 기예'란 자신의 외부에 있는 진리를 자신의 내부에 기입하고, 그것을 신체화함으로써 '행동의 원리'로 삼는 것

---

16   《L'herméneutique du sujet》, n° 323(1982), p.1180.
17   Ibid., p.1181.

과 더불어 자기를 변용시키기 위한 기술이며, 또한 이 과정 전체를 '주체화'라고 부를 수 있다. 그리고 이번 절에서 본 휘폼네마타와 서한이라는 두 개의 실천은 푸코에게서 이 주체화의 기술의 요체로 자리매김된다. 또한 2장에서 봤듯이 1970년대 이후의 푸코는, 한 번은 에크리튀르의 '실천'으로서의 힘에 의문을 품고 더 구체적인 행동으로 경도되어 있었지만, 여기서 에크리튀르는 그 자체로 진정으로 '혁명적'인 힘을 지닌 실천으로서 재차 자리매김된다고 말할 수도 있을 것이다.

여기서 푸코의 사유 전체와 관련시켜 볼 때 특히 중요한 것은 진리가 '인식의 대상'이 아니라 '행동의 원리'로 파악된다는 점이다.[18] 전자에서 진리는 자기 속의 깊은 곳에 숨겨져 있고 탐색되는 것이었으나, 후자에서 진리는 다양한 행동의 '효과'로서만 표출되는 것이라고 말할 수 있다. 이 진리의 '지위' 변화는 분명히 지금까지 봤던 푸코의 사상적 변화 ― 특히, 그의 권력관의 변화 ― 에 따른 것이리라.

2. '바깥의 경험'으로서의 에크리튀르

앞 절에서 봤듯이, 푸코 후기의 에크리튀르론에서는 단편적인 로고스의 끌어 모음을 바탕으로 그로부터 어떤 실천에 의해 주체를 형성하는 과정이 제시됐다. 그중에서도 주목되는 것은 이런 논의들 속

---

18   이 점에 관해서는 『주체의 해석학』의 「강의 정황」도 참조. HS, pp.508-510.

에서 상정되고 있는 진리가 "말할 수 없는 것"도, "감춰져 있는 것"도, "말해지지 않은 것"도 아니며, 어디까지나 "이미 말해진 것"에 다름 아니라는 점이다. 그래서 이번 절에서 지적하고 싶은 것은, 이런 "이미 말해진 것"으로서의 진리와 『지식의 고고학』에서 정의된 '언표' 사이의 공통성이다. 왜냐하면 푸코가 휘폼네마타의 소재로 간주한 "교육, 청취, 독서에 의해 전달된 단편적 로고스의 끌어 모음"에는 '누적'이나 '외면성' 같은 『지식의 고고학』에서 제시된 언표의 특징을 분명히 인식할 수 있기 때문이다.

『지식의 고고학』에 따르면, 언표란 "다양한 지지체에 의해, 다양한 유형의 제도를 따라, 다양한 규약적 양태와 더불어" 잔존하는 것인 동시에, 특정한 주체로 회수되지 않고 "익명적으로 반복되는" 것이었다. 이것들은 그대로 휘폼네마타에 의해 끌어 모아진 "이미 말해진 것"의 성질에 합치할 것이다. 나아가 푸코는 이런 "이미 말해진 것"들을 바탕으로 만들어진 주체의 동일성을, 세네카의 말을 인용하면서 "개별적인 어떤 목소리도 식별할 수 없는" 합창에 빗대고 있다. 다른 한편으로 그는 1장에서 봤듯이, 블랑쇼가 과거에 썼던 작품에 호소하는 것은, 그런 작품들을 자신 속에 기입하고, 이른바 '내면화'하기 위해서가 아니라, 반대로 그런 작품들이 철저하게 우리의 '바깥'에 있다는 것을, 즉 우리와 작품 사이의 '외면성[외재성]'을 제시하기 위해서였다고 말했다.

그[블랑쇼]는 이미 쓰인 다양한 작품들을 자기 자신 속에, 자신의 주관성 속에서 회복하려고 한 것이 아닙니다. 그는 스스로 망각함으로써, 망각에서 출발해 이 [과거의] 작품들을 다시 표면에 떠오르게 하는 그런 존재입니다.[19]

마찬가지로 휘폼네마타에도, "이미 말해진 것"과 주체 사이에는 이런 외재적인 관계가 있는 것 같다. 물론 그것은 단편적 로고스를 신체화하고 자기의 행동 원리로 삼기 위한 행위가 있는데, 거기서 선택된 로고스는 결코 주체에 의해 "사유화"되는 것이 아니라, 반대로 주체에 대해 일정한 외재성을 유지하고 또한 로고스들끼리도 상호 이질성을 보존하게 될 것이다. 왜냐하면 푸코가 말하듯이, 휘폼네마타란 끌어 모으기 위해 이질적 담론을 문서고화하고, 필요에 따라 활용하기 위한 기술이며, 이런 담론들을 상황에 맞게 적용하기 위한 기술이기 때문이다.[20] 거기서 주체는 확고한 통일체라기보다는 오히려 문서고로부터 상황에 따라 인출되는 로고스로, 그때마다 형태를 변화시키는 존재라고 상정된다.

이처럼 후기의 에크리튀르론에서 푸코는 '언표'와 비슷한 단편적인 로고스로부터 형성되는 주체에, 근원적인 익명성, 비인칭성을 인정하고 있는 듯이 생각된다. 그리고 이런 의미에서 푸코가 말하는 에크

---

19   《Folie, littérature, société》, n° 82(1970), p.993.

20   들뢰즈는 이 '절대적 기억' 혹은 '바깥의 기억' 속에서, 바깥을 공간으로서뿐 아니라 시간으로서도 생각할 가능성을 찾아내고 있다. 다음을 참조. Gilles Deleuze, *Foucault* [1986], Paris, Éditions de Minuit, 《Reprise》, 2004, pp.114-115.

리튀르란 "주체가 더 이상, 그 구성적 관계들에 있어서, 자기에의 동일성에 있어서 주어지는 경험", "주체가 해체하고 자기에 대한 관계를 부수고, 자신의 동일성을 잃는 경험"이라고 말할 수 없을까? 이른바 그로부터 산출되는 것은 '바깥의 주체'에 다름없다고 말이다.

3. '대항-인도'로서의 문학

사건으로서의 담론

앞 절의 논의를 감안한 다음, 미리 푸코 후기의 논의로 눈을 돌린다면, 거기서 그가 '문서고'나 '고고학'이라는 『지식의 고고학』에서 제출된 개념을 우리의 삶에 직접 연결되는 것으로서 다시 이야기하고 있음을 깨달을 수 있을 것이다. 이번 절에서는 이 점에 관해 살펴보고 싶다.

푸코는 어떤 인터뷰에서 다음과 같이 말한다.

> 제가 담론의 문제에 있어서 흥미를 갖는 것은 누군가가 어떤 주어진 순간에 뭔가를 말했다는 사실입니다.[21]

여기서 그는 자신이 밝히려고 하는 것은 "이것이 저 순간에 말해졌다"는 사실에 할당할 수 있는 기능이며, 이를 '사건_{événement}'이라고

---

21 《Dialogue sur le pouvoir》, n° 221(1978), p.467.

명명한다. 푸코에게 문제가 되는 것은 담론을 일련의 '사건'로 파악한 다음, 이 사건(담론적 사건)이 담론 이외의 사건(정치·경제와 그 여러 제도 등)과 맺는 관계를 밝히는 일이다. 푸코는 그것을 "다양한 사건을 분간 하고 그것이 속한 곳의 네트워크와 수준을 구별하고 이런 사건들을 연결시키고 상호생성을 일으키는 연결을 재구성하는 것"[22]이라고 표현한다. 또 그는 이 연결을 "장치dispositif"라는 이름으로 바꿔 부르기도 한다.[23] 여기서 중요한 것은 담론이 다른 사건과 마찬가지로 하나의 사건에 다름없다는 인식이다. 이런 인식은 하나의 담론을 단순한 추상적인 언어 문제로서가 아니라 그것이 내뱉어진 상황이나 형태와 결부된, 현실적 존재 양태의 수준에서 다룰 수 있게 해준다.

그런데 푸코에 따르면, 고고학의 사명이란 우선 담론적 사건을 이것이 기록되어 있는 문서고에서 추출함으로써 재구성하는 데 있다. 다른 한편 고고학은 담론적 사건에 한정되지 않고, '역사적 영역'을 그 전체성에 있어서, 즉 정치, 경제, 성 같은 모든 차원에서 재구성하는 것을 목표로 하는 것이기도 하다. 이렇게 고고학은 담론적 사건과 다른 사건 사이의 관계를, 혹은 담론적 사건들 사이의 관계를 밝히는 것으로 향하게 될 것이다.

푸코는 고고학의 최종적인 목표를 "오늘날의 우리 자신에 대해서 아는 것"에 있다고 말했다. 문서고에 똬리를 틀고 있는 사건을 재구성

---

22   《Entretien avec Michel Foucault》, n° 192(1977), p.145.

23   《Le jeu de Michel Foucault》, n° 206(1977), p.299.

하는 것이 "오늘날의 우리"를 아는 것으로 이어진다고 하는데, 이것은 무슨 말일까? 그것은 이런 종류의 사건들이야말로, 또한 그 총체인 문서고야말로 우리의 삶을 성립시킬 수 있는 것에 다름 아니라는 의미이다. 즉, 우리는 불가피하게 담론적 사건의 문서고와 결부된 존재이며, 이런 의미에서 우리의 존재란 "몇 세기 전, 몇 개월 전, 몇 주 전에 말해졌던 것에 다름 아닌"[24] 것이다. "우리의 사회와 우리의 존재에는 심대한 역사적 차원이 있다"[25]는 푸코의 역사 인식도 여기서 유래할 것이다.

순수하게 언어적인 실존

지금까지 봤던 것으로부터는, 푸코가 우리의 삶을 근본적으로 '언어적'인 것으로서 파악했다는 것을 엿볼 수 있다. 또한 그때의 '언어'란 앞서 말했던 '사건으로서의 담론'을 가리킨다. 그런데 이 관점에서 주목받는 것은 「악명 높은 자들의 삶」이라는 제목의 1978년 논고이다. 푸코는 1970년대에, 일반시료원과 바스티유 감옥에 남겨진 수감 고문서古文書로 이루어진 문집anthologie을 계획했는데, 「악명 높은 자들의 삶」은 이 문집을 위한 서문으로 작성된 것이다. 이 문집은 18세기를 살았던 무명이자 악랄한 삶들에 대한 고소장, 고발장, 집행명령서, 보고서 등의 상당수를 수록한 것이며, 그것 자체가 이른바 하나의 문

---

24   《Dialogue sur le pouvoir》, n° 221(1978), p.469.
25   Ibid.

서고를 형성한다.

여기서 우선 푸코가 주의를 촉구하는 것은, 이런 삶들이 여러 가지 익명적인 언표로 이루어진 문서고 속에서만 모습을 드러낸다는 점이다.

> 그들이 어떤 자인지, 혹은 그들이 무엇을 했는지에 대해서는 몇줄의 글 외에 아무것도 남지 않았다. … 그들은 이런 말들이라는 짧은 거처 이외의 어디에도 존재한 적이 없으며 앞으로도 존재하지 않을 것이다.[26]

여기에서는 바로 "사건으로서의 담론"만으로 이루어진 삶의 존재를, 그 양태를 인식할 수 있을 것이다. 그리고 이런 삶들은 또한 푸코가 논하는 '언표'의 성질을 띠는 것이기도 하다. 왜냐하면 『지식의 고고학』의 언표 이론을 사용한다면, 이런 언표들=삶들은 '희소'한 것이라고 말할 수 있기 때문이다. 즉 이렇게 '긍정적인[실정적인]' 것이 된 언표의 배후에는, 아직 가능성에 머물러 있는 무수한 언표가, 따라서 무수한 삶이 존재한다는 것이다.

특히 이런 언표들=삶들은 권력에 의해 남겨진 것이며, 그것이 우리와 마주친 것은 권력의 '변덕[일시성]'을 비롯한 수많은 우연의 결과일 따름이다.

---

26   《La vie des hommes infames》, n° 198(1977), p.242.

만일 이런 삶들이 어떤 순간에 권력과 교차하고 그 힘들을 부추길 수 없었다면, 폭력이나 특이한 불행에 있어서 이런 삶들로부터 무엇이 우리에게 남겨질까?[27]

이리하여 '순수하게 언어적 실존'이라는 존재 양태에 의해 거의 허구적인 존재가 된 이런 삶들은 권력과의 관계 맺음이 일으키는 '우연'에 의해 우리에게 전해지게 됐다.

삶이 가장 강렬한 지점, 그 에너지가 집중되는 지점, 이것은 삶이 권력과 충돌하고 그것과 싸우는 지점이며, 그 힘을 이용하려고 하거나 그 올가미에서 빠져나오려 하는 지점이다. 권력과 가장 변변찮은 실존 사이를 오가는 짧고 날카로운 말들. 필경 거기에야말로 이 변변찮은 실존에 있어서 유일한 기념물monument이 있는 것이다.[28]

이런 언표-생명에 대한 푸코의 관심은 분명히 고고학적인 것이리라. 그리고 고고학의 최종적인 목표를 "오늘날의 우리 자신에 관해 아는 것"에 있다고 말하는 푸코는, 이런 18세기의 무명이자 악랄한 삶들을, 현대의 우리와 — "그들보다 더 한 중요성을 갖고 있지는 않은 우리"[29] — 무관한 존재라고는 결코 생각하지 않는다. 요컨대, 푸코에게 고고학이란 궁극적으로는, "우리 자신의 역사적 존재론"에 다름 없다는 것이다.

27   Ibid., p.241.

28   Ibid.

29   Ibid., p.242.

그런데 푸코는 이 무명의 삶이 권력에 의해 담론화된 시기와, 문학 속에서 이런 삶들이 나타나게 된 시기의 공통성을 언급한다.

17세기부터 18세기로의 전환점에서 담론, 권력, 일상적인 삶, 진리 등의 관계가 새로운 양식 위에서 묶이며, 거기에서 문학도 또한 관계를 맺었던 것이다.[30]

여기서 푸코가 주목하는 것은 권력에 대한 문학의 '이중적 관계'이다. 무슨 말인가?

푸코는 『지식의 고고학』에서 "담론의 전술적 다기능성"[31]을 언급했다. 그것에 따르면, 어떤 담론도 권력에 대해 복종이냐 저항이냐, 둘 중 하나만의 자세를 취하는 일은 없다. 반대로 푸코는 담론이 권력이 도구가 되는 동시에 그 장해물이 되기도 하는, 그런 복합적이고 불안정한 작용을 상정해야 한다고 말한다. 확실히 담론은 권력을 실어 나

---

30   Ibid., p.251. 푸코는 이미 1973~1974년 강의(『정신의학의 권력』)에서 규율권력이 에크리튀르에 호소하고, 그것을 도구로 한다고 지적한다. "규율권력이 전반적이고 연속적이기 위해서는 에크리튀르의 활용이 절대적으로 필요한 것 같습니다. 그리고 17~18세기부터 군대, 학교, 직업훈련소에서, 마찬가지로 경찰체계나 사법체계 등에서 사람들의 신체들, 행동들(comportements), 담론들이 에크리튀르의 조직에 의해, 도표화된 플라스마(plasma graphique)에 의해 조금씩 투자되는 그런 방식을 연구할 수 있는 것 같습니다. 에크리튀르의 조직과 도표화된 플라스마는 사람들의 신체들, 행동들, 담론들을 등록하고 코드화하고, 위계적 단계를 따라 전달하고, 마지막으로 중앙에 모으는 것입니다. 여기에는 신체에 대한 에크리튀르의 새로운 관계, 직접적이고 연속된 관계가 있다고 생각합니다."(PP, pp.50~51).

31   VS, p.132.

르고 산출하고 그것을 강화한다. 그러나 동시에 담론은 권력을 침식하고 위험에 노출시키고, 취약하게 만들고, 그것을 방해하는 것을 가능케 한다. 이것은 한쪽에 권력의 담론이 있고 다른 쪽에 권력에 반대하는 또 다른 담론이 있다는 것이 아니다. 담론이란 "힘의 관계들의 영역에서의 전술의 총체"[32]이다. 동일한 전략 안에 상이한 담론도 있다면, 반대로 대립하는 전략 사이에 모습을 바꾸지 않고 순환하는 담론도 있듯이, 담론의 전술적 기능은 결코 똑같은 것도 아니고 일정한 것도 아니다.

「악명 높은 자들의 삶」의 푸코가 문학에서 찾아내는 것은 이런 '담론의 전술적 다기능성'이다. 즉, 문학은 한편으로 일상적인 것의 담론화라는 시스템의 일부를 담지하면서도, 다른 한편으로는 그런 시스템에 대한 저항을 맡게 되는 것이다. 그것은 "가장 나쁜 것, 가장 비밀스러운 것, 가장 견디기 힘든 것, 가장 부끄러운 것"[33] 등과 같은 "말로 할 수 없는 것indicible"을 이야기하는 담론이라는 의미에서 '오욕'의 담론[34]이기를 계속할 것이다.

이런 이른바 '대항-인도'로서의 문학이 부상하는 것은 익명적 언표, 그저 권력과 불가피하게 결부된 그것으로 이루어진 '문서고' 속에서다. 이리하여 푸코는 우리의 삶이 단편화된 과정의 집적[끌어 모음]

---

32   Ibid., p.134.

33   《La vie des hommes infames》, n°198(1977), p.253.

34   [옮긴이] 「악명 높은 자들의 삶」의 일본어판 제목이 「오욕에 시달린 삶」이라는 점을 염두에 둘 것.

에 다름 아님을, 더 나아가 이 존재 양태 자체를 통해서, 권력과 양가적인 관계에 있다는 것을 드러낸다.

4. 루셀이라는 결절점

경험으로서의 책

푸코는 1980년의 어떤 인터뷰에서 저작(의 집필)이 자신에게는 하나의 '경험expérience'이라고 말했다. 여기서 경험이라는 말은, "그곳을 통과한 후에는 자기 자신이 변형되는 어떤 것"[35]이라는 의미로 사용된다. 즉, 하나의 책을 쓰는 것은 자신의 사고를, 그리고 때로는 존재마저도 변화시킨다는 의미에서, 그에게 하나의 '변형transformation'의 경험인 것이다. 이렇게 푸코는 "자기 자신을 변화시키기 위해서, 그리고 더 이상 예전과 같은 것을 생각하지 않기 위해 쓴다"는 의미에서, 스스로를 '실험자expérimentateur'라고 규정한다.[36]

더욱이 푸코는 책 속에서 경험과의 관계가 가능케 하는 변형은 자신만의 것이 아니라 타자에게도 일정한 가치가 있으며, 접근 가능한 성격을 가진 것이어야 한다고 말한다.[37] 동일한 경험은 "타자에 의해서도 이뤄질 수 있는" 것이어야 한다. 이런 의미에서 그의 저작은 동

---

35   《Entretien avec Michel Foucault》, n° 281(1980), p.860.

36   Ibid., p.861. 푸코는 이런 탈주체화의 작법을 니체, 바타유, 블랑쇼, 클로소프스키 같은 사람들에게서 터득했다고 말했다.

37   Ibid., p.865.

시에 '경험에의 초대'가 되기도 한다.[38] 푸코에 따르면 경험은 기본적으로 혼자서 하는 것이지만, 그 완전한 실현은 "경험이 순수한 주관성을 벗어나고, 타자가 그 경험을 완전히 다시 하는 것이라고는 말하지 않더라도, 적어도 그것과 교차하고 그것을 다시 가로지를 수 있는"[39] 한에서 가능하다고 한다. 또한 그는 이런 경험을 가능케 하는 책을, 즉 자신의 경험보다 훨씬 넓은 경험이 표현하고 있는 책을, "진리로서의 책livre-vérité"이나 "논증으로서의 책livre-démonstration"에 대해 "경험으로서의 책livre-expérience"이라고 부른다.

루셀에게서 삶의 변형

푸코가 이런 에크리튀르라는 '바깥의 경험'을 평생 인정했던 것이, 아마 루셀이라는 작가일 것이다. 루셀은 처음 책이 나온 다음날 아침, "자기 주위에 빛이 넘쳐났고, 길을 오가는 누구나, 그가 책을 읽었다고 깨닫기를 기대했다"[40]고 한다. 푸코는 말년의 인터뷰에서 이 일화를 언급하고, 그것에 대해 "그것을 글을 쓰는 누구나 품고 있는 어두운 욕망입니다"라고 공감을 드러낸 후에 이렇게 말한다.

우리는 현재의 자신과 다른 것이기 위해 [글을] 씁니다. 거기에는 자신의 존재 양식의 수정이 있고, 우리는 쓴다는 사실을 통해 이

---

38 Ibid., p.866.

39 Ibid.

40 《Archéologie d'une passion》, nº 343(1984), p.1424.

226 푸코의 미학

런 수정을 목표로 합니다. 루셀이 관찰하고 탐색한 것은 이 존재 양식의 수정입니다.[41]

여기에서는 에크리튀르에 있어서의 근본적인 자기 변형의 가능성이 시사되고 있다.

2장에서도 언급했듯이, 루셀은 17세 때 쓴 시에서 자신의 혼을 '기묘한 공장'이라고 표현하고, 창작에 있어서 방법을 철저하게 준수할 뿐 아니라, 실생활에서도 자신을 기계처럼 다뤘다고 한다. 이 점에 주목한 푸코는 루셀 자신을 방법의 '기계 자체'로 간주하는 발언을 하고 있다. 바꿔 말하면, 자신의 삶을 방법으로 만들어버릴 정도로까지 방법에 대한 완전한 복종은, 루셀식의 '아스케시스(자기에 의한 자기에의 작동걸기)'의 실천이었던 것이다.

작품에 현실이 개입하는 것을 거부한 루셀은 상상력에 의해 현실을 능가하는 세계를 만들어내고, 이 언어에 의해 구축된 상상의 세계에서 살았다. 이런 의미에서 그에게 언어 표현이란 사는 것 자체이며, 그것에서 희망을 찾아낼 수 없게 된 말년의 그가 죽음으로 향할

41　Ibid., p.1424. 또한 다른 대담에서 푸코는 무언가를 쓴다는 행위에 관해, 그것은 "항상 뭔가의 위험을 소지하는 것"이며, "만일 미리 어디까지 가고 싶은지를 알고 있거나 한다면, 경험의 차원이 하나 누락되는 것이 일어난다"고 말하기조차 한다(《Une esthétique de l'existence》, n° 357(1984), p.1549). 왜냐하면 푸코에 따르면, 인간이 뭔가를 쓸 때, 그는 "끝나는 시점에서 자신이 출발점이 완전히 다른 존재가 되고 있음을 강하게 원하는 것"이기 때문이다(Ibid., p.1550).

수밖에 없었다는 것도 자연스럽다고도 말할 수 있을지 모른다.[42] 그리고 언어 표현이 살아가기 그 자체였다면, 루셀에게 언어상의 변질은 삶의 변질에 다름없다고 말할 수 있을 것이다. 실제로 그는 19세기 때 처녀작을 쓰면서 체험한 '영광의 감각'[43] 이후, 그 강렬한 자기 변형의 체험 이래, '쓰기'를 통해 자기 자신에게 무언인가의 변질이 생겨날 가능성을 계속 믿었던 것 같다. 또한 바로 그렇기에 그는 이런 원초적인 자기 변용을 다시 체험했다는 격렬한 열정을 평생 품으면서 계속 썼던 것이리라.

루셀의 방법은 똑같은 말의 사소한 차이[간극]에 의해 언어 속에 열려 있는 공간을, 이것 또한 똑같은 말과 문장 속에 잠복된 다양한 차이, 이로부터 산출되는 다양한 이미지에 의해 가득 메우려고 한 것이었는데, 이 방법의 핵심은 동일한 것에서부터 차이를 발생시킨다는 점에 있을 것이다. 이런 방법에 의해서 일견 전혀 특별한 것이 없는 말로부터 "송아지의 폐로 만들어진 레일rail"이나 "키타라를 연주하는 큰 지렁이" 같은 경이가 산출되는 것이다. 그리고 여기서 루셀에게서의 쓰기와 삶의 변형 사이의 연결을 상기한다면, 그것은 언어 표현 수준에서 동일한 것으로부터 차이로 열려가는 과정인 동시에, 삶에 있어

---

42   푸코는 루셀이 "그의 작품에 의해, 작품에 나오는 치밀하고, 환상적이고 지칠 줄 모르는 장치에 의해 삶을 무한히 연장하기를 오랫동안 꿈꿨다"고 지적한다(《Dire et voir chez Raymond Roussell》, n° 10(1962), p.235).

43   이에 관해서는 『나는 어떻게 어떤 종류의 책을 썼는가』 및 다음의 자네에 의한 기술도 참조. Pierre Janet, *De l'angoisse à l'extase: études sur les croyances et les sentiments*[1926], Paris, Société Pierre Janet / Laboratoire psychologie pathologique de la Sorbonne, 1975, pp.116-117.

서도 동일한 자기로부터 다른 식의 자기로 열려가는 '경험'이라고 파악할 수 있을 것이다. 또 그런 의미에서 방법에 의해 산출된 이런 일련의 경이의 이미지들은 그 자신의 변신의 과정, 변신의 양태들이라고도 파악할 수 있지 않을까.

2장에서 논했듯이, 1960년대의 푸코는 루셀의 작품이 "언표의 익명적인 웅성거림"이라고도 해야 할 것에 근거한다고 지적하고, 그 '바깥의 예술론'의 집약이라고도 해야 할 『레이몽 루셀』을 썼는데, 후기 푸코에게 루셀은 우선 에크리튀르에 의한 자기 변형의 실천자로서 나타난다. 이런 의미에서 루셀에 대한 푸코의 평생에 걸친 시선 — 푸코는 말년에 이르기까지 루셀에게 강한 관심을 계속 품었다 — 안에서 그의 '바깥의 예술론'과 '바깥의 주체론'의 연결을 찾아낼 수 있다고 생각한다.

4장에서 봤듯이, 진리는 "권력의 바깥에도, 권력 없이도 존재하지 않는 것"이었다. 그리고 푸코가 얘기하는 '실존의 미학'은 이 권력과 불가분한 진리로 이루어진 문서고에 하나의 '인도'를 통해 접속함으로써 신체 수준에서 권력의 배치를 재편한다는 것을 의미했다. 우리의 삶은 이런 단편적인 진리의 끌어 모음에 다름없으며, 그것은 또한 일상의 행위를 통해 부단하게 갱신되는 것이기도 하다. 위에서 봤던 것으로부터 이 책에서는 '실존의 미학'을 하나의 '바깥의 미학'으로서 자리매김하고 싶다. 거기서는 '자기의 형성'에 항상 이미 '다른 것'이 기입됨으로써 내재화의 과정은 동시에 외재화의 과정으로 통하게 되는 것이다.

다음인 7장에서는 지금까지의 검토를 바탕으로, 이런 '바깥의 미학'에서 출발해 동시기의 푸코의 예술론에 다시 눈길을 보낸다. 거기서 강조되는 부정형적이고 유동적인 신체성에는, 마찬가지로 신체에 기초를 둔 '실존의 미학'으로 서로 통하는 것을 확실하게 찾아볼 수 있을 것이다.

7장 힘으로서의 신체: 후기 예술론에서

지금까지 살펴봤듯이, 후기 푸코의 주체론에서는 자기에의 배려에 의한 자기의 형성이라는 주제가, 고대 그리스의 다양한 관습을 논하는 가운데 자세하게 검토됐다. 그것은 신체에 기초를 두면서도, 이른바 '주체로의 회귀'와는 다른 형태의 주체화를 목표로 하는 '실존의 미학'이다. 앞 장에서는 '바깥'의 확대라고도 해야 할 것을 전제하는 '실존의 미학'을 하나의 '바깥의 미학'으로 자리매김했다. 그렇다면 이 '바깥의 미학'은 동시기의 예술론에서 어떤 형태로 나타나고, 또한 거꾸로 이런 예술론은 '바깥의 미학'의 어떤 측면을 명확히 하는 것일까? 아래에서는 이 물음에 '신체성'이라는 관점에서 다가서고 싶다.

1. 형태와 힘의 상호작용

피카소의 어릿광대

1장에서 봤듯이, 1968년 발표된 『말과 사물』에 수록된 1장에서 푸코는 벨라스케스의 《시녀들》에서 "고전주의 시대의 재현의 재현"을 간파해냈다. 이 푸코의 《시녀들》론은 그의 수많은 예술론 중에서도 특히 잘 알려져 있는 것 중 하나인데, 다른 한편으로 그에게는 이것만큼 알려진 것은 아니지만, 또 다른 《시녀들》론이라고도 해야 할 단편적인 에세이가 있다. 그것은 『말과 사물』 출판 4년 후인 1970년 에 의뢰를 받아 집필한 것으로, 거기서 그는 벨라스케스가 아니라 피카소의 《시녀들》(그림 2)을 논한다. 즉, 거기서 논의되는 것은 피카소가 벨라스케스의 《시녀들》을 모티프로 하여 그린 58장의 연작이다. 2장에서 확인했듯이, 1970년이라는 해는 푸코의 사유에 있어서 하나의 전환점(문학에서 실천으로)을 나타내는 해이며, 실제로 이듬해부터 그는 '감옥정보그룹'을 시작으로 하는 운동에 빠져들게 되는데, 그런 이른바 '전환기'에 쓰인 이 에세이에도 이 무렵의 사정이 반영되어 있다는 것은 부정하기 힘들 것이다.

그런데 이 소론에서 푸코가 우선 주목하는 것은 피카소의 《시녀들》에서의 '화가의 소멸'이라는 사태이다. 왜냐하면 연작의 첫 번째 작품에는 캔버스에 비해 상당히 큰 크기로 재현된 왼쪽 끝의 화가는 그 후 서서히 화면에서 사라지기 때문이다. 이런 '화가의 소멸'은 무엇을 의미하는가? 푸코는 이를 다음과 같이 설명한다. 즉, 연작의 첫번째 작품에서, 이 그림 전체가 그로부터 비롯되는 질서와 규범으로서 기능했던 화가의 형상은 이후 타블로의 바깥으로 점차 이행함으로써, 최종적으로는 타블로의 배후로부터 장면 전체를 '감시하는'[1] 편재적인 시선으로 변화한다는 것이다.

다른 한편, '화가의 소멸'에 대응한다고 지적되는 것이 '광대의 커짐'이라는 사태이다. 벨라스케스의 그림에서 화면의 오른쪽 끝에 그려

---

1   MP, p.18.

[그림 2] 파블로 피카소, 《시녀들》(연작 1), 1957년, 194×260cm, 유화·캔버스, 피카소미술관

져 있는 어릿광대는, 피카소의 연작에서는 — 화가와는 대조적으로 — 점점 더 커진다. 그것은 이윽고 그림 안의 등장인물들을 조명으로 비춰주는 빛으로서 나타나게 되며, 그리고 마지막에는 화가를 대신해 그들을, 또한 그들의 산 세계를 만들어내는 '데미우르고스'[2], 즉 조물주의 지위에까지 이른다.

이리하여 벨라스케스의 《시녀들》은 피카소에게서 화가와 광대라는 두 항의 대칭성을 축으로 재파악된다. 에세이의 후반에서 푸코는 광대란 결국 어떤 존재인가라고 자문하는데, 이에 대한 대답은 역시 광대의 반대쪽에 위치하는 존재, 즉 화가와의 대비로부터 도출된다. 그것에 따르면, '부동성'과 '어둠'에 의해 특징지어진 화가와 달리 광대는 '운동성'과 '밝음'에 의해 특징지어지는 존재이다. 즉, 광대란 '빛'이며 '색'이며 '움직임'이며 그리고 또한 '변화의 원리'이다.

여기서 주목되는 것은 이 화가와 광대의 대비가 점차 벨라스케스와 피카소라는 저자 자신의 대비에 의해서도 뒷받침된다는 점이다. 즉, 어둠 속에서 우리가 볼 수 없는 형상에 대해 지배력을 미치고, 더욱이 그 자체로서는 소멸함으로써, '편재하는 응시'로서 등장인물들을 계속 '감시'하는 화가=벨라스케스에 대해, 피카소는 빛, 춤, 색, 변화를 으뜸으로 여기는 광대로서 자리매김된다는 것이다. 푸코는 말한다.

2   Ibid., p.21.

벨라스케스는 모든 장면을 왼쪽으로, 그늘 쪽으로, 즉 회화 쪽으로, 그리고 회화를 그리는 회화 쪽으로 미끄러뜨렸다. 반면 피카소는 그 모든 변이를 오른쪽으로, 빛 쪽으로, 즉 음악 쪽으로, 그리고 회화를 변형하는 음악 쪽으로 미끄러뜨린다.[3]

그런데 이 등장인물들을 감시하고 심지어 감상자인 우리 자신을 감시하는 '시선으로서의 화가'라는 발상은 곧바로 하나의 참조항을 상기시키지 않을 수 없다. 바로 뒤의 『감시와 처벌』— 초고는 이 에세이의 3년 후에 완성됐다 — 로 알려진 유명한 판옵티콘 모델이다. 이렇게 보면, 푸코는 여기서 판옵티콘 모델을 선취하는 것인 양, 시선에 의한 일원적 지배에 대해 끊임없는 운동으로서의, 변화의 원리로서의 광대를 대치시키고 있다고 생각할 수 있을 것이다.[4]

르베롤의 개들

그런데 푸코는 『감시와 처벌』의 초고를 완성한 1973년 3월에[5] 폴 르베롤Paul Rebeyrolle의 개인전 카탈로그에 「달아나는 힘」이라는 제목의 소론을 덧붙였다. 이 개인전은 바로 '감시'를 테마로 한,《죄수들Les

---

3   Ibid., p.30.

4   물론 벨라스케스와 피카소에게서의 《시녀들》이라는 테마의 동일성에 주목한다면, 1장에서 본 대비 구조, 즉 '순수한 재현'을 제시하는 벨라스케스의 《시녀들》에 대해, 그런 재현 공간을 허물어뜨리는 빛이나 색을 제시하는 피카소의 《시녀들》이라는 대비 구조를 지적할 수도 있다.

5   푸코가 초고를 다 썼던 것은 이 해의 4월 1일이다. 다음을 참조. 《Chronologie par Daniel Defert》, p.58.

Prisonniers》(그림 3)이라는 연작이 발표된 기회였다.

10장의 타블로로 구성된 르베롤의 연작은 창과 몽둥이와 철망이라는 세 요소에 의해 둘러싸인 공간으로부터의 개들의 도주, 바로 '바깥'으로서의 도주를 그린다. 우선 푸코는 이 연작에서 문제가 되는 것은 '감옥 **일반**la prison'[6]이라고 지적한다. 푸코에 따르면, 감옥이란 오늘날 다양한 힘이 생기고 역사가 형성되는 '정치적 장'이다.

《죄수들》(푸코는 이를 《개들》이라고 부른다)은 하나의 '비가역적인 연작', '통제될 수 없는 범람'을 형성하는 것인데, 그것은 그림의 병치가 어떤 이야기의 양상을 띠기 때문이라기보다는 거기에서 하나의 '운동'을 볼 수 있기 때문이다. 그것은 진동과 더불어 하나의 캔버스로부터 벗어나고 다음 캔버스로, 또 다음 캔버스로 차례차례 옮겨가는 어떤 커다란 운동이다. 푸코에 따르면, 이 연작은 "일어난 일을 말하는 대신 하나의 힘을 통과시키는" 것이라고 한다.[7] 그리고 또한 그는 "역사를 창조하는 힘을 통과시킬 때, 회화는 정치적이다"라고 덧붙인다.

푸코는 여기서 한편으로는 창, 몽둥이, 철망이라는 세 요소의 뒤얽힘에서 '권력pouvoir'의 양태를, 다른 한편으로는 개들이 조직하는 운동에서 '힘force'을 각각 찾아낸 다음, 이 연작을 "힘과 권력 사이의 투쟁"[8] — 여기서 그는 그것을 '정치'라고 부른다 — 이라는 관점에서 독해한다. 연작이 진행됨에 따라 힘은 점차 권력의 '바깥'으로 도주할 것

6   《La force de fuir》, nº 118(1973), p.1269[118].

7   Ibid., p.1269.

8   Ibid., p.1270.

[그림 3] 폴 르베롤, 《광신자》(연작 《죄수들》에서), 1972년, 165×200cm, 유화·캔버스, 개인소장

이다.[9] 그렇지만 이 힘 자체는 결코 캔버스 위에 재현되지 않는다. 오히려 그것은 "두 개의 캔버스 **사이에서**" 산출되는 것이라고 한다.

이 '힘'의 모습을 잘 나타내는 것이 르베롤의 개들의 형상이다. 왜냐하면 그 형상의 가장자리를 꾸미고 있는 것은 신체를 빙 둘러싼 하나의 '윤곽선ligne'이 아니라 무수한 '점선trait'이기 때문이다. 지푸라기들처럼 그려진 점선은 개들의 온 몸뚱이의 털이 곤두서 있음을, 혹은 어둠 속에서 전기가 발광하는 듯한 모습을 표현한다. 푸코에 따르면 이런 개들은 "하나의 형태라기보다는 에너지가, 현전이라기보다는 강도가, 운동과 태도라기보다는 걷잡을 수 없는 동요와 진동이" 된다.[10] 푸코는 르베롤이 했던 것은 형태와 힘을 하나의 것으로서, 이른바 '형태=힘'과 같은 것으로서 출현시키는 것이었다고 한다.

여기서 형태를 그리는 것과 힘을 분출시키는 것은 서로 합류된다. 르베롤은 회화의 진동 속에서 그린다는 힘을 단 하나의 몸짓으로 통과시키는 방법을 찾아냈다. 형태는 그 다양한 일그러짐 속에서 힘을 재현하는 임무를 더 이상 지고 있지 않으며, 힘도 스스로 백일하에 드러나도록 형태를 떼밀 필요가 더 이상 없다. 똑같은 힘이 화가에서 캔버스로, 그리고 하나의 캔버스에서 다음 캔버스로 직

---

9   여기서 '권력'과 '힘'으로 지목되는 것은 각각 나중의 권력론에서의 '지배 상태'와 '전략적 투쟁들'에 대체로 상응한다(Cf. 《L'éthique du souci de soi comme pratique de la liberté》, nº 356(1984), p.154). 이 시기의 푸코가 아직 권력의 '바깥'을 상정했다는 사실은 흥미롭다.

10   《La force de fuir》, nº 118 (1973), p.1272.

접 나아간다.[11]

이로부터 분명해지는 것은 개들이 '끝없는 도주'를 계속하는 것은 이런 '형태=힘'으로서라는 것이다.

비잔티오스의 데생

르베롤론에서 본 '윤곽선ligne'과 '점선trait', 그리고 '형태forme'와 '힘force'이라는 대립관계의 싹은 이미 1970년대의 피카소론에서도 인식될 수 있다. 왜냐하면 거기서 푸코는 '선'을 관장하는 화가와 '색'을 관장하는 광대라는 구도를 제시했기 때문이다.[12] 다른 한편, 마찬가지의 대립관계는 르베롤론의 이듬해에 발표된 콘스탄틴 비잔티오스론으로도 계승된다.

그리스 출신의 이 화가의 데생은 우선 윤곽선을 통해 다양한 형상을 정교하고 치밀하게 본 딴 후에, 거기에 무수한 점선이 가필됨으로써 타블로가 형성된다. 그래서 점선은 자신에게 선행하고 자신을 통제하려고 하는 윤곽선에 맞서 증식하고 형상을 구성하게 된다. 달리 말하면, 한편으로 윤곽선을 존재 조건으로 하면서, 다른 한편으로 이 자신의 존재 조건에 대해 도전하게 된다. 또한 푸코는 이 윤곽선과 점선의 변증법적 관계성을, (윤곽선이 나타내는) '형태'와 (점선이 나타내는)

11   Ibid., p.1272.
12   MP, p.22.

'힘'의 투쟁이라고 부른다[13] ─ 덧붙이면 르베롤론에서는 "힘과 권력 사이의 투쟁"이 '정치'라고 불렸다.

푸코에 따르면, 화가의 '열광'과 '자제' 사이에서, 하나하나의 점선은 언제나 그것이 "마지막 점선인 양" 계속 더해진다. 이런 의미에서 새로운 점선은 늘 "마지막 것"일 테지만, 다른 한편으로 그것이 "마지막 점선"이라는 것은 언제나 일시적이기도 하다. 그렇지만 또한 이 일시적인 "마지막 점선"이 가해지는 순간은 윤곽선과 점선의, 즉 형태와 힘의 줄다리기[게임]를 "최고의 강도에 이르게 할" 때이기도 하다고 푸코는 말한다.[14] 이렇게 새로운 점선이 가해질 때마다 하나의 형상을 구성하는 형태와 힘은 커다란 긴장을 갖고 서로 맞서서 싸우게 될 것이다.

그런데 이 독특한 데생론, 특히 거기서 비잔티오스의 데생에서 푸코가 읽어내는 "윤곽선과 점선의 변증법"은, 후기 푸코의 주체론에 대한 훌륭한 일러스트레이션으로 볼 수 있을 것이다. 푸코의 '실존의 미학'이란 '실존의 기예'을 통해 자기 자신을 변형하고, 특이한 존재로 스스로를 변화시키고, 스스로의 삶을, "특정한 미적 가치를 띠는 특정한 스타일 기준에 대응한 하나의 작품"으로 만들려고 노력하는 것이었다.[15] 이런 '실존의 미학'에서의 주체 형성의 과정을 염두에 둔다면, 비잔티오스의 데생에서 "하나의 형상을 구성하는 형태와 힘의 균형"

---

13   《Sur D. Byzantios》, n° 135(1974), p.1387.

14   Ibid., p.1389.

15   UP, p.18.

을 흔들고, 그것을 변화시키는 행위, 즉 항상 "마지막 것"인 새로운 점선을 가한다고 하는 '몸짓'은, '실존의 미학'에서 주체 형성의 요체가 되는 신체 실천, 즉 '실존의 기예'에 비교할 수 있지 않을까? 요컨대, 데생에서 스스로의 존재 조건이 되고 있는 주어진 윤곽선에 대해, 일종의 '적절함'을 목표로 하여 점선이 가해지는 모습은 '실존의 미학'에 있어서 소재로서의 신체에 작동됨으로써 자기를 형성하는 과정의 표현으로 볼 수 있다는 것이다.

2. 이미지의 파사주로서의 회화

사건-사진과 사건-타블로

한편 푸코는 1975년에 발표한 「포토제닉한 회화」에서는 제라르 프로망제의 그림에서 "'사건'으로서의 이미지의 순환류"라고도 해야 할 사태를 찾아내 제시한다.

여기서 푸코는 우선 19세기 후반의 사진 기술의 발달에 뒤따라 널리 행해진 것인 회화와 사진의 장르 횡단적인 '놀이'를 돌이켜보고 있다. 그것은 가령 회화의 제작에 사진이 응용되거나 혹은 반대로 사진의 제작에 회화가 응용되듯이, 복수의 매체를 사용해 하나의 이미지를 만들어내는 실천이다. 그에 따르면, 거기서는 회화냐 사진이냐 라는 매체의 차이는 문제되지 않으며, 오히려 관심의 중심은 그렇게 산출되는 이미지 자체로 향했다고 한다. 즉, 중요한 것은 이런 장르 횡단적인 '놀이'에 의해, 어떻게 새로운 이미지를 산출하는가라는 문제였다.

　　푸코는 이런 실천들의 사례를 소개하면서, 거기서 일어났던 것은 회화나 사진 같은 '지지체'에 붙들어 매어질 수 없는 이미지의 자유로운 비약이자 순환에 다름없다고 말한다. 즉, 거기에서 행해졌던 것은 이미지를 각 매개로 에워싸는 것이 아니라 그것을 "순환시키고, 통과[경유]시키고, 변장시키고, 일그러지게 하고, 새빨갛게 될 때까지 뜨겁게 데우고, 냉각시키고, 증식시키는 것"[16]이었다. 그렇지만 그런 실천들은 20세기가 되자, "예술에 관한 청교도적 규범"에 의해 부정된다.

　　그런데 푸코에 따르면 팝아트와 하이퍼리얼리즘 같은 20세기 후반의 예술 조류 속에서 예술가들이 행한 것은 바로 이 "지난날의 놀이"의 재발견, 즉 "이미지들의 무한정한 순환에의 접속"이었다고 한다.[17] 푸코는 "그들이 그리는 것은 이미지이다"고 말하는데, 그것은 그들의 회화가 이런 "이미지들의 무한정한 순환"의 중계 역할을 맡는 ― 즉, 이미지를 에워싸서 가두지 않는 ― 것에 다름 아니라는 의미이다.

　　그들이 자신의 작업의 끝에서 산출한 것은, 사진에서 출발해 만들어진 타블로도, 타블로로 분장된 사진도 아니며, **사진에서 타블로**

16　《La peinture photogénique》, n° 150(1975), p.1578[710].

17　Ibid., p.1579. 푸코는 동시기의 인터뷰에서 미국 현대 화가들에게 강한 관심을 갖고 있다고 얘기했다. 다음을 참조. 《À quoi rêvent les philosophies?》, n° 149(1975), p.1574.

로 옮겨가는 궤도 속에서 파악된 이미지이다.[18]

그리고 푸코가 이런 경향의 하나의 극점을 찾아내는 것이, 프로 망제Fromanger의 회화이다. 프로망제의 제작은 우선 거리에서의 사진촬영에서 시작된다. 거기서 찍은 사진을 그 후의 제작에 이용하기 때문이다. 다만 그것은 회화의 모델로서 이용되는 것은 아니다. 왜냐하면, 푸코에 따르면, 이런 사진들은 철저하게 "그림이 될 만하지 않는" 사진, "하찮은quelconque" 사진이기 때문이다. 그것은 거리를 오가고 있는 것을 찍은, 어떤 중심도 특권적 대상도 없는 '우연의 사진'이며, '일어난 것의 익명적 운동'에서 필름이라는 형태로 꺼내진 이미지이다.

촬영 후에 프로망제는 스크린에 슬라이드를 투사하고, 몇 시간이나 암흑 속에 죽치고 앉아 사진과 맞부딪친다. 그가 거기서 찾아내려 하는 것은 사진이 찍힌 순간에 일어났던 것이라기보다는, 그 이미지 위에서 실제로 일어나고 있는, 끊임없이 계속 일어나고 있는 사건이다. 그것은 "이미지의 그것인 독특한 사건"이며, "이미지를 절대적으로 독특한 것으로 ― 즉, 복제할 수 있고 대체될 수 없으며 우발적인aléatoire 것으로 ― 만드는 사건"이다.[19] 요컨대, 프로망제가 실존케 하려는 것은 사진의 발단이 된 원초적 사건이 아니라, 이미지의 내부에 있고 **실제로 거기서 일어나고 있는** 사건이다.

---

18   《La peinture photogénique》, nº 150 (1975), p.1579. 강조는 인용자.

19   Ibid., p.1580.

그런데 프로망제는 이렇게 비춰진 사진을 다양하게 채색한다. 데생이나 형태 같은 중계를 경유하지 않고 사진 위에 놓인 다양한 색채. 푸코는 이 색채의 역할을 "사건-사진événement-photo 위에서 사건-타블로événement-tableau를 창출하는 것"이라고 말한다.[20] 즉, 그것은 사건-진실을 전하는 사건-타블로를, 사건-사진과 조합되어 무한한 새로운 통과passage를 일으키는 사건-타블로를 산출하는 것이다. 그것은 "사진-색채라는 단락court-circuit에 의해 … 무수한 이미지들이 용솟음치는 진원지를 창조하는 것"[21]에 다름 아니다. 바꿔 말하면, 사진과 무관하게 배치된 다양한 색깔의 모양에 따라 프로망제는 사진에서 무수한 '축제'를 이끌어낸 것이다.

이미지의 무한 순환

여기서 푸코가 강조하는 것은 프로망제의 타블로가 이미지를 사로잡지도 않고 고정하지도 않으며, 그것을 통과시킨다는 점이다. 그의 모든 타블로에는 "사진-슬라이드-투사-회화"라는 계열이 나타나는데, 이것은 이미지의 '전송transit'을 보증하는 것을 기능으로 한다. 거기에서는 타블로 각각이 '통과'가 되어버리며, 각종 지지체support를 통해 이미지의 운동에 활기를 불어넣고 농축하고 강화하는 "스냅 샷"의 역할을 맡고 있는 것이다. 푸코는 그것을 "이미지 투석기로서의 회화"라

---

20   Ibid.
21   Ibid.

고 언표했다.[22]

　프로망제의 작업을 통해 우선, 뭔가 수수께끼 같은 힘에 의해 한 장의 사진에서 다양한 이미지가 용솟음치며, 그것이 복수의 타블로로 흩뿌려진다[흩날려진다]. 그리고 각각의 타블로는 또한, 그것 자체가 다양한 사건으로 이루어진 새로운 계열을 산출한다.[23] 거기에서는 "회화가 사진을 열며, 이것에 의해 무제한적인 이미지들에 호명되며, 그것을 통과시키는"[24] 것이다.

　다른 한편 푸코는 이런 "이미지들의 무한정한 순환" 속에서 화가의 지위가 한없이 희박해진다고 지적한다. 즉, "회색의 그림자" 같은 것이라 할지라도 지금까지는 아직 타블로 안에서 스스로를 보여줬던 화가였으나, 이제 이미지는 그 그림자조차 보이지 않는 "불꽃제조자花火師, artificier"[25]에 의해 추진된다고 한다. 거기서 이미지는 이른바 "자율적인 이목transhumance autonome"[26]에 의해 우리에게로 다다르게 될 것이다.

　푸코에 따르면 이 새로운 '포토제닉한' 회화와 함께, 회화는 '통과의 장', '무한의 이행'에, 즉 무수한 이미지가 오가고 통과하는 그런 장이 된다. 그리고 또 자신이 되던져진 수많은 사건에 열리게 됨으로써 회화는 이미지에 얽힌 모든 기술과 통합된다. 이렇게 열려진 새로운 영

22　　Ibid., p.1581.

23　　Ibid., p.1582.

24　　Ibid.

25　　Ibid., p.1582.

26　　Ibid.

역 속에서는 화가는 더 이상 유일하고 지고한 존재일 수 없을 것이다. 즉, 거기에서 화가는 "불꽃제조자, 기사, 밀수입업자, 도둑, 약탈자"[27] 같은 이미지와 관련되는 모든 '아마추어'와 다시 합류하게 된다. 이리하여 앞으로는 "누구나 이미지들의 놀이 속에 진입하고 거기서 놀기 시작한다."[28]

이런 프로망제론에서 "포토제닉한 회화" 사이를 통과하는 '이미지'는 르베르론 속에서 캔버스 사이를 통과한다고 간주된 '힘'과 같은 것으로서 파악될 것이다. 그리고 또한 '힘'이란, 항상 '형태'의 통제에서 벗어나는 '바깥'의 요소이기도 하다. 후기 푸코의 예술론에서는 이 '힘'이 특권적인 '작가'를 발견하지 않고, '자율적인 이목移牧'을 펼쳐가는 모양새가 전경화되고 있다고 말할 수 있을 것이다. 거기서 이 유동적인 '힘'의 운동은, 하나의 주체의 기저에 존재하는 동시에, 복수의 주체들을 연결시키는 것으로서 파악된다. 아래에서는 이것을 동시기의 예술론에서 보이는 푸코의 신체관을 실마리로 삼아 확인하고 싶다.

3. 비유기적 신체: 사드 평가의 변화를 둘러싸고

1장에서 봤듯이, 1960년대의 푸코는 사드를 '바깥의 사유'의 이른바 시조로 자리매김했지만, 1970년대가 되면 이런 사드 평가는 커

---

27   Ibid., p.1583.

28   Ibid., p.1583.

다란 변화를 겪게 된다.[29] 이 변화에는 "욕망의 모든 가능성을 노정시킨다"는 사드 작품에 특유한 성질 — 1960년대에 푸코를 매료시킨 것 — 이 관련되어 있다.

　푸코는 1975년의 인터뷰에서 사드의 작품을 원작으로 한 파졸리니의 유작 영화인 『소돔의 시』를 비판적으로 언급한다. 거기서 푸코는 사드를 묘사하는 모든 장면에는 엄격한 의례가 보이며, 그 면밀함, 관례, 형식이 불필요한 카메라워크를 전혀 받아들이지 않는다는 점을 지적한다. 그것은 그 어떤 사소한 것도 덧붙이지 않으며, 이를 제거하며, 혹은 그 어떤 사소한 장식도 허용하지 않는다. 이로부터 그는 그곳에 있는 것은 "열려진 환상"이 아니라 "꼼꼼하게 프로그램화된 규칙"에 다름 아니라고 말하고, 여백이 욕망과 신체 이외의 것으로 채워지는 것을 금지하는 사드 작품에 이미지를 위한 장소는 없다고 단언하기까지 한다.[30]

　나아가 푸코는 사드의 신체에는 뿌리 깊은 '유기체성'이 있음을 지적한다. 즉, 거기에는 신체기관의 위계질서, 위치관계, 명칭 같은 것이 굳건히 지켜지고 있으며, 그래서 사드에게는 "기관이 기관으로서" 집요한 공격의 대상이 된다고 한다.[31] 반면 푸코는 여기서 모종의 영화 작품에서 보이는 "신체를 그 자신으로부터 벗어나게 하는 방법"을

29　푸코에 의한 사드 평가의 변화에 관해서는 다음도 참조. Philippe Sabot, 《Foucault, Sade et les Lumières》, in *Foucault et les Lumières*, PU Bordeaux, 2007, pp.145-155.

30　《Sade, sergent du sexe》, n° 164(1975), p.1686.

31　Ibid., p.1687.

찬양한다. 거기서 문제가 되는 것은 바로 "유기체성을 해체하는 것"이며, 그리하여 나타나게 되는 것, 욕망의 모든 프로그램의 바깥에 있는 '명명할 수 없는' 것, '쓸모없는' 것이다. 그것은 "쾌락에 의해 전적으로 가소적可塑的이게 된 신체"[32]이다.

가령 푸코에 따르면, 베르너 슈뢰터Werner Schroeter의 영화가 표현하는 것은 "신체의 증대, 발아發芽"이며, "그 가장 작은 부분의, 신체의 단편의 가장 작은 가능성의, 이른바 자율적인 고양exaltation"이며, 또한 이점에 있어서 그것은 "욕망의 과학"으로서의 사디즘과는 무관한 것이 라고 한다.[33] 이리하여 푸코는 슈뢰터의 『마리아 말리브랑의 죽음La Mort de Maria Malibran』에서 두 명의 여성이 서로 얼싸안는 방식을 "모래언덕, 사막의 캠핑 트레일러, 돌출해 있는 식충화食蟲花, 곤충의 주둥이, 풀숲에 뚫려 있는 구덩이" 등으로 표현한다.[34]

여기서 푸코가 사드를 "세심한 해부학자"[35]라고 부르는 것에서 드러나듯이, 이 시기의 푸코는 사드 안에는 신체에 대한 규율적 양태가 있음을 강력하게 알아차렸다.

결국 나는 사드가 규율적 사회에 특유한 에로티시즘을 만들어 냈다고 인정해도 좋습니다. 즉, 규칙적이고, 해부학적이고, 위계질

---

32   Ibid., p.1687.

33   Ibid., pp.1686-1687.

34   Ibid., p.1687.

35   Ibid., p.1688.

서화된 사회, 주의 깊게 배정된 시간, 바둑판 모양으로 구획된 공간, 복종, 감시 같은 것을 동반한 사회에 특유한 에로티시즘을 말이죠.[36]

이에 대해 푸코는 이제 이런 사드의 에로티시즘, "규율적 유형의 에로티시즘"에서 바깥으로 나가고, 신체의 두께와 볼륨을 동반한 "규율적이지 않은 에로티시즘", 즉 "우연한 마주침과 계산 없는 쾌락과 더불어, 휘발적이고 흐트러진 상태의 신체의 에로티시즘"을 만들어야 한다고 주장하는 것이다.[37]

말하자면, 푸코에게 사드는 우리가 그 내부에 사로잡혀 있는 섹슈얼리티의 장치에서 출발해서, 이를 "한계에 이르기까지 기능시키는 운동"이었는지도 모르지만, "이 섹슈얼리티의 장치에 대해 자리를 바꾸고, 그로부터 벗어나고, 이를 넘어서는"[38] 것은 아니었던 것이다.

4. 쾌락 · 반짝거림 · 정열

신체와 쾌락

사드에 대한 이런 비판과는 대조적으로, 후기 푸코가 그의 신체성을 높이 평가하는 것이 이미 언급한 슈뢰터이다.[39] 푸코는 뉴저먼시

---

36   Ibid., p.1689.

37   Ibid., p.1690.

38   《Non au sexe roi》, n° 200(1977), p.260.

네마의 기수라고 꼽히는 이 독일인 영화감독을 이른바 "심리주의 영화" — 예를 들어 잉그마르 베르이만의 영화가 인용된다 — 에 대립시킨다. 그 특징은 일어나고 있는 것을 설명하지 않고 단숨에 줘버리는, "무매개적인 명백함"에 있다. 즉, 거기서 볼 수 있는 것은, 다양한 신체이며 얼굴이며 입술이며 눈이며, 슈뢰터는 이런 신체들의 구성요소에 "열정적인 명백함"[40]을 연기演技하게 함으로써 사건의 설명으로서의 심리학에 맞서는 것이다.

이런 '명백함'은 분류화와 정체성의 부여에서 벗어난다. 거기서 문제가 되는 것은 "다양한 관념 사이에서 발생하는 것을, 그것에 이름을 부여하는 것이 불가능한 방식으로 창조하는 것"[41]이며, 그것이 무엇인지 결코 말하지 않는 색상, 형태, 강도를, 거기서 발생하는 것에 주는 것이다. 푸코는 이런 몸짓을 가리켜 "삶의 기예art de vivre"라고 부른다. 이런 의미에서 '삶의 기예'란 "심리학을 죽이는 것"이며, 또한 "자기 자신과 더불어 그리고 타자와 더불어 이름 없는 개체성들, 존재들, 관계들, 성질들을 창조하는 것"이라고 한다.[42]

더 "중요한 것은 몸짓을 하는[만드는] 것입니다. 그것이 내게 존엄을 부여하는 것입니다"라는 슈뢰터의 말을 받아들여, 푸코는 이렇게

---

39 푸코는 1974년 7월 무렵에 이미 슈뢰터를 포함한 뉴저먼시네마(슈뢰터 외에 한스 위르겐 지바베르크, 마이너 베르너 파스빈더 등)에 푹 빠져 있었다는 것을 다니엘 드페르가 작성한 연보에서 엿볼 수 있다. 다음을 참조.《Chronologie par Daniel Defert》, p.61.

40 《Conversation avec Werner Schroeter》, n° 308 (1982), p.1075.

41 Ibid.

42 Ibid.

말한다.

> 20세기 이후 우리는 우리 자신에 대해 아무것도 모른다면 아무것도 할 수 없다고 배웠습니다. 자기 자신에 대한 진리가 실존의 조건이라는 것입니다. 이에 비해 우리가 누구인가라는 질문을 일고조차 하지 않는 사회도 있습니다. 이런 사회에서는 우리가 누구인가라는 질문은 아무런 의미가 없으며, 중요한 것은 우리가 행하는 것을 행하기 위해, 우리가 우리이기 위해 [실존을] 실행하는 기예란 어떤 것이냐라는 질문입니다. 이러한 자기 자신의 기예는 자기 자신과 상반되는 것일 수 있겠지만, 자신의 존재를 하나의 예술품/기예의 대상objet d'art으로 만드는 것이야말로 가치 있는 것입니다.[43]

슈뢰터의 영화를 '심리학'과의 대비에서 평가하는 이 말은, 이를 '사디즘'과의 대비에 의해 평가했던 1975년의 인터뷰와도 겹친다. 거기서 푸코는 사디즘을 '욕망의 프로그램화', '욕망의 과학' 같은 규율화에의 지향성과 결부시킨 다음, 슈뢰터의 영화를 그런 "규율적인 에로티시즘"에 대립시킨다. 푸코에 따르면, 슈뢰터 영화의 신체 표현에서 인식할 수 있는 것은 "위계질서, 위치결정localisation, 명칭, 유기체성 같은 것이 해체되고 있는 신체의 무질서화anarchisation"이다.[44]

---

43   Ibid., pp.1076~1077.

44   《Sade, sergent du sexe》, n° 161(1975), p.1687.

이런 "신체의 유기체성의 해체"는 신체를 모든 욕망의 프로그램의 바깥에 있는 "명명할 수 없는" 것, "쓸모없는" 것으로 만든다. 푸코는 신체를 가소적인 것으로 만드는 이 운동을 '쾌락'이라 부른다. 쾌락에 의해 탈-유기체화된 신체는 "풍경, 캠핑 트레일러, 바람, 모래언덕" 등으로 다양하게 변형된다. 이리하여 푸코는 욕망과 쾌락이라는, 신체를 둘러싼 두 개의 에로티시즘을 대비시키는 형태로 다음과 같이 말한다.

> 슈뢰터의 영화에서 카메라가 하는 것은 욕망을 위해 신체를 날개로 파는 것이 아니라, 신체를 빵 반죽처럼 부풀어 오르게 하는 것이며, 그로부터 쾌락의 이미지이자 또한 쾌락을 위한 이미지인 이미지를 태어나게 하는 것입니다.[45]

이런 욕망과 쾌락의 관계에 관해서는 아래 인터뷰의 언급이 특히 시사적이리라. 그것에 따르면, 예를 들어 SM이 "쾌락의 새로운 현실적 창조"라고 할 때, 거기서 문제가 되는 것은 단순히 성적인 행위로서의 SM, 바꿔 말하면 SM이라는 행위의 성적인 측면만이 아니다. 푸코에 따르면, SM의 행위자들은 자신의 신체의 '기묘한 부분'을 이용해, 즉 신체를 '에로스화'함으로써, 쾌락의 새로운 가능성을 발명하고 있다는 것이다. 거기서 볼 수 있는 것은 그가 "쾌락의 탈섹슈얼

---

45   Ibid., p.1688.

화désexualisation"[46]라고 부르는 것을 원리로 하는 모종의 창조 행위이다. 푸코는 다음과 같이 말한다.

> 육체적 쾌락이 항상 성적인 쾌락에서 유래한다는 관념, 그리고 성적인 쾌락이 모든 가능한 쾌락의 토대라는 관념은 정말로 잘못됐다고 생각합니다.[47]

이런 의미에서 SM의 실천이 보여주는 것은 우리가 반드시 성적인 관계에 속박되어 있지 않고도 쾌락을 산출할 수 있다는 사실이며, '비성적인 쾌락'의 가능성이다.

푸코에 따르면 신체적 쾌락을 언제나 성이나 음식에만 연결하여 생각하는 것은, 신체나 쾌락에 관한 이해를 한정하는 것이나 다름없다. 반대로, 중요한 것은 "우리의 신체를 쾌락의 다수성의 가능적인 원천으로 활용하는 것"[48]이며, '욕망의 해방'이 아닌 '새로운 쾌락의 창조'이다. 여기서 푸코는 성에 연결된 것으로서의 욕망에 비성적인 것으로서의, 이른바 '에로스'적인 것으로서의 쾌락을 대치시킨다. 거기에는 또 모종의 억압구조를 전제로 하는 욕망의 부정성과 그런 전제를 갖지 않는 쾌락의 긍정성 같은 대비도 내포되어 있을 것이다.

46   《Michel Foucault, une interview: sexe pouvoir et la politique de l'identité》, n° 358(1984), p.1557.

47   Ibid.

48   Ibid.

그러면 여태까지 봤던 언급에서 부상하게 되는 것은, 유기적 통일성으로 정리되지 않은 신체와 이런 탈-유기체적 신체들의 근저에서 기능하는 '쾌락'이라는 운동이다. 양자는 서로 힘을 합치는 형태로 '사디즘'이나 '심리학' 같은, 신체의 분류화·정체성화·규율화를 추진하는 장치에 맞서게 될 것이다.

반짝거림과 정열

다른 한편, 마르그리트 뒤라스를 둘러싼 대담에서 푸코가 뒤라스의 소설과 영화를 비교하면서 주목하는 것은 역시 뒤라스의 작품의 등장인물이 명확한 형태를 취하지 않는다는 점이다.

> 책 안에서는 하나의 현전으로서의 어떤 것이 윤곽이 잡히기 시작하는 어떤 영속적인 무화가 있습니다. 그 현전은 자신의 고유한 몸짓, 자신의 고유한 시선 뒤에 숨으며, 용해되어 버립니다. [그리하여] 일종의 반짝거림éclat만이, 또 다른 반짝거림을 가리키는 반짝거림만이 남습니다. … 반대로 영화에서는 갑작스런 출현surgissement이 있는 것 같습니다. 그것은 그 어떤 현전도 존재하지 않는 돌발surgissement이지만, 하나의 몸짓의 돌발, 하나의 눈의 돌발입니다. 그것은 안개 속에서 떠오르는 인물입니다. … 뒤라스의 소설이 블랑쇼와 비슷하다면, 영화는 프랜시스 베이컨과 비슷한 것 같습니다. 즉, 한쪽은 무화로, 다른 쪽은 갑작스런 출현이라는 점에서 말입니다.[49]

무화와 돌발[갑작스런 출현]이라고 하듯이, 소설과 영화에서는 그 방향성이 다르지만, 둘에 공통되는 것은 거기서 보이는 페르소나가 결코 정해진 형태를 취하지 않는다는 점이다. 그것들은 모조리 "형태 없는 안개 같은 두께와 존재감"[50]을 갖고, 그 안개의 어디서 왔는지도 모르게, 목소리나 몸짓이 갑작스레 나타난 것이다. 그것은 결코 스크린 위에도 스크린 안에도 머물지 않고, 항상 스크린과 관객 사이에 있다.

게다가 어떤 페르소나와 다른 페르소나는 그 사이를 뛰어다니는 '반짝거림pétillement'[51]에 의해 연결된다. 이 '반짝거림'은 어떤 자율성을 갖고 페르소나 사이를 순환하며, 그것이 바로 수면의 반짝거림처럼 텍스트나 몸짓에 빛을 부여하는 동시에, 이런 부정형의 페르소나들을 결부시키는 역할을 맡는 것이다.

뒤라스에게서의 '반짝거림'은 슈뢰터와의 대담에서는, '사랑'과 대비되는 '정열passion'에 해당할 것이다. 거기서 정열이란 "우리를 덮치고 우리를 엄습하고 … 쉬지 않고, 기원을 갖지 않는 것"[52]이며, 그런 상태라고 한다. 푸코는 이 정열의 성질을 다양하게 말을 바꾸며 설명한다. 즉, 우선 그것은 "항상 운동상태mobile"에 있지만, "정해진 방향을

49   《À propos de Marguerite Duras》, n° 159(1975), pp.1632-1633.

50   Ibid., p.1634.

51   Ibid., p.1636.

52   《Conversation avec Werner Schroeter》, n° 308 (1982), p.1070.

향하지" 않고 떠돌며, "강해지는 순간과 약해지는 순간, 백열 상태처럼 작열하는 순간인" 것이다. 또 그것은 항상 불안정한 상태를 유지하며, 극단적인 경우에는 "자기 보전과 사라짐"을 동시에 요구하는 것이다.

> 열정이라는 상황에서 우리는 우리 자신이 아닙니다. 자기 자신이라는 것에 더 이상 의미가 없는 것입니다.[53]

그리고 사랑에 있어서는 이른바 그 사랑의 보유자가 있는 반면, 열정에 있어서 그것은 파트너 사이를 계속 순환한다고 한다. 그 때문에 열정의 상태는 "파트너들이 뒤섞인 상태"로서, 강력한 커뮤니케이션의 힘을 내포하게 된다. 푸코는 슈뢰터 영화의 신체가 이런 열정에 의해 관철된다고 지적하는 것이다.

이렇게 보면, 슈뢰터와 뒤라스의 작품에 관해, 푸코는 두 가지 공통된 특징에 주목하고 있음을 알 수 있다. 그것은 등장인물의 신체의 부정형성과 이런 부정형적 신체들을 연결하는 운동, 이른바 하나의 '힘'의 존재이다. 푸코는 『성의 역사 1: 지식의 의지』의 끝부분에서, "섹슈얼리티의 장치에 대한 저항의 거점은 … 신체와 쾌락이 될 것이다"[54]고 말하는데, 지금까지 살펴본 푸코적인 신체의 특징은 바로 신

---

53   Ibid.
54   VS, p.208.

체=쾌락에 근거하는, 이른바 비유기체적인 "힘으로서의 신체"에 근거하는, 섹슈얼리티 장치에 대한, 그 분류화·정체성화·규율화에 대한 저항의 구체적인 표현으로 생각할 수 있을 것이다.[55] 또한 거기서 푸코는 '삶의 기예'의 역할이란, 이런 신체의 탈유기체화를 추진하고 미지의, 명명할 수 없는 개체성이나 관계성을 창조하는 데 있다고 명시적으로 밝히고 있다. 이상의 것에서 푸코가 '실존의 미학'의 기준으로서, 이 "힘으로서의 신체"를 상정했음을 엿볼 수 있다.

5. 사유-이모션

'가시적인 것'과 '비가시적인 것'

푸코는 말년에 미국의 사진가인 듀안 마이클Duane Michals의 사진을 논하는데, 거기서는 지금까지의 논의의 하나의 집약을 볼 수 있다. 거기서 푸코는 마이클이 자신의 작품에 이러저러한 형태로 '비가시적인 것'을 부각시킴으로써, 혹은 '가시적인 것'의 덧없음을 암시함으로써, 사진을 시선의 은유로부터 해방시키고, 그 분류화와 정체성 부여의 기능을 무효화하려는 자세에 주목한다.

그것은 예를 들어 프랜시스 베이컨적인 현전présence과 형태forme의

---

55 또한 1966년에 이루어진 어떤 라디오 강연에서는 이런 신체관의 일단(一端)이 이미 제시되어 있다(《Le corps utopique》, in *Le corps utopique suivi de Les hétéritopies*, Paris, Nouvelle Éditions Ligne, 《LIGNES》, 2009, pp.7-20). 여기서 푸코는 '비통일적'이고, 본질적으로 '바깥'에 있는 것으로서의 '유토피아적 신체'에 관해 말했다.

분리, 이로부터 산출될 수 있는 가시적인 것과 비가시적인 것의 뒤얽힘의 효과로서 현전한다. 구체적으로는 여러 각도에서 촬영된 얼굴을 포개놓는 '제프 그리필드Jeff Greefzeld'처럼, 형상이 동요하고, 그 동일성이 흔들리고, 명확화가 저해됨으로써, 이런 효과가 얻어질 수 있을 것이다. 거기서 형태는 뒤틀려지고, 해소되고, 식별 불가능해지는 한편, 현존하는 것은 시선이 그것을 고정하는 것을 가능케 하는 모든 윤곽선, 소묘의 선이 말소됨으로써 훨씬 강도를 높인다. "가시적인 것이 지워짐으로써, 파악하기 힘든 현존이 돌출한다"[56]는 것은, 이런 의미이다. 즉, 가시적인 것으로서의 "형태"가 후퇴함으로써, 비가시적인것으로서의 '현존'이 부상하게 되는 것이다.[57]

또한 그것은 "마그리트적"인 수법에 의해서도 실현된다. 푸코에 따르면, "마그리트적" 수법이란, "어떤 형태를 최고의 완성도로까지 갈고 닦은 후에, 다양한 문맥 효과에 의해 그 형태로부터 모든 현실성réalité을 제거하고, 그것을 친숙한 가시성의 영역에서 벗어나게 하는"[58] 수법을 가리킨다. 요컨대 앞의 경우와는 달리, 형태 자체는 보존되고 오히려 잘 갈고 닦아지는 것이지만, 그것은 문맥에 의한 차이화 효과라고도 해야 할 것에 의해 '가시적인 것'으로서의 자명성을 빼앗

---

56 《La pensée, l'émotion》, n° 307(1982). p.1066.
57 2장에서도 언급했듯이, 푸코는 「바깥의 사유」에서 "픽션의 역할이란, 비가시적인 것을 가시적으로 하는 게 아니라, 가시적인 것의 비가시성이 어느 정도인가를 알도록 하는 데 있다"고 말했다. 이로부터 푸코가 '비가시적인 것'으로서의 '힘'에 대해 일관되게 관심을 가졌음을 엿볼 수 있다.
58 《La pensée, l'émotion》, n° 307(1982), p.1066.

는 것이다.

예를 들어 《앨리스의 거울》(그림 4)은 "천장까지 치솟은 안경이 거대한 게처럼 안락의자를 협박한다"는 허무맹랑한 모습을 찍은 것인데, 그것은 마그리트의 회화에서 그려진 초현실적인 광경을 방불케 한다. 다만 '마그리트적'인 것은 이런 모티프만이 아니다. 이것과 연작을 이루는 여러 장의 사진에서는 처음 사진의 '기원'이라고도 해야 할 광경이 제시되어 있는데, 거기서 우선, 앞의 안락의자와 거대한 안경이 거울에 비친 거울상임이 밝혀진다. 이어서 이 거울상을 찍고 있는 거울 자체도 다른 거울에 비친 거울상에 다름없음이 밝혀진다. 마지막으로 이 모든 것이 또 다른 누군가의 손에 있는 세 번째 거울에 비친 거울상이라는 것이 드러난다. 요컨대 처음의 사진의 '주역'인 안락의자와 안경은, 삼중의 액자 구조로 에워싸인 거울상이었다는 것이다. 그리고 거울상의 복잡한 액자 구조가 판명된 후, 거울은 손에서 산산이 부서지며, 그와 더불어 연쇄되어 있던 모든 거울상도 소멸해 버린다. 이리하여 '마그리트적' 수법에 있어서는, 주제뿐 아니라, 연작 속에서 제시된 작품의 구조 자체가 형태로부터 현실성을 제거하는 기능을 맡는 것이다.

사유 속을 떠도는 이미지

다른 한편, 마이클은 사진 주위에 손으로 각종 텍스트를 추가로 적어둔다는 수법도 사용한다. 보통은 사진을 설명하는 기능 — 즉, 사진을 더 '가시적인 것'으로 하는 기능 — 을 하는 이런 텍스트들은 마이클에게 있어서는 거꾸로, 그런 텍스트와 이미지의 상호성, 상보성을 무너뜨리도록 작용할 것이다. 왜냐하면 마이클의 텍스트는 그 유래나 의도의 불명료함 때문에 설명과는 반대의 효과를 내기 때문이다.

그것은 사진을 구상하면서 그의 머릿속에 있었던 것일까, 아니면 사진을 찍은 순간에 떠오른 것일까, 훨씬 뒤에 사진을 현상한 한참 뒤에야 그것을 수정했을 때 떠오른 것일까, 혹은 원래 그것을 생각한 것은 저자일까 등장인물일까 아니면 관객일까? 작품을 앞둔 사람들에게 오가는 이런 의문들에, 사진에 붙어 있는 말들은 대답하지 않는다. 반대로 그런 말들은, 관객이 그때까지 자명성을 믿어 의심치 않았던 이미지 자체를, 확신된 자명성을 흐릿하게 만든다. 이리하여 텍스트는 이미지를 설명하고, 그것을 '가시적인 것'으로 하기는커녕 반대로 그것을 더 의심스러운 것으로, 즉 '비가시적인 것'으로 하는 역할을 맡을 것이다.

마이클의 텍스트에 대해 푸코는 이를 "이미지를 고정하는 것도 아니며, 매어두는 것도 아니며, 오히려 비가시적인 숨결[방식]에 노출시키는 것"이라고 표현한다.

> 텍스트는 이미지를 사유 속에서 순환시켜야 한다. — 그[작가]의
> 사유 속에서, 그리고 그의 사유로부터 다른 사람들의 사유로.[59]

---

59   Ibid., pp.1066-1067. 여기서 들뢰즈가 텍스트와 이미지의, 사유에 있어서의 (역설적인) 마주침을 지적했다는 것을 떠올려도 좋을 것이다(Gilles Deleuze, *Foucault* [1986], Paris, Éditions de Minuit, 《Reprise》, 2004, p.93).

[그림 4] 듀안 마이클, 《앨리스의 거울》, 1974년.

푸코는 거기서 말이 행하는 것은 텍스트와 이미지의 상호성, 상호성을 탈구시킴으로써 이미지를 현실의 무게를, 즉 그것을 붙들어 매는 닻을 들어 올려 망망대해로 배를 나가게 하는 것이라고 말한다. 이런 점에서 마이클의 이미지는 "포토제닉한 회화" 사이를 통과하는 프로망제의 이미지와 비슷할 것이다. 왜냐하면 프로망제의 회화에서 중요한 것은 이미지를 매체로 에워싸서 가두는 것이 아니라 그것을 순환시키는 것이며, 매체의 역할은 어디까지나 이미지의 '중계'에 봉사하는 데 있었기 때문이다.

그리고 푸코에 따르면, 이렇게 사슬에서 해방된 '비가시적인 것'으로서의 이미지가 떠도는 대양이야말로 저자와 다른 사람들 사이에서 공유되는 '사유'이다.

> 듀안 마이클이 자신의 사진을 보고 있는 사람에게 제시하는 것은 이런 혼합된 사유, 어렴풋하게 공유된 사유, 그 막연한 순환이다. 그는 그를 독자-관람자의 불분명한 역할로 초대하며, 그에게 사유-이모션을 제기하는 것이다(왜냐하면 이모션은 혼을 움직이고 혼에서 혼으로 저절로 커져가는 운동이기 때문이다).[60]

이런 이미지의 순환과 더불어 공유되는 '사유-이모션'의 성질은, 뒤라스에게서는 '번쩍거림'과, 그리고 슈뢰터에게서는 '정열'이라고 말

---

60   Ibid., pp.1067-1068.

해질 수 있는 것과 겹칠 것이다. 다만 여기서 그것은 더 이상 작중 등장인물들뿐 아니라 그것을 보는 자들, 이른바 '작품의 외부'도 포함한 '연결'을 형성하게 된다.

이리하여 푸코는 마이클의 사진을 하나의 '경험'으로서 말한다. 그것은 "내가 이미 느낀 적이 있거나 언젠가 느낄 게 틀림없다고 생각할 만한 감각, 그것이 그[마이클]의 것인지 나의 것인지 항상 알지 못하는 감각"[61]을 불러일으킬 것이라고 이야기된다. 이런 의미에서 마이클의 사진은 '작품'으로서 완결된 것이라기보다는 '경험'으로서 열려진 것이라고 간주된다.

이런 "사유-이모션"의 공유는 이미지의 순환과 더불어, 특히 순환하는 이미지의 '비가시성'에 의해 야기된다고 말할 수 있다. 마이클은 자신의 사진을 자주 연작 형식으로 발표하는데, 보통의 사진 연작은 대상이 되는 사건을 최대한 상세히 묘사하기 — 바로 '설명하기' — 위한 것인 반면, 마이클의 연작은 그 반대로 간다. 즉, 그것은 종종 사건의 요점을 훼손하며, 곧바로 나아가는 대신 몇 가지의 비약을 반복한다. 또한 사건의 전체를 제시하지 않고, 단편만 끌어 모아둔다. 게다가 사건의 '적절한' 시간대역timespam을 잘라내지 않고, 때로는 너무 짧거나 너무 길게 한다. 이 모든 것이 이로부터 생기는 이미지를 '비가시적인 것'으로 할 것이다. 바로 슈뢰터의 영화가 '무매개적인 명백함'에 의해 사건의 설명으로서의 심리학에 맞섰듯이, 마이클의 사진

61   Ibid., p.1065.

은 취급하는 사건을 설명하는 대신 그 '비가시성의 주름'을 제시한다.

주체와 힘

이번 7장에서 봤듯이, 후기 푸코의 예술론에는 다양한 주체의 밑바닥에 흐르는 '힘'에 대한 시선이 있음을 확인할 수 있다. 그것은 또한 앞 장에서 봤듯이, '실존의 미학'의 기초로서의 '바깥의 문서고'로도 통하는 것이리라. '힘'은 '주체화'의 기초이면서도, 늘 거기로 회수되어 끝나버리지는 않는 잉여를 갖고 있다. 마찬가지로 '바깥의 문서고'도 근원적으로 익명적인 것으로서 있으며, 우리의 주체화의 소재이면서도, 결국에는 누구의 소유물도 되지 않는 그런 것이다. 푸코가 양자에서 주체화의 기초와 동시에 주체들을 연결시키는 효과도 찾아내고 있는 것은 이 때문일 것이다. 또한 이로부터 거꾸로 생각하면, 푸코적인 주체는 영원히 완성되지 않고 항상 하나의 '준-주체'에 머무는 존재라고 볼 수 있을지도 모른다. 실제로 푸코가 말하는 '실존의 기예'(혹은 '삶의 기법')이란 힘이 하나의 형태로 고착화되는 것을 막고 그것을 영속적으로 재활성화함으로써 힘의 수준을 유지하기 위한 테크네였다. 거기서 주체는 자기나 타자와의 관계를 통해 항상 새로운 양상을 보여주게 될 것이다.

6장에서는 '실존의 미학'에 있어서의 로고스의 중요성을 확인했는데, 7장에서 다룬 예술론으로부터는 푸코가 그것과 동일한 정도로 '신체'를 중시했다는 것이, 또한 '실존의 미학'에서의 신체성을 어떤 것으로서 이미지화했는지를 알 수 있을 것이다. '실존의 미학'에서는 진리와 신체 사이의 '바깥'에서의 직접적 연결이야말로 끊임없이 새로운 주체를 창조할 것이다.

결론

　"다른 실존 방식"의 추구를 평생에 걸친 철학적 과제로 삼은 푸코는 그 자신이 동일한 정체성에 얽매이기를 거부한 철학자였다. 그리고 푸코에 대한 일반적 이해를 좇아 그의 사상적 모티프의 변천을 바라보면, 지식에서 권력으로, 그리고 주체로라는 형태로, 확실히 경력에 따른 변화를 인식할 수 있다. 그의 사유는 각각의 연대마다 몇 가지 문제에 직면하고, 그것에 대답하는 형태로 자신의 사상을 심화시켰던 것이다.

　반면 이 책의 고찰은, 푸코의 1960년대부터 1980년대에 이르는 사유의 궤적을 '바깥' 개념을 축으로 재파악하는 것이었다. 그리고 그로부터 분명해진 것은 푸코의 전기와 후기의 사상 속에서 이 바깥을 각각의 형태로 인식할 수 있다는 것이다. 그것은 전기의 예술론에서는 재현 공간으로 회수되지 않고 언제나 그것을 위반하는 것으로서, 후기의 주체론에서는 주체화의 소재이면서도 역시 거기로 회수되어 소진되지 않는 것으로서 각각의 전개를 볼 수 있었다. 이로부터 또한 바깥이라는 관점에서 봄으로써 푸코의 사상 자체를 '감성적인 것'과 '윤리적인 것'의 결절점에 위치시키는 것의 가능성도 부상하게 될 것이다.

　다만 이 바깥 개념은 푸코의 전기 사상과 후기 사상 사이에서 약간 의미가 바뀌고 있는 듯 보인다. 즉, 전기의 예술론에서 바깥이 재현 공간의 외부, 이른바 절대적인 외부로서 상정된 반면, 후기의 주체론에서 바깥은 어디까지나 주체라는 안과의 관계를 전제로 한 이른바 상대적인 외부로 변화한 것처럼 보이는 것이다.

여기에는 1970년대에 벼려지고 다듬어진 푸코의 권력관이 제2부에서 논한 것과 관련되어 있을 것이다. 전기의 푸코에게 중요한 것은 어떻게 권력의 바깥에 서는가라는 문제였던 반면, 후기가 되면 그는 권력의 외부에 위치하는 것의 불가능성을 인식하게 된다. 4장에서 말했듯이, 푸코에게 진리와 광기의 지위 변화는 여기에서 유래할 것이다. 『광기의 역사』의 논술에서 상징적으로 드러나듯이, 전기의 푸코에게 광인은 절대적인 외부로부터 어떤 진리를 이야기하는 존재로서 상정됐다. 반면, 1970년대의 푸코가 진리와 광기에 대해 공통적으로 지적하는 것은, 그것이 "권력의 바깥에도, 권력 없이도 존재하지 않는 것"이라는 사실이다. 이것은 그의 주체관에도 큰 영향을 미쳤을 것이다. 즉, 전기의 푸코가 권력의 바깥에 선 주체를 이상으로 삼은 반면, 후기의 푸코에게 주체화는 어디까지나 권력의 내부에서 행해지는 것으로서 생각됐던 것이다. 거기서 주체화는 권력관계의 배치를 새롭게 재규정하는 것으로 간주되고, 또 이런 의미에서 주체는 권력관계 속에서만 성립할 수 있는 것으로서 여겨지게 된다.

그렇다면 후기 푸코에게 바깥이란 단적으로 '존재하지 않는 것'이 되어버렸을까? 아마 그렇지 않을 것이다. 거기서 바깥은 안과 완전히 분리된 것이 아니라, 그것과 이른바 "외연을 함께 하는" 것으로서 나타난다. 앞서 말했듯이, 거기서는 "자기의 형성"에 항상 이미 "다른 것"이 집어넣어짐으로써, 내재화의 과정은 동시에 외재화의 과정으로 통하는 것이다. 여기서 바깥은 소멸한 것이 아니라, 의미가 바뀌었다고 봐야 할 것이다. 또 이런 의미에서 후기 푸코에게 바깥은 무엇보다 우선 권력 자체에 상당한다고 생각할 수 있지 않을까? 왜냐하면 거기서 권력이란 주체라는 '안'을 구성하는 '바깥'으로 상정되기 때문이다.

들뢰즈는 이 안과 바깥의 관계를 '주름pli'이라는 이미지를 갖고 설명했다. 그것에 따르면 바깥은 자신의 위로 말려들어감으로써 안을 구성한다. 이처럼 바깥의 습곡 작용으로서 구성된 안은, 필연적으로 바깥과 공통의 외연을 갖게 된다. 이리하여 주체는 안인 동시에 바깥이기도 한 것으로서 구성될 것이다. 들뢰즈는 이렇게 말한다.

> 안dedans은 바깥dehors의 어떤 작동이며, 하나의 주체화이다. 만일 바깥이 하나의 관계이며 관계의 절대적인 것이라면, 안도 하나의 관계이며 주체로 변화한 관계이다.[1]

이로부터 '자기와의 관계'도 '끊임없이 바깥에서 파생하는 안'에 다름 아니라고 간주된다.

---

1   Gilles Deleuze, 《Sur les principaux concepts de Michel Foucault》, in *Deux régimes des fous. Textes et entretiens 1975-1995*, Paris, Éditions de Minuit, 《Paradoxe》, 2003. p.239.

만일 안이 바깥의 습곡plissement에 의해 구성된다면, 안과 바깥 사이에는 하나의 위상학적 관계가 있다. 자기에의 관계는 바깥과의 관계와 상동적이며, 또한 양자는 다양한 지층들 — 그것은 상대적으로 외부적인 (따라서 상대적으로 내부적인) 다양한 환경들이다 — 에 의해 접촉한다.[2]

들뢰즈에 따르면 자기는 외부에서 자기와 마주치는 것이 아니라, 자기 속에서 타자를 찾아내는 것이다.[3]

1. 권력과 프락시스

지금까지 검토한 것을 통해 분명해졌듯이 '감성적인 것'과 '윤리적인 것' 중 어떤 측면에서 푸코의 사상을 파악하든 불가피하게 고려할 수밖에 없는 요소, 그것이 '권력'이다. 푸코는 평생 동안 지식과 권력의 결합에 대해, 그리고 이것들이 주체의 형성에 미치는 힘에 관해 계속 고찰했다. 앞에서 푸코에게서의 권력은 그 자체가 바깥이라고 지적했는데, 그것은 바깥과 마찬가지로 '감성적인 것'과 '윤리적인 것', 이 둘 다의 기반이 되기도 한다.[4]

---

2   Gilles Deleuze, *Foucault* [1986], Paris, Éditions de Minuit, 《Reprise》, 2004, p.127.

3   Ibid., p.105.

4   푸코와도 통하는 문제의식 아래서 현대에서 이런 '감성적인 것'과 '윤리적인 것'의 관계를 계속 묻고 있는 철학자로 랑시에르가 있다. 랑시에르에 따르면, '감성적인 것'의 영역은 항상 권력과 상관관계를 맺을 수밖에 없다고 한다. 그리고 또 권력이 관계를 맺고, 동일화의 대상으로 하는 것

권력과의 관계라는 관점에서 본 경우, 전기의 예술론이 모종의 예술 속에서, 사회 내부에서의 유통을 목적으로 하지 않고 일체의 소비와 유용성에서 독립한 자율적인 존재를 봤던 반면, 후기의 주체론은 그런 권력의 외부에 있어서의 자율적인 존재를 설정하지 않는 곳에서 출발한다는 점에 차이가 있다. 권력의 외부에서 권력의 주름으로, 이러한 변천을 거치면서도 푸코는 일관되게 권력과의 관계에 있어서 주체성을 구상하고 있다고 할 수 있다.

더욱이 전기에도 후기에도 공통적인 것은 바깥의 비인칭성이다. 그것은 개별 주체에 선행하는 문서고를, 그 익명성을 전제한다. 이런 비인칭성, 익명성은 권력에도 공통되는 것이리라. 왜냐하면 그것은 특정한 개인에 의해 행사되는 것이라기보다 모든 개인 사이를 관통하여 작용하는, 하나의 유동적인 힘으로 상정되기 때문이다.

그런데 푸코에게서는 이 힘을 인도하여 하나의 주체를 만들어내는 테크네야말로 신체적 실천이라고 간주됐다. 그에 따르면 일상적 실천에 의해 자신의 신체에 작동을 거는 것, 그리고 그것에 의해 신체의 수준에서 권력관계에 가동성이나 가역성을 초래하는 것(즉, 신체 수준에서 '대항-품행'을 불러일으키는 것)이야말로 주체화의 일차적 뜻이었다. 여기에서는 '실존의 미학'에 있어서 신체와 실천이 맡는 역할의 중요

이 '감성적인 것'이라고 한다면, 이제 물어야 할 것은 그 재배치이다. 즉, 어떻게 항상 이미 행해지는 '감성적인 것'의 동일화를 비켜놓을 것인가라는 문제이다. 이리하여 랑시에르는 '감성적인 것'의 탈동일화를 '주체화(subjectivation)'라고 부르게 된다. 다음을 참조. Jacques Rancière, *La mésentente. Politique et philosophie*. Paris. Galilée, 1995, pp.60–61.

성을 알아챌 수 있을 것이다. 앞에서 비잔티오스의 데생에서의 '몸짓geste'을 '실존의 기예'에 비췄는데, 이하에서는 마지막으로, 이 신체와 실천의 관계에 관해 '실존의 미학'에서 이끌어낼 수 있는 전망을 제시하고 싶다.

2. 주체화의 구조와 몸짓

주체 형성의 타율성

현대 프랑스의 철학자 카트린 말라부는 후기 푸코의 논의에서 볼 수 있는 주체 형성의 과정을, 헤겔을 원용하는 형태로 설명한다. 거기서 일어나는, 형태의 부여와 해소라는 이중의 운동에 관해 말라부는 헤겔의 말을 빌리면서, 그것을 '가소성plasticité'이라고 부르고 신체의 '가소성'에 관해, 즉 하나의 형태로서의 신체에 관해 말한다. 신체란 "자연의 소여"인 동시에, "어떤 작업[작동걸기]의 결과"이기도 하다.[5] 그리고 신체의 형성이란 실천 및 언어에 의해 신체에 어떤 형태를 부여하는 것이다. 신체는 이 실천과 언어에 의해, 자신의 가소성의 표시로 변형된다. 이런 의미에서 신체란 하나의 '작품'에 다름없다. 이로부터 그녀는 헤겔이 말하는 '신체의 가소성'과 푸코가 말년에 논한 '자

---

5   Judith Butler et Catherine Malabou, *Sois mon corps. Une lecture contemporaine de la domination et de la servitude chez Hegel*, Montrouge, Bayard 2010, p.88. 주지하듯이, 버틀러와 말라부는 둘 다 헤겔 연구에서 출발한 철학자이다.

기의 형성 혹은 변형' 사이의 상동성을 시사하게 된다.[6]

또 이런 말라부의 말을 받아들여 주디스 버틀러는 자기에의 집착이란, 늘 그로부터의 이반離反과 동시에만, 즉 말라부가 '헤테로-어펙션hétéro-affection'이라고 부르는 상태에서만 있을 수 있음을 강조한다. 삶에 대한 집착은 항상 삶의 해소와 더불어 있다. 그런 의미에서 헤겔에게 신체가 궁극적으로는 그 누구에 의해서도 소유되지 않는 '익명적 신체'[7]로 간주되듯이, 삶은 (설령 그것이 자기의 것이라고 해도) 전유의 대상이 아니다. 아무리 자기 혹은 자기의 신체에만 집착하려 하더라도, 그런 자기는 형태화의 과정 속에서 항상 이미 타자 혹은 타자의 신체에 의존하지 않을 수 없다. 버틀러는 말한다.

> 따라서 존재 속에서 지속하는 것은 항상성constanc도 아니고 자기에의 집착도 아니며, 내적인 반발운동 아닐까? 그것은 해소도 조화도 아닌, '집착/비집착'된 운동 상태이다.[8]

버틀러와 말라부의 논의의 요점은 자기 형성의 과정에는 항상 이미 자기 이외의 요소가 빼도 박도 못한 형태로 들어 있다는 공통인식이다. 다만, 한편으로 그것은 자기 의외의 것에 완전히 맡겨지는

---

6   Ibid., p.89.

7   Ibid., p.95.

8   Ibid., p.104.

결론   273

것도 아니다. 즉, 중요한 것은 자기의 형성이라는 작용 자체가 자신의
전유로도 다른 것의 전유로도 되지 않고, 그 양극 사이에서 흔들리고
있다는 점이다.

몸짓으로서의 저자

그러면 이 관점에서 주목되는 것은 아감벤의 「몸짓으로서의 저
자」라는 논문이다. 이 논문에서 그는 푸코의 1969년 강연인 「저자란
무엇인가?」, 특히 이 강연에서 제시된 "기능으로서의 저자"라는 발상
을 실마리 삼아, 저자와 작품의 관계로부터 '몸짓'의 특성을 밝히고
있다. 1장의 말미에서 언급했듯이, 이 강연에서 푸코는 현대의 저자란
담론의 외부에 있으며, 그것을 산출하는 현실의 개인을 지시하는 것
이 아니라 하나의 '기능'으로서 작동하는 것이라고 말했다. 이것을 받
아들여 아감벤은 저자와 작품의 관계에 관해 다음과 같이 말한다.

> 만일 우리가 각각의 표현 행위에 있어서 표현되지 않은 채로 남아
> 있는 것을 '몸짓'이라고 부른다면, 저자는 그 표현 속 한가운데에
> 빈 공간[공백]을 수립함으로써 표현을 가능케 하는 하나의 몸짓으
> 로서만 텍스트에서 현존한다고 말할 수 있다.[9]

9   Giorgio Agamben, 《L'autore come gesto》, in *Profanazioni*, Roma, nottetempo, 2005, p.73[조
르조 아감벤, 「몸짓으로서의 저자」, 『세속화예찬』, 김상운 옮김, 난장, 2010, 96쪽]. 아감벤은 몸짓에
관해 다음과 같이 말한다. "몸짓은 삶과 예술, 현실태와 잠재태, 일반과 특수, 텍스트와 상연이 마
주치는 이 교차점을 가리키는 이름이다. 개인의 전기[내력]에서 벗어난 삶의 조각, 그리고 미학적
중립상태에서 벗어난 예술의 조각. 그것은 순수한 프락시스[실천]이다"(Giorgio Agamben, 《Glosse

즉, 어떤 작품 속에서 저자의 존재를 인식할 수 있다면, 그것은 작품을 가능케 하는 동시에 결코 거기에서는 표현되지 않는 그런 빈 공간[공백]으로서이다. 게다가 아감벤은 이 공백을 '몸짓'이라고 명명한다. 그의 말을 빌린다면, 몸짓이란 "모든 표현 형위에 있어서 표현되지 않은 채로 남아 있는 것[말해지지 않은 채 머무를 수밖에 없는 것]"이다. 그것은 "독해를 가능케 하는 읽을 수 없는 누군가이며, 에크리튀르와 담론이 이로부터 생겨나는 전설적인 공허[공백]"[10]이다.

한편으로 독자도 작품과 마주함으로써, "저자가 남긴 시의 텅 빈 자리[공허한 장소]를 차지하며, 또한 "저자가 작품에서 자신의 부재를 입증하기 위해 사용했던 것과 똑같은 비표현적 몸짓"을 반복한다고 한다.[11] 이런 의미에서 '시의 장소', 즉 시와 더불어 현실화하는 사유와 감정은 텍스트 속에서도, 저자와 독자 속에서도 아니라 "저자와 독자가 텍스트에 스스로를 내기에 걸고, 이와 동시에, 그로부터 무한하게 멀어질 때의 몸짓" 속에 있는 것이다.[12] 하나의 작품에, 저자는 '몸짓'으로서 내기에 걸린다. 그리고 독자도 그 작품에 '몸짓'으로서 스스로

in margine ai *Commentari Sulla società dello spettacolo*》, in *Mezzi senza fine. Note sulla politica*, Torino, Bollati Boringheri, 1996, p.65[조르조 아감벤, 「『스펙터클의 사회에 관한 논평』에 부치는 난외주석」, 『목적 없는 수단: 정치에 관한 11개의 노트』, 김상운·양창렬 옮김, 난장, 2009, 90쪽]. 또한 그는 「몸짓에 관한 노트」라는 제목의 논문에서, 아리스토텔레스의 구분을 받아들여, 포이에시스(제작)를 '목적을 위한 수단', 프락시스(행위)를 '수단 없는 목적'으로 각각 정의한 다음, 몸짓을 그 둘 중 어느 쪽도 아닌 '제3종의 행위'라고 한다(Giorgio Agamben, 《Note sul gesto》, op. cit., p.51).

10   Ibid., p.77. [101쪽]

11   Ibid., p.79. [103쪽]

12   Ibid. [103쪽]

를 내기에 건다. 둘 모두 작품 속에서 표현되지는 않지만, 공허한 중심으로서 작품을 가능케 한다. 여기서 아감벤은 푸코를 좇는 형태로, 작품의 기원을 실체적 현실로서의 저자가 아니라 하나의 몸짓에서, 이른바 '몸짓으로서의 저자'에서 찾고 있다고 말할 수 있다.

그런데 철학사 연구자인 피에르 아도는 푸코의 '실존의 미학'에 대해 "고대에서 자기에의 배려는 삶의 예술작품으로서의 구축이 아니라 오히려 반대로, 자기의 모종의 상실을 의미했다"는 취지의 비판을 하는데,[13] 아감벤은 어떤 인터뷰에서 아도의 이 비판에 대해 "푸코에게서는 그 양자가 일치하는 것이었다"고 지적한다.[14] 여기서 아감벤은 '저자' 개념에 대한 푸코의 비판을 바탕으로, "당신의 삶이 한 개의 예술작품이 될 때, 당신이 그 원인인 것은 아닙니다"라고 말하는 것이다. 푸코의 "예술작품으로서의 삶"을 하나의 "저자 없는 예술작품"으로 재파악하는 아감벤의 의도는, 이미 확인했던 "헤테로-어펙션"인 주체화의 과정 및 "몸짓으로서의 저자"라는 테제를 감안한다면 분명해질 것이다. 즉, 거기서 작품으로서의 삶은 실체적 현실로서의 저자가 아니라, 어디까지나 '몸짓으로서의 저자'에 의해, 그 이른바 귀속의 애매한 작용에 의해 형성된다는 것이다. 그리고 각각의 몸짓에 의해, 자기라는 형상을 구성하는 모양과 힘의 경제(에코노미)가 재편될 때마다 이

---

13   Pierre Hadot, 《Réflexions sur la notion de "culture de soi"》, in *Exercises spirituels et philosophie antique* (Nouvelle édition revue et augmentée), Paris, Albin Michel, 《L'Évolution de l'Humanité》, 2002, pp.330-331.

14   ジョルジョ·アガンベン, 「生, 作者なき芸術作品──アガンベンとの対話」, 長原豊 訳, 『現代思想』, 第34巻 第7号, 2006年, 74頁.

덧없는ephemeral 형상은 끊임없이 모습을 바꿔 갈 것이다.

3. 몸짓의 근원적 3인칭성

몸짓과 언표

그런데 푸코는 『지식의 고고학』에서 임의의 '나'가 발화하기 전의, 언어의 익명적인 존재에 뿌리를 둔 '언표'라는 개념을 주제화했다. 언표는 문장이나 문구와 달리, 어떤 주체가 아니라 언표의 영역에 고유한 규칙을 가리킨다. 따라서 언표의 분석에서 문제가 되는 것은 코기토가 아니라 '누가on'의 수준에 위치하는 비인칭적인 기반이라고 한다. 현대 이탈리아의 정치철학자 로베르토 에스포지토는 이런 '나'의 말에 선행한 언어의 익명적 존재와, 우리의 실존에 선행하며 따라서 인격화에 선행한 레비나스적인 '있다il y a' 사이에 상동성이 있다고 시사한다.[15] 이것들은 모두 인칭에 선행하며 인칭의 외부에 위치하는 것이다.

다른 한편, 앞서 확인했듯이 언표와 마찬가지로 몸짓도 자명한 개체가 아니라, 인칭에 선행하며 '누가'의 수준에 위치하는 신체를 가리킨다. 몸짓에 관해 생각하려면 헤겔적 의미의 '익명의 신체'를 고려하지 않을 수 없다. 이런 의미에서 앞서 본 몸짓의 성질은 푸코가 말

---

15 다음의 3장을 참조. Roberto Esposito, *Terza persona. Politica della vita e filosofia dell'impersonale*, Torino, Einaudi, 《Biblioteca Einaudi》, 2007.

한 언표의 그것과 겹친다고도 말할 수 있지 않을까? 둘 모두, 주체에 선행하는 비인칭적인 기반을 지니면서, 그것 자체로서 주체와 관계를 맺는다. 에스포지토는 언표를 비인칭성의, 즉 '3인칭'의 영역에 속한다고 하는데, 마찬가지로 몸짓도 근원적으로 '3인칭'적인 것이라고 말할 수 있을 것이다.

이런 관점에서 본다면, 예를 들어 6장에서 본 푸코의 '휘폼네마타'론 등에서는 이런 '언표로서의 몸짓'에 기반한 주체론을 분명하게 인식할 수 있을 것 같다. 푸코가 자기의 실천에 관해 거듭 지적했던 것은 주체가 "자신이 모르는, 자신 속에 존재하지 않는 진리"를 익힌다는 것이었다.[16] 이로부터 '실존의 기예'로서의 휘폼네마타란 자기에 속하는 것이 아닌, 이른바 '외적인 진리로서의 언표'를 끌어 모아 이것을 신체화하고 "몸짓을 산출하기 위한 원리"로 삼는 기술이라고 할 수 있다. 그리고 이런 의미에서 휘폼네마타란 앞서 지적한 '3인칭'적인 것으로서의 언표를 몸짓으로 변환하는 테크네라고 파악할 수도 있지 않을까?

이 책에서는 '실존의 미학'에는 일반적인 일상적 행위의 누적에 의해 자기를 형성해가는 측면이 있다는 것을 봤는데, 이것은 흔히 생각되듯이 개체로서의 자기에의 집착으로 향하는 것이 아니라 끊임없이 자기 이외의 요소와의 관계로부터 하나의 주체가 생성되는 과정이었다. 이런 의미에서 "작품으로서의 삶"의 저자는 어떤 페르소나라기

16　《L'herméneutique du sujet》, n° 323(1982), p.1181.

보다는 푸코가 말한 언표와도 비슷한, 근원적으로 비인칭적인 성질을 지닌 단위로서의 몸짓이다. 말하자면, 거기서 일어나는 것은 "나의 것이 아닌 것과의 대화로부터 내가 형성되는" 감성적인 경험이다.

'바깥의 예술'로서의 삶

지금까지 이 책에서는 푸코의 '미학'을 주제로 삼아 논의를 진행해왔다. '미학'이 관련되는 것은 흔히 '감성적인 것'이라 불리는 영역이지만, 우리는 그것에 '윤리적인 것'의 영역을 포함시킨 다음, 푸코 안에서 이 테마를 탐구하려 했다(미학의 대상으로서 '윤리적인 것'을 포함시킨 이유에 관해서는 서론에서 말했다). 이로부터 우리는 우선, 전기 푸코에게서의 '감성적인 것'을 분명히 하는 것에서 시작했으며, 그런 후에 후기 푸코에게서의 '윤리적인 것'의 윤곽을 드러냈다. 이리하여 전기에서는 푸코가 정력적으로 저술한 수많은 예술론을 '바깥의 예술론'으로 총괄하고자 했으며, 또 후기에서는 그의 주체론의 중심에 '가소적인 주체'라고도 해야 할 형상이 위치하고 있다는 것이 각각 분명해졌다. 그런 다음, 우리는 푸코의 '미학'을, 즉 그의 사상에서의 '감성적인 것'과 '윤리적인 것'의 교차점을 '실존의 미학'이라는 개념 안에서 확인하고 살펴보려 했다. '실존의 미학'이 '감성적인 것'과 '윤리적인 것'의 교차점이라는 것은, 거기에 담겨 있는 "자신의 삶을 하나의 예술작품으로 한다"는 이념에서 두드러질 것이다. 그의 삶의 사상 속에서는, 깊은 곳에서 미학적인 모델을 인식할 수 있는 것이다.

푸코의 '미학'은 우선, 재현이나 이를 통제하는 주체로 회수되지 않는 '바깥'을 중심으로 하는 '바깥의 예술론'으로 볼 수 있다. 전기의 예술론에서 푸코는 이런 '바깥'의 예술에서, 안정된 재현 공간이나, 그 내부에서의 주체의 존립을 흔드는 특이한 힘을 인식했다. 이런 '바깥'의 힘은 '비인칭적인 문서고'를 근거로 한다. 즉, 그것은 주체의 배후에서 펼쳐진 '3인칭'의 영역에서, 이 광대한 사막에서 유래하는 것이다. 더욱이 이 책에서 제시했듯이, "바깥의 예술론"에서 볼 수 있던 '3인칭성'이라는 특징은 가소적인 주체를 축으로 하는 후기의 주체론으로도 이어지게 된다. 즉, 그의 에크리튀르론에서 엿볼 수 있듯이 푸코의 '실존의 미학' 속에서 주체 형성을 추진하는 신체적 행위란, 그 자체로 비인칭성의 각인을 명확하게 띠는 것이었다. 이로부터 이 책에서는, 그의 후기의 주체론을 하나의 포이에시스로서, 다만 어디까지나 비인칭적인 작용을 원리로 하는 그것으로서, 말하자면 '바깥의 미학'으로서 재파악했다.

이리하여 푸코가 '실존의 미학'을 "삶의 작품화"라고 규정할 때, 이때 언급되는 "작품"은 '바깥'적인 것으로 이해될 수 있다. 즉, '실존의 미학'에서 목표가 되는 것은 '바깥의 예술'로서의 삶이다. 이상으로 이 책은 '푸코의 미학'을 이런 '바깥의 예술'로서의 삶이라는 발상에서 출발해 삶과 예술을 독자적인 방식으로 결부시킨 사유라고 결론짓고 싶다.

저자 후기

이 책은 2012년 11월에 교토대학교에 제출한 박사논문인 『미셸 푸코의 미학: 삶과 예술 사이에서ミシェル・フーコーの美学—生と芸術のあいだで』를 가필·수정한 것이다. 동 논문의 심사는 시노하라 모토아키篠原資明 교수(교토대학교)를 주심으로 오카다 아츠시岡田温司 교수(교토대학교), 타가시게루多賀茂 교수(교토대학교), 스도 노리히데須藤訓任 교수(오사카대학교)를 부심으로 모시고 2013년 1월에 이뤄졌다.

이 책을 완성하는 데에는 정말로 많은 분들의 도움과 지원이 있었다. 모든 것을 모조리 열거할 수는 없으나, 특히 다음 분들께 감사의 뜻을 전하고 싶다.

우선 지도교수인 시노하라 모토아키 선생님은 대학원을 수료할 때까지 여러 해 동안 지도해 주셨다. 연구의 기초부터 미학이라는 분야의 심층에 이르기까지 정말로 많은 것을 가르쳐주셨다. 그 풍부한 가르침 가운데 얼마나 결실을 맺게 되었는지에 대해 불안한 심정이기는 하지만, 일단은 이 책을 학문적 은혜에 대한 작은 보답으로 삼고 있다.

대학원 진학 이후 신세를 졌던 오카다 아츠시 선생님께는 연구에 대한 스토아학파적이고 끈질긴 자세와 넓은 시야를 갖는 것의 소중함을 배웠다.

타가 시게루 선생님께는 역시 대학원 때부터 참여하신 푸코 독서회를 통해, 푸코를 읽는 방식을 철저하게 주입받았다.

현재 포스트닥터 연구원으로 받아주셨던 스도 노리히데 선생님께는 강의와 세미나를 통해 '철학하기'란 무엇인지에 관해 매번 눈을 번쩍 뜨게 해주시는 가르침을 얻고 있다.

또 이 책은 또한 연구실의 선배·동기·후배 여러분께도 많은 빚을 지고 있다. 연구실의 자유롭고 활발한 분위기 속에서 다재다능한 많은 인재와 세미나·스터디에서 절차탁마하거나 뒤풀이에서 나눴던 얘기는 확실히 이 책의 자양분이 됐음에 틀림없다.

진분쇼잉人文書院의 마츠오 다카히로松岡隆浩 씨는 기획 단계부터 상담을 해주셨고, 적절한 리드와 조언으로 [책을] 완성할 수 있었다.

그동안의 연구 활동을 일관되게 이해해주시고 지원해주신 부모님께 한층 더 감사드린다.

출판을 할 때 교토대학의 지원금(2013년 총장재량경비에 의한 인문·사회계 신진연구자 출판조성)을 받았다. 모든 관계자들에게 깊은 감사를 드린다.

2013년 12월 교토에서

다케다 히로나리(武田宙也)

옮긴이의 말

요 몇 년 사이에 푸코의 강의록 번역을 비롯한 2차 문헌들을 많이 읽고 번역하며 고민하고 있다. 시쳇말로 '푸코에 꽂혀 있다'고 할 수 있는데, 옮긴이이자 연구자인 나는 푸코에 관해 크게 말해 두 가지 문제틀로 일관하고 있다.

첫째는 전쟁의 담론으로서 푸코를 독해하는 것이다. 이것은 저항과 권력의 관계에 대한 박제화된 푸코 해석으로부터 최대한 도주하는 것이다. 도주한다는 것은 그런 해석이 아예 무근거하다는 얘기가 아니라, 그런 해석이 얼마든지 가능하다는 점을 인정하면서도 푸코를 최대한 현재성에 관한 사유로 만들기 위해 그로부터 내뺀다는 것이다. 그 일단은 『"사회를 보호해야 한다"』(난장, 2015년)의 옮긴이 말이나 사토 요시유키의 『신자유주의와 권력』(후마니타스, 2014년)의 옮긴이 말에 적혀 있고, 푸코의 강의록 『지식의 의지에 관한 강의』(난장, 2017년)에 대한 양창렬의 해제에서도 관철되고 있다. 물론 이것의 전모는 푸코의 강의록에 관해 붙인 옮긴이의 다른 해제에서 드러날 것이다.

이와 연동되어 있으면서도 이 책을 번역하게 된 직접적인 동기이기도 한 둘째는, 푸코의 사유의 진동, 방향 선회, 망설임, 후퇴, 되새김질, 정정을 충분히 인지하면서도 어떤 일관된 문제틀의 실타래를 찾아내어 이를 최대한 풀어내는 것이다. 끊김을 두려워하지 않고, 다른 선과 섞이는 것을 겁내지 않는 것이다. 아감벤이 『사물의 표시』(난장, 2014년)에서 포이어바흐의 "발전 가능성Entwicklungsfähigkeit"이라는 단어로 제시한 바가 내 작업에도 딱 어울릴 것이다. 생명정치 혹은 통치성의 관점에서 푸코 전체를 관통하는 실타래를, 지층들을 조사하고 탐사하고 심문하고 수색하는 것이다. 달리 말해 통치 혹은 생명정치(생명권력)의 푸코는 대체로 『성의 역사 1: 지식의 의지』를 전후로 논의되고 있으나, 나는 후기에서 전기로 역행함으로써 푸코가 매번 처했던 막다른 골목과 그로부터의 도주를, 비약을, 침묵을 사유하고 싶은 것이다.

저자 다케다 히로나리가 2012년에 교토대학교에 제출한 박사논문을 바탕으로 작성된 이 책 『푸코의 미학』은, 정치이론이라는 면에 치우친 감이 없지 않은 나와는 달리 예술론을 중심으로 이 작업을 수행하고 있지만, 이를 빼면 그 방향성은 대체로 통한다고 생각한다. 푸코를 연구할 때의 어떤 커다란 과제와 관련된 방향성 말이다. 이에 대해서는 저자도 인용하는 리처드 슈스터만이 다음과 같이 적절하게 말하고 있다.

> 많은 학자들은 이 초기의 연구가 지닌 풍부한 정치적 의의에 심취했기 때문에, 푸코가 훗날 자기-배려의 윤리학으로 선회하자 실망했다. 미적인 자기-스타일과 파격적인 성의 쾌락을 찬양함으로써 푸코의 철학은 대규모 사회제도라는 웅장한 벽화, 혹은 학문적 지

식이라는 개인을 넘어선 형식으로부터 사적인 영역으로 축소되고, 경박한 나르시시즘의 눈치를 살피는 듯이 여겨졌다. 그래도 여전히, 초기 푸코와 후기 푸코의 양자택일을 거부하는 사람들조차도, 그런 상이한 철학을 연결시켜서 어떻게든 일관된 한 장의 그림을 만들려면 어떻게 하면 될까라는 문제에 직면하게 됐다.[1]

이 마지막 문장에서 제시된 문제를 받아들여 나름대로의 대답을 제시하려는 것이 이 책이다. 달리 말해, 초기 푸코와 후기 푸코라는 표면적 단절을 메우고, 그 밑바탕에 흐르고 있는 문제틀을 짚어내고 다루는 것이 이 책의 과제라는 것이다.[2] 이를 위해 저자는 푸코의 예술론에 주목한다. 이 책의 독창성은 바로 여기에 있다. 이는 두 가지 방향의 부족함을 채우기 때문이다. 먼저 예술론에 관해 말한다면, 지금까지 푸코의 예술론에 대한 논의는 언뜻 보면 부족함이 없을 정도라 할 수 있다. 그러나 실상 이 작업은 전기 혹은 중기까지의 푸코의 텍스트에 한정되어 왔다. 다시 말해서 후기 푸코의 예술론이라는 것을 발굴해내어 전기부터 후기까지를 관통하는 예술론 연구는 거의 없었다고 해도 과언이 아니다. 다음으로 정치나 사회사상의 측면에서 말한다면, 예술을 포함한 미학적 측면에서의 논의는 대체로 사정거리

---

1   Richard Shusterman, "The Self As a Work of Art", *The Nation*, June 30, 1997, p.25.

2   보통 푸코의 작업은 전기(1960년대의 고고학 시대), 중기(1970년대의 계보학 시대), 후기(1980년대의 윤리학 시대)로 나뉘지만, 저자는 예술론을 축으로 전기(1950년대부터 1970년대까지)와 후기(1970년대 이후)로 나눈다.

의 바깥에 놓여 있었다. 이는 후기 푸코의 통치성 및 생명정치나 생명권력에 대해 논의하는 문헌들에서 일관되게 나타나는 경향이다.

이 두 가지 부족함을 채우기 위해 이제 필요한 것은 푸코의 철학과 예술론 중에서 어느 하나를 특권시하고 그 하나로 다른 것을 환원하고 축소하는 것이 아니라, 둘 다를 충분하게 제대로 살피면서 둘을 서로서로 비춰보게 하고 그리하여 이 둘 사이의 관계를 명확하게 수립하는 것이다. 그리하여 저자는 전기 푸코의 예술론은 물론이고 후기의 "실존의 미학"을 예술론적 측면은 물론이고 정치이론적 측면에서도 적극적으로 평가하고 고찰한다.

물론 후기의 "실존의 미학"에 대한 예술론적 접근이 아예 부재했던 것은 아니다. 그러나 한편으로는 저자도 지적하듯이, 이는 칸트의 「계몽이란 무엇인가?」에 대한 푸코의 분석에서 드러나는 댄디즘이나 사르트르의 실존주의와 비슷한 것이라며 부당하게 비판받기도 했고, 그래서 중심적 논의 대상이 된 적이 없었다. 물론 저자도 언급하는 마리오 페르니올라 같은 인물은 최근 들어 "실존의 미학"에 주목하면서 생명미학을 전개하기도 한다. 그러나 페르니올라 같은 이들은 여전히 "실존의 미학"을 섹슈얼리티의 문제와 연결시켜 고찰하는 반면, 저자는 이 문제는 물론이고 더 광범위한 문제, 곧 "삶" 자체나 우리의 존재 방식 그 자체와 연결시켜 파악하려고 한다. 이는 '생명정치'를 중심으로 한 권력의 문제와 밀접하게 연결시킨다는 의미이다. 왜냐하면 푸코는 "실존의 미학"을 개입시킴으로써 "생명정치"에서의 주체의 존재 방식을 포착하자고 하기 때문이다. 아래에서는 '바깥'을 경첩으로 삼아 '예술론'과 '미학 =감성학'이라는 두 차원에서 그 면면을 간단하게 소개한다.

바깥의 예술론

전기 푸코의 예술론부터 보자. 푸코의 예술론을 다룰 때 중요한 것은 "바깥" 개념이다. 이 개념이 처음 등장한 것은 1966년에 작성한 블랑쇼론인 「바깥의 사유」이다. 이때의 '바깥'은 단적으로 말해서, "다양한 방식으로 주체를 한계로 데려가고 마침내 소멸시켜버리는 비인칭적인 힘 같은 것"(38쪽)이다. 푸코는 고전주의 시대에서 근대로의 전환기 및 그 이후에 만들어진 문학들과 회화들에서 이런 '바깥'의 요소를 찾아낸다. 따라서 이것에 입각해 다뤄지는 예술작품 논의는 "바깥의 예술론"이라 부를 수 있으리라. 저자가 들고 있는 구체적인 예는 이렇다.

우선 문학론. 사드의 에로티시즘은 주체를 부인하기에 이르는 고양 속에서 일어나며, 피에르 클로소프스키의 작품에 등장하는 인물은 시뮬라크르에 의해 익명화되며, 바타유의 에로티시즘에서는 말하는 주체의 말 속에 주체를 갖지 않은 말이 발견된다고 한다. 또한 레이몽 루셀한테는 익명적인 담론이 반복된다(『레이몽 루셀』, 1963년).

다음으로 회화론. 벨라스케스한테는 모델, 감상자, 화가를 동시에 재현하려고 한다는 불가능성에서 기인한 "본질적인 공허"가, 마네에게는 그려져 있는 것의 외부의 것으로서 캔버스의 물질성이, 마그리트한테는 원본을 갖지 않은 이미지로서의 "바깥의 공간"이 표현되고 있다.

이런 문학론과 회화론 같은 예술론에서 확인할 수 있는 주체의 익명화, 혹은 3인칭화는 주체의 존립을 뒤흔든다. 그리하여 제시되는 것이, 이렇게 말할 수 있다면, 푸코의 역사철학 테제이다. 예를 들어 "언표에 사건으로서의 단독성을 되찾아주는 것" 혹은 "역사의 사건의 우연성을 명시하는 것" 등에 대응한다.

물론 여태까지 "바깥" 개념은 전기의 예술론에 등장할 뿐, 그 이후에는 잊혀졌다고 간주됐다. 하지만 저자는 후기의 예술론에서도 이 사고가 여전히 뿌리내리고 있다고 한다(이 점에서 저자는 들뢰즈의 푸코론을 답습한다고 할 수 있다). 그러므로 "바깥의 미학"이라고 불리는 후기 푸코의 예술론을 추적하는 것은 자연스러운 일이다.

바깥의 미학

푸코에게 주체의 익명성은 권력의 존재 방식과도 깊이 관련된다. 왜냐하면 권력이란 힘의 관계들이며, "권력관계들은 '의도적'인 동시에 '비주체적'"(111쪽)이기도 하기 때문이다. 권력 자체에는 선악이 없으나, 이것이 고정화됨으로써 나쁜 상태, 즉 지배 상태에 이른다. 『감시와 처벌』에서 『지식의 의지』에 이르는 1970년대의 권력론에서 확인된 것이 이 점이다. 그러므로 권력은 항상 변동시킬 필요가 있다. 그래서 나중에 권력의 고정화에 맞설 수 있는 수단으로서 "자기에 의한 자기에 작동걸기"를 거론하게 된다. 이때 푸코가 참조하는 것은 고대 그리스의 "실존의 기법"이며 "실존의 미학"이다. 여기에서는 자기를 예술작품처럼 만들어내고, 혹은 실제의 작품으로서 변형시킬 것이 요구된다. 가장 중요하고 영감이 넘치는 푸코의 말을 인용하자(이 책의 179쪽).

> 저를 놀라게 하는 것은 우리 사회에서 예술이 대상들과 더 많이 관계를 맺으며, 개인이나 삶과 관계를 맺지 않는다는 것입니다. 그리고 또한 예술은 하나의 전문화된 영역이며, 예술가들이라는 전문가들의 영역이라는 겁니다. 그러나 모든 개인의 삶이 예술작품일 수 없을까요? 왜 타블로나 집은 예술의 대상인데도 우리의 삶은 그렇지 않은 걸까요?[3]

작품으로서의 삶의 변형은 진리에의 도달을 목적으로 한다. 즉, 자기와 진리 사이의 관계성 속에 이뤄진 실천이다. 그런데 그런 행위는 일상적인 행위 및 실제의 예술작품 그 자체의 제작 행위 속에서도 발견된다. 그래서 푸코는 "글쓰기"의 중요성을 강조한다. "글쓰기"는 책을 쓰는 것이며, 또 자기를 고쳐 쓰는 것이기 때문이다. 그런 삶의 변형을 푸코는 루셀에게서 찾아낸다. 루셀은 "글쓰기"에 의해 존재 양태의 수정을 평생 동안 추구했다는 것이다.

그런데 이미 "바깥의 예술론"에서도 확인한 대로 "글쓰기"는 이런 주체가 익명화되고 비인칭화된다는 것이었다. 즉, "다른 삶의 방식"으로의 변형은 주체의 비인칭화이기도 하다(이것은 "바깥의 주체화"라고 불린

---

3   《À propos de la généalogie de l'éthique》, n° 344(1984), p.1436.

다). "바깥"은 안쪽에 기입되는 것처럼 안쪽에서 "바깥"을 형성하고 있다(당연히 주름, 접힘, 습곡을 연상할 수 있다). 이리하여 "실존의 미학"은 "바깥의 미학"으로 불리게 된다. "'자기의 형성'에 항상 이미 '다른 것'이 기입됨으로써 내재화의 과정은 동시에 외재화의 과정으로 통하게 되는 것"(229쪽)이기 때문이다.

이처럼 저자는 전기 푸코는 물론이고 후기 푸코에게도 "바깥" 개념이 매우 중요하다는 기반 위에서 푸코 전체를 관통하는 안내선, 실타래를 찾아냈다. 저자에 따르면, 푸코는 "'다른 실존 방식'의 추구를 평생에 걸친 철학적 과제로"(267쪽) 삼았는데, 그것을 가능케 하는 조건이 바로 '바깥'일 것이다. 그리고 저자는 이 점을 푸코가 다룬 많은 예술가들을, 혹은 이들의 예술론과 그때그때 마주침으로써 확인해낸다. 그 모든 내용은 이 책의 본문을 통해 충실히 확인할 수 있다. 그 확인 과정에서는 옮긴이 후기에서 언급하지 않은 피카소, 르베롤, 비장티오스, 프로망제 같은 예술가들과도 마주치게 될 것이다. 이 마주침을 마음껏 즐기길 바란다.

각 장의 출처

이 책의 바탕이 된 논문·발표의 출처를 아래에 제시한다. 다만 모두 박사논문으로 정리할 때 (때로는 원형을 남겨두지 않을 정도로) 대폭 원고를 고쳤다.

서론: 새로 씀

제1부

1장: 「フーコーにおける「感性論」の可能性——「外」との関わりから」, 『美学』第233号, 美学会, 30-43頁, 2008年12月

2장: 「レーモン・ルーセルと方法芸術」, 篠原資明 編, 『まぶさび』(七月堂, 2011年 3月)所収, 41-54頁

제2부

3장: 「自己·統治·現代性——フーコーの鏡が反映するもの」, 「人間·環境学」第18巻, 京都大学大学院人間·環境学研究科, 51-64頁, 2009年12月

4장: 「フーコーにおける創造性の契機について」, 「あいだ/生成」第1号, あいだ哲学会, 29-38頁, 2011年 3月

제3부

5장: 「生と美学―フーコーの主体論をめぐって」, 「美学」 第240号,
    美学会, 1-12頁, 2012年 6月

6장: 새로 씀

7장: 새로 씀

결론: 「「生の美学」における身体性―「身ぶり」の観点から」, 표상문
    화론 학회 제7회 대회에서의 구두발표, 東京大学, 2012年
    7月 8日

문헌 목록

푸코의 저작

주요 저작

[HF]: *Histoire de la folie a l'age classique*[1961], Paris, Gallimard, 《Tel》, 1976.

[RR]: *Raymond Roussel*, Paris, Gallimard, 《Le Chemin》, 1963.

[MC]: *Les mots et les choses. Une archéologie des sciences humaines*[1966], Paris, Gallimard, 《Tel》, 1990.

[AS]: *L'archéologie du savoir*[1969], Paris, Gallimard, 《Tel》, 2008.

[CP]: *Ceci n'est pas une pipe*[1973], Saint Clément, Fata Morgana, 2010.

[SP]: *Surveiller et punir*[1975], Paris, Gallimard, 《Tel》, 1993.

[VS]: *Histoire de la sexualité, t. I. La volonté de savoir*[1976], Paris, Gallimard, 《Tel》, 1994.

[UP]: *Histoire de la sexualité, t. II. L'usage des plaisirs*[1984], Paris, Gallimard, 《Tel》, 1997.

[SS]: *Histoire de la sexualité, t. III. Le souci de soi*[1984], Paris, Gallimard, 《Tel》, 1997.

콜레주드프랑스 강의

[PP]: *Le pouvoir psychiatrique. Cours au Collège de France(1973-1974)*, Paris, Gallimard / Le Seuil, 《Hautes Études》, 2003.

[IDLS]: *"Il faut défendre la société." Cours au Collège de France (1976)*, Paris, Gallimard / Le Seuil, 《Hautes Études》, 1997.

[STP]: *Sécurité, territoire, population. Cours au Collège de France (1977-1978)*, Paris, Gallimard / Le Seuil, 《Hautes Études》, 2004.

[NB]: *Naissance de la biopolitique. Cours au Collège de France (1978-1979)*, Paris, Gallimard / Le Seuil, 《Hautes Études》, 2004.

[GV]: *Du gouvernement des vivants. Cours au Collège de France (1979-1980)*, Paris, Gallimard / Le Seuil, 《Hautes Études》, 2012.

[HS]: *L' herméneutique du sujet. Cours au Collège de France(1981-1982)*, Paris, Gallimard / Le Seuil, 《Hautes Études》, 2001.

[GSA]: *Le gouvernement de soi et des autres. Cours au Collège de France(1982-1983)*, Paris, Gallimard / Le Seuil, 《Hautes Études》, 2008.

[CV]: *Le courage de la vérité. Le gouvernement de soi et des autres II. Cours au Collège de France (1984)*, Paris, Gallimard / Le Seuil, 《Hautes Études》, 2009.

논문·강연·대담

(아래에 수록된 것. *Dits et Écrits*, Paris, Gallimard, 《Quarto》, 2001 t.I.et t.II.)

《Chronologie par Daniel Defert》

n° 1 [1954]: 《Introduction, in Binswanger (L.), Le Réve et l'Existence》

n° 10 [1962]: 《Dire et voir chez Raymond Roussel》

n° 13 [1963]: 《Preface à la transgression》

n° 14 [1963]: 《Le langage à l'infini》

n° 15 [1963]: 《Guetter le jour qui vient》

n° 17 [1963]: 《Distance, aspect, origine》

n° 20 [1964]: 《Postface à Flaubert》

n° 21 [1964]: 《La prose d'Actéon》

n° 22 [1964]: 《Débat sur le roman》

n° 23 [1964]: 《Débat sur la poesie》

n° 25 [1964]: 《La folie, l'absence d'oeuvre》

n° 36 [1966]: 《L'arrière-fable》

n° 38 [1966]: 《La pensée du dehors》

n° 39 [1966]: 《L'homme est-il mort?》

n° 48 [1967]: 《Sur les façons d'écrire l'histoire》

n° 50 [1967]: 《Qui étes-vous, professeur Foucault?》

n° 69 [1969]: 《Qu'est-ce qu'un auteur?》

n° 73 [1970]: 《Sept propos sur le septième ange》

n° 82 [1970]: 《Folie, littérature, société》

n° 86 [1971]: 《Manifeste du G.I.P.》

n° 94 [1971]: 《Je perçois l'intolérable》

n° 118 [1973]: 《La force de fuir》

n° 135 [1974]: 《Sur D. Byzantios》

n° 149 [1975]: 《À quoi rêvent les philosophes?》

n° 150 [1975]: 《La peinture photogénique》

n° 159 [1975]: 《A propos de Marguerite Duras》

n° 164 [1975]: 《Sade, sergent du sexe》

n° 173 [1976]: 《L'extension sociale de la norme》

n° 192 [1977]: 《Entretien avec Michel Foucault》

n° 195 [1977]: 《L'oeil du pouvoir》

n° 197 [1977]: 《Les rapports de pouvoir passent à l'intérieur des
        corps》

n° 198 [1977]: 《La vie des hommes infâmes》

n° 200 [1977]: 《Non au sexe roi》

n° 206 [1977]: 《Le jeu de Michel Foucault》

n° 216 [1977]: 《Pouvoir et savoir》

n° 218 [1977]: 《Pouvoir et strategies》

n° 221 [1978]: 《Dialogue sur le pouvoir》

n° 232 [1978]: 《La philosophie analytique de la politique》

n° 272 [1979]: 《Foucault étudie la raison d'État》

n° 281 [1980]: 《Entretien avec Michel Foucault》

n° 291 [1981]: 《《Omnes et singulatim》: vers une critique de la
　　　raison politique》

n° 297 [1981]: 《Les mailles du pouvoir》

n° 305 [1982]: 《Pierre Boulez, l'écran traverse》

n° 306 [1982]: 《Le sujet et le pouvoir》

n° 307 [1982]: 《La pensée, l'emotion》

n° 308 [1982]: 《Conversation avec Werner Schroeter》

n° 310 [1982]: 《Espace, savoir et pouvoir》

n° 323 [1982]: 《L'herméneutique du sujet》

n° 329 [1983]: 《L'écriture de soi》

n° 330 [1983]: 《Structuralisme et poststructuralism》

n° 333 [1983]: 《Michel Foucault / Pierre Boulez. La musique
　　　contemporaine et le public》

n° 336 [1983]: 《Une interview de Michel Foucault par Stephen
　　　Riggins》

n° 339 [1984]: 《What is Enlighthenment?》 《《Qu'est-ce que les
　　　Lumières?》》

n° 341 [1984]: 《Politique et éthique: une interview》

n° 342 [1984]: 《Polemique, politique et problematisations》

n° 343 [1984]: 《Archéologie d'une passion》

n° 344 [1984]: 《À propos de la généalogie de l'éthique: un aperçu du travail en cours》

n° 351 [1984]: 《Qu'est-ce que les Lumières?》

n° 353 [1984]: 《Interview de Michel Foucault》

n° 354 [1984]: 《Le retour de la morale》

n° 356 [1984]: 《L'éthique du souci de soi comme pratique de la liberté》

n° 357 [1984]: 《Une ésthetique de l'existence》

n° 358 [1984]: 《Michel Foucault, une interview sexe, pouvoir et la politique de l'identite》

기타 논문·강연

[TS]: *Technologies of the Self: A Seminar with Michel Foucault*, University of Massachusetts Press, 1988.

[FS]: *Fearless Speech*, Semiotext(e), 2001.

[PM]: *La peinture de Manet. Suivi de Michel Foucault, un regard*, Paris, Seuil, 《Trace écrite》, 2004.

[MP]: 《Les Mènines de Picasso》, in *Cahier Foucault*, Frederic Gros, Philippe Artières, Jean-François Bert et Judith Revel (dir.), Paris, Herne, 《Les Cahiers de l'Herne》, 2011, pp.14–32.

《Le corps utopique》, in *Le corps utopique suivi de Les hétérotopies*, Paris, Nouvelles Éditions Lignes, 《LIGNES》,

2009, pp.7-20.

《Le noir et la surface》, in Cahier Foucault, Frédéric Gros, Philippe

　　Artières, Jean-François Bert et Judith Revel (dir.), Paris,

　　Herne,

《Les Cahiers de l'Herne》, 2011, pp.378-395.

푸코에 관한 저작

Francesco Paolo Adorno, 《La tâche de l'intellectuel: le modèle

　　socratique》, in *Foucault: Le courage de la vérité*, Frédéric

　　Gros (dir.), Paris, PUF, 《Débats philosophiques》, 2002,

　　pp.35-59.

Philippe Artières (dir.), *Michel Foucault, la littérature et les arts.*

　　Actes du colloque de Cerisy-juin 2001. Paris, Éditions

　　Kimé, 《Philosophie en cours》, 2004

Fulvia Carnevale, 《La Parrhêsia: le courage de la révolt et de la

　　vérité》, in *Foucault dans tous ses éclats*, Paris, 《Esthéques》,

　　L'Harmattan, 2005, pp.141-210.

Dominique Chateau, 《De la ressemblance: un dialogue Foucault-

　　Magritte》, in *L'Image: Deleuze, Foucault, Lyotard,* Thierry

　　Lenain (dir.), Paris, J. Vrin, 《Annales de l'Institut de

philosophie et de science morales》, 1997, pp.95-108.

Jorge Dávila, 《Etique de la parole et jeu de la vérité》, in *Foucault
et la philosophie antique*, Frédéric Gros et Carlos Lévy (dir.)
Paris, Éditions Kimé, 《Philosophie en cours》, 2003, pp.195-
208

Gilles Deleuze, *Foucault*[1986], Paris, Éditions de Minuit,
《Reprise》, 2004.

Gilles Deleuze, 《Sur les principaux concepts de Michel Foucault》,
in *Deux régimes des fous. Textes et entretiens 1975-1995*,
Paris, Éditions de Minuit, 《Paradoxe》, 2003, pp.226-243.

Gilles Deleuze, 《Qu'est-ce qu'un dispositif?》, in *Deux régimes
des fous. Textes et entretiens 1975-1995*, Paris, Éditions de
Minuit, 《Paradoxe》, 2003, pp.316-325.

Hubert Dreyfus and Paul Rabinow, *Michel Foucault: Beyond
Structuralism and Hermeneutics*, Second Edition,
University of Chicago Press, 1983.

Frédéric Gros, *Foucault et la folie*, Paris, PUF, 《Philosophies》,
1997.

Frédéric Gros, 《La parrhêsia chez Foucault(1982-1984)》 in
Foucault: Le courage de la vérité, Frédéric Gros (dir.), Paris,
PUF, 《Débats philosophiques》, 2002, pp.155-166.

Pierre Hadot, 《Réflexions sur la notion de "culture de soi"》, in

Michel Foucault philosophe (Actes de la rencontre internationale de Paris, 9-11 janvier 1988), Paris, Le Seuil, 《Des Travaux》, 1989, pp.261-268, repris dans *Exercices spirituels et philosophie antique* (Nouvelle édition revue et augmentee), Paris, Albin Michel, 《L'Évolution de l'Humanité》, 2002, pp.323-332.

Béatrice Han, *L'ontologie manquée de Michel Foucault*, Grenoble, Jerôme Millon, 《Krisis》, 1998.

Miriam Iacomini, *Le parole e le immagini. Saggio su Michel Foucault*, Quodlibet, 《Quaderni di discipline filosofiche》, 2008.

Guillaume Le Blanc, *La pensée Foucault*, Paris, Ellipses Marketing, 《Philo》, 2006.

Stéphane Legrand, *Les normes chez Foucault*, Paris, PUF, 《Pratiques théoriques》, 2007.

Danielle Lorenzini, 《La vie comme 《réel》 de la philosophie. Cavell, Foucault, Hadot et les techniques de l'ordinaire》, in *La voix et la vertu. Variétés du perfectionnisme moral*, Sandra Laugier (dir.), Paris, PUF, 《Éthique et philosophie morale》, 2010, pp.469-487.

Pierre Macherey, 《Aux sources de 《l'Histoire de la folie》: Une rectification et ses limites》, *Critique*, n° 471-472, aôut/septembre 1986, 《Michel Foucault du monde entier》, pp.753-774.

Pierre Macherey, 《Foucault: éthique et subjectivité》, in *À quoi pensent les philosophes*, Paris, Autrement, 1988, pp.92-103.

Pierre Macherey, 《Pour une histoire naturelle des normes》, in *Michel Foucault philosophe* (Actes de la rencontre internationale de Paris, 9-11 janvier 1988), Paris, Le Seuil 《Des Travaux》, 1989, pp.203-221. repris dans Pierre Macherey, *De Canguilhem à Foucault. La force des normes*, La Fabrique éditions, 2009, pp.71-97.

中山元, 『フーコー生権力と統治性』, 河出書房新社, 2010年.

Mathieu Potte-Bonneville, *Michel Foucault, l'inquiétude de l'histoire*, Paris, PUF, 《Quadrige Essais Débats》, 2004.

Jean-François Pradeau, 《Le sujet ancien d'une éthique moderne》, in *Foucault: Le courage de la vérité*, Frédéric Gros (dir.) Paris, PUF, 《Débats philosophiques》, 2002, pp.131-154.

Jean-François Pradeau, 《Le sujet ancien d'une politique moderne. Sur la subjectivation et l'éthique anciennes dans les *Dits et écrits* de Michel Foucault》, in *Lectures de Michel Foucault. 3: Sur les Dits et écrits*, Pierre-François Moreau (dir.), Lyon, ENS Éditions, 《Theoria》, 2003, pp.35-51.

Philippe Sabot, 《Foucault, Deleuze et les simulacres》, Concepts n° 8, 《Gilles Deleuze-Michel Foucault: continuité et disparité》, Sils Maria éditions/Vrin, mars 2004, pp.3-21.

Philippe Sabot, 《Foucault, Sade et les Lumières》, in *Foucault et les Lumières*, PU Bordeaux, 2007, pp.141-155.

Ludger Schwarte, 《Foucault, l'esthétique du dehors》, *Chimères*, n° 54/55, L'association Chimères, 2004, pp.19-32.

Gary Shapiro, *Archaeologies of Vision: Foucault and Nietzsche on Seeing and Saying*, University of Chicago Press, 2003.

Bernard Stiegler, *Prendre soin. De la jeunesse et des générations*, Paris, Flammarion, 《La bibliothèque des savoirs》, 2008.

多賀茂, 「新たな戦い―フーコーとガタリ」, 『医療環境を変える―「制度を使った精神療法」の実践と思想』, 京都大学学術出版会, 2008年所収.

Joseph J. Tanke, *Foucault's Philosophy of Art: A Genealogy of Modernity*, Continuum, 2009.

Jean Terrel, *Politiques de Foucault, Paris*, PUF, 《Pratiques théoriques》, 2010.

기타 저작

Giorgio Agamben, *Homo sacer: il potere sovrano e la nuda vita* [1995], Torino, Einaudi, 2005.

Giorgio Agamben, 《Note sul gesto》, in *Mezzi senza fine. Note sulla politica*, Torino, Bollati Boringhieri, 1996.

Giorgio Agamben, 《Glosse in margine ai *Commentari Sulla società dello spettacolo*》, in *Mezzi senza fine. Note sulla politica*, Torino, Bollati Boringhieri, 1996.

Giorgio Agamben, 《Poiesis e praxis》, in *L'uomo senza contenuto*, Macerata Quodlibet, 2000.

Giorgio Agamben, 《L'autore come gesto》, in *Profanazioni*, Roma, nottetempo, 2005.

ジョルジョ・アガンベン, 「生, 作者なき芸術作品――アガンベンとの対話」長原豊訳, 『現代思想』第34巻 第7号, 2006年.

Hannah Arendt, *The Human Condition* [1958] Second Edition, University of Chicago Press, 1998.

Walter Benjamin, *Das Kunstwerk im Zeitalter seiner technischen Reproduzierbarkeit*, deutsche Fassung 1939; in derselbe: *Gesammelte Schriften*, Band I, Suhrkamp, Frankfurt am Main 1972, S.471-508.

Nicolas Bourriaud, *Esthétique relationnelle* [1998], Dijon, Presses du réel, 2001.

Nicolas Bourriaud, *Formes de vie. L'art moderne et l'invention de soi* [1999] Paris, Éditions Denoël, 2009.

ジュディス・バトラー, 『自分自身を説明すること――倫理的暴力の批判』

佐藤嘉幸·清水知子 訳, 月曜社, 2008年.

Judith Butler et Catherine Malabou, *Sois mon corps. Une lecture contemporaine de la domination et de la servitude chez Hegel*, Montrouge, Bayard, 2010.

Gilles Deleuze, *Pourparlers* [1990], Paris, Éditions de Minuit, 《Reprise》, 2003.

John Dewey, *Art as Experience* [1934], Perigee Trade, 2005.

Roberto Esposito, *Bios. Biopolitica e filosofia*, Einaudi, 2004.

Roberto Esposito, *Terza persona. Politica della vita e filosofia dell' impersonale*, Torino, Einaudi, 《Biblioteca Einaudi》, 2007.

Barbara Formis (dir.), *Penser en corps. Soma-esthétique, art et philosophie*, Paris, L'Harmattan, 《L'Art en bref》, 2009.

Barbara Formis, *Esthétique de la vie ordinaire*, Paris, PUF, 《Lignes d'art》, 2010.

Boris Groys, "Art in the Age of Biopolitics: From Artwork to Art Documentation," in *Art Power*, Cambridge, MA, MIT Press, 2008.

Félix Guattari, *Chaosmose*, Paris, Galilée, 《Les Cahiers de l'Herne》, 1992.

Pierre Hadot, 《Epistrophe et metanoia》, in *Actes du XIe congres international de Philosophie*, Bruxelles, 20-26 août 1953, Louvain-Amsterdam, Nauwelaerts, 1953, vol. XII,

pp.31-36, reprise dans l'article 《Conversion》 rédigé pour
l'*Encyclopaedia Universalis et repris dans Exercices spirituels
et Philosophie antique* (Nouvelle édition revue et augmentée),
Paris, Albin Michel, 《L'Évolution de l'Humanité》, 2002,
pp.223-235.

Michael Hardt and Antonio Negri, *Empire*, Harvard University
Press, 2000.

アントニオ・ネグリ/マイケル・ハート,『コモンウェルス―〈帝国〉
を超える革命論(上)』, 水嶋一憲 監訳・幾島幸子・古賀祥子 訳,
NHK出版, 2012年.

槍垣立哉,『ヴィータ・テクニカ―生命と技術の哲学』, 青土社,
2012年.

Pierre Janet, *De l'angoisse à l'extase: études sur les croyances et les
sentiments* [1926], Paris, Société Pierre Janet / Laboratoire
de psychologie pathologique de la Sorbonne, 1975.

金森修,『〈生政治〉の哲学』, ミネルヴァ書房, 2010年.

神崎繁,「生存の技法としての「自己感知」(上・下)」,『思想』971, 972, 岩
波書居, 2005年.

Maurizio Lazzarato, *Expérimentations politiques*, Paris, Éditions
Amsterdam, 2009.

Guillaume Le Blanc, 《L'action, le style et la vie ordinaire》, in
L'ordinaire et le politique, Claude Gautier et Sandra Laugier

(dir.), Paris, PUF, 《PUBL. DE L'UNIV》, 2006, pp.137-145.

Andrew Light and Jonathan M. Smith (ed.), *The Aesthetics of Everyday Life*, Columbia University Press, 2005.

Pietro Montani, 《Estetica, tecnica e biopolitica》, *Fata morgana: quadrimestrale di cinema e visioni*, Anno, no. 0, sett./dic. 2006, pp.27-55.

Pietro Montani, *Bioestetica. Senso comune, tecnica e arte nell'età della globalizzazione*, Roma, Carocci, 《Studi superiori》, 2007.

David Novitz, *The Boundaries of Art: A Philosophical Inquiry into the Place of Art in Everyday Life* [1992], Revised and Enlarged Edition, Cybereditions, 2001.

Mario Perniola, *L'estetica contemporanea. Un panorama globale*, Bologna, Il Mulino, 《Le vie della civiltà》, 2011.

Patricia C. Phillips, "Creating Democracy: A Dialogue with Krzysztof Wodiczko," *Art Journal*, vol. 62, no. 4, winter 2003, pp.32-49.

プラトン、「パイドロス」、藤沢令夫 訳、『プラトン全集 5』、岩波書居、1974年所収.

プラトン、「ラケス」、生島幹三 訳、『プラトン全集 7』、岩波書居、1975年所収.

Jacques Ranciere, *La mésentente. Politique et philosophie*, Paris,

Galilée, 1995.

Nikolas Rose, *The Politics of Life itself: Biomedicine, Power, and Subjectivity in the Twenty-First Century*, Princeton University Press. 2006.

Raymond Roussel, *OEuvres*, Pauvert-Fayard, 1994, t. I.

Raymond Roussel, *Impressions d'Afrique* [1910]. Paris. Jean-Jacques Pauvert, 1963.

Raymond Roussel, *Comment j'ai écrit certains de mes livres* [1935]. Paris, Jean-Jacques Pauvert, 1963.

Richard Shusterman. *Practicing Philosophy: Pragmatism and the Philosophical Life*, Routledge. 1997.

Richard Shusterman, *Pragmatist Aesthetics: Living Beauty, Rethinking Art*, Second edition. Rowman and Littlefield, 2000.

山田忠彰・小田部胤久 編, 『スタイルの詩学倫理学と美学の交響』, ナカニシヤ出版, 2000年.

山田忠彰・小田部胤久 編, 『デザインのオントロギ―倫理学と美学の交響』, ナカニシヤ出版, 2007年.

山田忠彰, 『エスト―エティカ―「デザイン・ワールド」と「存在の美学」』, ナカニシヤ出版, 2009年.

찾아보기

인명 찾아보기

지은이 다케다 히로나리武田宙也

현재 교토대학교 인간·환경학연구과 교수로 재직 중이다. 전공은 미학과 예술학이며, 프랑스와 이탈리아의 현대 사상에도 관심을 갖고 있다. 근현대의 예술과 사상을 대상으로 예술과 삶의 관계, 혹은 예술과 사회의 관계에 대해 되묻는 연구를 하고 있다. 논문으로 「실존의 미학」과 〈삶의 형식〉: 푸코와 아감벤의 다른 삶의 구상」, 「선·몸짓·공동체: 페르낭 들리니와 지도 작성의 사고」, 「진리의 과정으로서의 예술: 알랭 바디우의 예술론」 등이 있다. 옮긴 책으로 로베르토 에스포지토의 『3인칭의 철학』(공역, 講談社選書メチエ, 2011년)과 장 우리의 『콜렉티브: 생트안느 병원에서의 세미나』(공역, 月曜社, 2017년)가 있다.

옮긴이 김상운

현대 정치철학 연구자이자 전문 번역가다. 현대사상을 마르크스주의적 관점에서 고찰하는 사유를 실험하며 강의를 병행하고 있다. 푸코의 강의록 『"사회를 보호해야 한다":콜레주드프랑스 강의 1975-76년』을 옮겼고, 『자기와 타자의 통치 1, 2』와 『생명체의 통치』를 옮기고 있다. 이 밖에 옮긴 책으로 『이미지의 운명: 랑시에르의 미학 강의』, 『자크 데리다를 읽는 시간』, 『너무 움직이지 마라: 질 들뢰즈와 생성변화의 철학』, 『푸코 이후: 통치성, 안전, 투쟁』, 『신자유주의와 권력: 자기-경영적 주체의 탄생과 소수자-되기』 등이 있다.

푸코의 미학

삶과 예술 사이에서

1판 1쇄 2018년 7월 30일
1판 2쇄 2020년 9월 28일

지은이 다케다 히로나리
옮긴이 김상운
펴낸이 김수기

펴낸곳 현실문화연구
등록 1999년 4월 23일 / 제25100-2015-000091호
주소 서울시 은평구 불광로 128, 302호
전화 02-393-1125 / **팩스** 02-393-1128 / **전자우편** hyunsilbook@daum.net
ⓗ hyunsilbook.blog.me ⓕ hyunsilbook ⓣ hyunsilbook

ISBN 978-89-6564-216-9 (93100)

이 도서의 국립중앙도서관 출판예정도서목록(CIP)은
서지정보유통지원시스템 홈페이지(http://seoji.nl.go.kr)와
국가자료종합목록 구축시스템(http://kolis-net.nl.go.kr)에서 이용하실 수 있습니다.
(CIP제어번호:CIP2018014839)